国家自然科学基金项目（71874054）和上海市教育委员会科研创新计划项目人文社科重大项目（2017-01-07-00-02-E00008）

A Library of Academics by PHD Supervisors

博士生导师学术文库

长三角城市区域产业发展演化

杨上广 著

中国书籍出版社
China Book Press

图书在版编目（CIP）数据

长三角城市区域产业发展演化/杨上广著.—北京：中国书籍出版社，2018.12

ISBN 978-7-5068-7125-9

Ⅰ.①长⋯ Ⅱ.①杨⋯ Ⅲ.①长江三角洲—城市经济—区域经济发展—产业发展—研究 Ⅳ.①F299.275

中国版本图书馆 CIP 数据核字（2018）第 275191 号

长三角城市区域产业发展演化

杨上广 著

责任编辑	毕 磊
责任印制	孙马飞 马 芝
封面设计	中联华文
出版发行	中国书籍出版社
地　　址	北京市丰台区三路居路 97 号（邮编：100073）
电　　话	（010）52257143（总编室）　　（010）52257140（发行部）
电子邮箱	eo@chinabp.com.cn
经　　销	全国新华书店
印　　刷	三河市华东印刷有限公司
开　　本	710 毫米×1000 毫米　1/16
字　　数	305 千字
印　　张	17.5
版　　次	2019 年 1 月第 1 版　2019 年 1 月第 1 次印刷
书　　号	ISBN 978-7-5068-7125-9
定　　价	86.00 元

版权所有　翻印必究

前　言

产业发展演化是人类经济社会演化中最为重要的驱动力量,也是人口、资本、技术等经济结构变迁的一种重构与变动状态。与中国历史上的和其他国家的产业发展不同,过去40余年在全球化的"时空压缩"过程中,中国城市区域的产业发展过程,显示出许多独特性的内容、路径和作用。中国城市区域产业发展演化一方面发挥着推动中国区域经济增长的作用,另一方面又承载了中国区域经济转型载体的功能。中国的区域工业化、城镇化与中国的市场化、国际化共同构建了中国经济发展的一种型式。

学术界对具有特殊意义和演化路径的中国产业发展有诸多的研究,特别是近年来对中国城市区域的产业发展演化的机制、规律、存在问题及治理策略等产生了深厚的兴趣。为此,学术界开始对长三角、珠三角、环渤海等城市区域开展了大量实证案例研究,希望通过系统地、深入地探讨区域产业发展的路径演变规律和机制,解读隐含在中国区域产业发展现实后面的故事和奥秘,并进行理论解剖和规律总结。同时,在全球化和中国经济社会发生深刻变迁背景下,如何转变中国经济发展方式,创造新的产业发展的基础条件,走一条适应经济新常态的和可持续发展的产业发展道路,都是学术界和政府部门要探讨的新的命题。

本书的研究内容主要是从城市区域产业发展视角,围绕着长三角城市区域产业发展的一些主要问题展开,并未涵盖产业发展研究的全部方面。研究工作基于以上海为核心的长三角城市区域地区的统计资料、全国工商企业登记资料和企业问卷调查等资料,对长三角城市区域产业发展演化进程、演化机制、存在问题及发展策略等问题进行理论与经验的分析,并系统阐释了长三角城市区域产业发展的内涵、内在机制。在实证研究基础上,希望借鉴国际经验,提出未来长三角城市区域产业发展的道路与策略。

全书结构安排如下:

第一章"产业发展演化与长三角基本概况"。主要探讨当前产业发展演化研究的一些基本问题,以及中国城市区域产业发展演化研究的一些热点,介绍长三角城市区域基本状况及产业发展演化相关命题的研究意义。

第二章"产业发展理论与长三角城市区域经验解释"。主要对产业发展演化的一些基本概念内涵进行界定,梳理和归纳产业演化等相关的经典理论,并利用经典理论对长三角城市区域产业发展演化机制进行经验总结和理论解释,为后续的实证分析以及提出具有科学性、前沿性和创新性的政策建议奠定基础。

第三章"长三角城市产业升级化研究"。主要对上海城市产业发展演化与升级优化进行分析:对研究背景和相关研究进行述评;从经济总量变动、经济增速变化、产业结构变化、产业结构存在问题等方面,探讨了上海经济结构变化态势;以现代服务业为例,选取直接消耗系数、完全消耗系数、直接分配系数、感应度系数、影响力系数等指标,探讨了上海产业的关联效应;探讨了上海产业结构优化升级的原则与方向、思路与策略;探讨了上海主导产业选择的基准、培育和策略以及政策建议。

第四章"长三角城市产业低碳化研究"。利用上海2012年投入产出表和计量模型等方法,对上海城市产业调整与低碳发展进行了分析:对相关背景和相关研究进行了述评;剖析上海市产业结构演变与碳排放态势,选用STIRPAT模型对三次产业结构与生产部门碳排放的影响关系进行实证分析;构建了投入产出的多目标优化模型,采用多目标遗传算法NSGA-Ⅱ,对上海市2020年的产业结构与碳排放进行模拟预测;针对产业结构调整与低碳发展思路,提出上海产业低碳发展相关政策建议。

第五章"长三角城市产业转移化研究"。对上海城市与长三角区域间产业的相互转移进行了分析:对相关背景和相关研究进行了述评;利用长三角工商企业登记数据(1978－2014年),从企业数量、投资额、行业分布、区位分布等方面,探讨了上海与长三角之间产业转移的演化态势和总体特征;利用上海"专精特色"企业调查问卷,通过统计分析和模型构建,探讨上海企业转移意愿、影响因素、面临问题及服务需求等问题;针对长三角城市区域间产业转移问题,提出产业有序转移等政策建议。

总体上,第三、四、五章从产业升级化、低碳化、转移化的角度,以上海城市为实证案例,对长三角城市产业发展演化进程进行经验分析,希冀把握长三角地区城市产业发展进程的一些基本事实、主要特征与发展策略。

第六章"长三角区域工业高级化研究"。在梳理长三角工业发展演变进程基础上,提出工业高级化概念,并从工业结构优度、价值链高度两个维度构建工业高级化指标测度体系,测算了江浙沪工业高级化的程度,探讨不同影响因素对工业高级化的影响机理,分析工业高级化发展对区域环境质量的影响及其环境保护效应,最后提出促进江浙沪工业高级化的政策建议。

第七章"长三角区域产业协同化研究"。从产业协同化视角,探讨长三角生产性服务业与制造业协同发展的机理以及实现路径的思路:在评述已有研究基础上,采用首位度指数、空间基尼系数、区位商等对长三角地区生产性服务业的空间集聚、变化特征和趋势进行刻画;从竞争效应、产业关联效应、技术溢出效应等方面探讨生产性服务业集聚与制造业生产率变化的机理,并提出相应假设;构建理论模型,实证分析了长三角生产性服务业集聚与制造业生产率变动的关系,提出实现产业协同化发展的政策建议。

第八章"长三角城市区域产业分工合作研究"。从区域合作的角度,对长三角城市区域产业分工合作态势进行了分析:对相关背景和相关研究进行了述评;梳理上海与长三角区域合作发展的演化进程;探讨未来长三角区域产业协同发展的基本理念、发展战略、合作方式等政策建议。

总体上,第六、七、八章分别从区域产业高级化、协同化和合作化的角度,探索了长三角区域间产业发展演化的进程和基本态势,剖析长三角区域产业发展演化的程度、内在因素、作用规律及发展策略。

本书在回顾相关文献的基础上,综合运用城市和区域经济学、新经济地理学、空间经济学、产业经济学的理论以及标准的计量经济学方法,充分利用全国、长三角、上海市及其他地区的统计资料,通过问卷、访谈、专家咨询等方法进行了实地调查,收集专题资料,建立长三角城市区域经济数据库,在此基础上,建立了中国城市与区域空间经济信息智能分析和决策系统[①]。此分析与决策系统包括了上海长三角的经济时空数据库,融合了适应城市与区域经济分析的各种空间统计模型。本书通过对长三角城市区域产业发展演化的研究,希望对如下问题有所剖解和分析:

第一,改革开放以来,长三角地区以乡镇工业、民营经济为主体的产业发展格局正在改变,长三角地区产业发展的基础和条件已经发生变化,产业发展演化的方式、空间结构和动力机制均呈现新的特征,出现了城市区域产业分工化、协同化、高级化和低碳化等趋势。

第二,近年来,在中国一些经济发达地区,城市区域分工已开始出现从传统的部门间分工到部门内分工,再到产业链分工转变的趋势,一个面向全国甚至全球

---

① 城市与区域空间经济信息智能分析与决策系统:http://spatial-intelligence.org。

的以产业链分工为基础的区域一体化和协同化新型产业分工体系正在形成,长三角城市区域产业发展与功能演化出现了新的图像。

第三,区域产业发展和结构演化过程中,要素配置、产业集聚、知识外溢、外商投资、行政体制、企业策略和管理效率等因素形成了产业发展演化的推力和拉力,促进和引导了城市区域产业的发展和演化,其中关键的是政府、市场和开放等因素,但在全球化和本土化双重动力下,长三角城市区域产业发展演化具有与一般理论模型不同的特征,作用机制也有差异,需要构建具有"中国情境"的理论解释和分析体系。

第四,中国的城市区域产业发展演化是在经济结构调整和体制变革等多重背景下发生的,产业发展演化过程中呈现出浓重的政府行政推动与市场驱动的双重特征。就长三角而言,随着长三角城市区域社会经济功能的重新定位,政府与市场在产业发展演化中所扮演的角色及其定位都出现了新的方式,需要系统地梳理和解剖政府与市场在新形势下推动长三角城市区域产业发展的作用和策略。

第五,长三角、珠三角和环渤海等城市区域在未来中国经济发展中的重要性急剧增强,以节点城节为核心的城市区域经济的增长和经济结构的变动将直接影响中国产业发展的进程和产业结构的演化。城市区域产业分工将由水平型向垂直型分工演进,单向、独立的城市与区域产业发展将被城市区域产业联动发展和协同演进所替代。需要通过经验模型证明,节点城市与腹地区域产业新型分工态势,以及其是否具有集聚力、联动性和市场效率。

第六,中国经济发达地区的城市经济已经具有向区域腹地的扩散、辐射和带动作用,长三角地区的产业发展已经呈现出城市与区域经济分工化、一体化与协作化的状态,未来产业发展过程中必须考虑城乡间、区域间的社会协调和经济均衡增长,走城乡之间、区域之间相互依托、协调发展的城市区域一体化道路。这一道路的核心是建立城市区域融合的经济结构和产业分工合作体系。同时,在社会经济功能定位、产业布局和规划、基础设施建设等方面,应统筹城市区域规划、合理配置资源和相互协调管理。

第七,改革开放初期,长三角城市区域拥有良好的高速经济增长条件,产业发展通过行政性的资源配置、对外开放等外部资源的投入而得到快速提升。但经济社会进入工业中后期之后,约束产业发展的基本因素由资本、劳动力等要素投入转为技术进步与效率创新等方面。长三角产业发展将更多地依靠内生的市场需求、企业人力资本和技术积累。由此,政府通过产业规划等策略的行政主导式的产业发展模式也必须逐渐弱化,有效地促进产业发展的机制将由市场创造,因此,应重新界定政府与市场在产业发展演化的作用与边界。

目 录
CONTENTS

第一章 产业发展演化与长三角基本概况 ················· 1

一、经济社会中的产业发展演化命题 1

二、中国产业发展演化的背景变迁 3

三、中国区域产业发展研究的基本问题 7

四、长三角城市区域发展态势 12

 （一）长三角基本概况 12

 （二）长三角经济社会发展概况 13

 （三）上海经济社会发展概况 18

五、长三角城市区域产业发展演化研究意义 20

六、本章小结 23

第二章 产业发展理论与长三角城市区域经验解释 ················· 25

一、引言 25

二、城市区域产业发展理论 28

 （一）基本概念内涵界定 28

 （二）区域产业演化理论 30

 （三）区域产业转移理论 35

三、长三角城市区域产业发展演化的作用机理 39

 （一）长三角产业发展演化的经验总结 39

 （二）长三角产业发展演化的理论解释 41

（三）产业发展中的城市区位定位　43
　四、本章小结　46

第三章　长三角城市产业升级化研究 …… 47
　一、引言　47
　二、产业结构升级相关研究梳理　48
　　（一）产业结构升级的内涵　48
　　（二）产业结构升级的测度　48
　　（三）产业结构升级的动力　49
　　（四）产业结构升级的模式　50
　三、上海产业结构演化态势　51
　　（一）三次产业结构变化　51
　　（二）轻重工业变化　51
　　（三）工业内部结构变化　51
　　（四）第三产业内部结构变化　52
　　（五）产业规划演进　52
　　（六）产业结构存在问题　53
　　（七）上海产业的关联效应　56
　四、上海产业结构优化升级的发展方向　62
　　（一）上海产业结构调整与优化的思路　62
　　（二）上海产业结构调整配套政策　63
　五、上海主导产业的选择研究　63
　　（一）主导产业选择的基准　64
　　（二）主导产业选择的原则　64
　　（三）主导产业选择的指标体系　65
　　（四）基于全球-国内价值链的主导产业选择　65
　六、本章小结　75

第四章　长三角城市产业低碳化研究 …… 77
　一、引言　77
　二、产业碳排放相关研究梳理　78
　　（一）基于方法视角的碳排放影响因素　78

（二）产业结构调整与碳排放关系的研究　82

三、上海市产业碳排放演化态势　85
　　（一）上海市能源消费情况　85
　　（二）上海市碳排放演进历程　86
　　（三）上海市产业碳排放量变化的总体比较　91

四、上海产业结构变动对碳排放的影响　92
　　（一）模型设定、数据来源及处理　92
　　（二）回归分析过程　94
　　（三）实证结果　99

五、上海市产业结构调整的模拟测算　101
　　（一）研究方法　102
　　（二）多目标产业结构优化模型的建立与求解　103
　　（三）模拟结果分析　108

六、本章小结　111

第五章　长三角城市产业转移化研究　112

一、引言　112

二、产业转移相关研究梳理　114
　　（一）产业转移动因　114
　　（二）产业转移模式　115

三、上海产业向长三角区域转移发展态势　116
　　（一）上海向长三角产业转移总体概况　116
　　（二）上海向江浙产业转移的总体概况　118
　　（三）上海向江苏产业转移的态势　119
　　（四）上海向浙江产业转移的态势　120

四、江浙企业在上海产业投资态势　121
　　（一）投资数量变化特点　121
　　（二）投资额变化特点　122
　　（三）投资行业特点　122
　　（四）在沪投资区位特点　124

五、上海市企业迁移意愿状况调查　126
　　（一）问卷设计　126

（二）问卷回收与描述统计分析　127
（三）企业发展面临的问题　129
（四）中小企业对政府的服务需求分析　132
（五）企业对政府政策的满意度分析　134
（六）中小企业的迁移意愿分析　135
（七）企业转移模式　137
（八）上海企业迁移意向的影响因素　139

六、上海有序进行产业转移的政策建议　144
（一）建立企业产业转移信息交流平台　144
（二）加强政府的产业引导和出台支持政策　145
（三）建立市区两级和各委办局间的联动机制　145
（四）进一步发挥社会组织的作用　146
（五）及时掌握企业需求　146
（六）构建多层次的服务体系　147

七、本章小结　147

第六章　长三角区域工业高级化研究 ················ 149

一、引言　149

二、工业高级化相关研究梳理　151

三、长三角区域工业发展态势　154
（一）工业化阶段发展演变　154
（二）制造业空间分工演变态势　155
（三）制造业产业集群发展演变　167

四、长三角工业高级化指标体系的构建与测度　169
（一）工业高级化指标体系的构建　169
（二）长三角工业高级化测度　173
（三）长三角工业高级化的影响因素分析　176

五、江浙沪工业高级化的环保效应　178
（一）江浙沪环境质量变化　178
（二）环境质量的影响因素分析　181
（三）工业高级化对江浙沪地区环境质量影响的实证分析　182

六、本章小结　184

第七章　长三角区域产业协同化研究 ················ 185

一、引言 185

二、区域产业协同相关研究梳理 187

（一）生产性服务业的定义和分类 187

（二）生产性服务业集聚相关研究 188

（三）生产性服务业与制造业关系的研究 191

（四）长三角生产性服务业与制造业关系 192

三、长三角生产性服务业集聚特征分析 193

（一）基于首位度指数 193

（二）基于空间基尼系数 195

（三）基于区位商 196

四、生产性服务业集聚促进制造业生产率提升的机制探讨 198

（一）长三角制造业生产率的测算 198

（二）生产性服务业集聚促进制造业生产率提升的作用机制及假设 199

五、长三角生产性服务业对制造业生产率提升实证分析 203

（一）经典的空间计量模型形式 203

（二）空间相关性分析 203

（三）变量选取 204

（四）模型设定 206

（五）实证结果 207

六、本章小结 211

第八章　长三角城市区域产业分工合作研究 ············ 213

一、引言 213

二、长三角产业分工协作相关研究梳理 215

（一）产业同构的相关研究 215

（二）产业分工的相关研究 216

（三）产业合作的相关研究 217

三、长三角区域合作的发展历程 218

四、长三角区域产业合作发展态势 222

（一）园区合作与共建的发展历程 222

（二）合作共建园区的发展模式　223
（三）合作共建园区的合作模式　224
（四）长三角产业园区共建典型案例　226

五、长三角城市区域产业协调发展思路　230
（一）加强区域一体化法律法规建设　230
（二）营造区域无障碍的法制环境　231
（三）加强规划的引导作用　231
（四）加强城市间的错位发展和分工协作　232
（五）以园区为载体探索产业利益共享机制　232
（六）以产业为依托实现区域间联动发展　233
（七）以企业为主体鼓励创新分工合作模式　233

六、长三角城市区域产业合作主体策略　234
（一）构建长三角政府间多层次行政协调机制　234
（二）构建政府间合作框架协议　235
（三）搭建产业园区合作平台　235
（四）搭建企业合作的对接推介平台　236
（五）建立利益多方共享机制　237

七、本章小结　237

参考文献 239

后　记 259

图名目录

图 4.3.1　1978－2014 年上海市能源消费量变化 ·················· 85
图 4.3.2　1995－2014 年上海市单位生产总值能耗变化 ············· 86
图 4.3.3　2000－2014 年上海市碳排放量情况变化 ················· 89
图 4.3.4　2000－2014 年上海市碳排放强度情况变化 ··············· 90
图 4.3.5　2000－2014 年上海市产业碳排放情况对比 ··············· 92
图 4.4.1　各自变量的岭迹图 ···································· 98
图 4.4.2　可决系数 R2 与 k 值的线图 ····························· 99
图 4.5.1　低碳转型的多目标产业结构优化模型 ···················· 104
图 4.5.2　算法总体思路流程图 ·································· 108
图 5.3.1　1990－2014 年上海向长三角 15 个城市转移的企业数情况 ··· 116
图 5.3.2　1990－2014 年上海向江苏、浙江产业转移的投资额情况 ···· 118
图 5.3.3　1990－2014 年上海转移到江浙制造业企业数量历年变化 ···· 119
图 5.3.4　"十二五"以来上海对浙江各市租赁商务服务业投资区域分布 ·· 121
图 5.4.1　1981－2014 年江浙迁入上海的企业数变化情况 ············ 121
图 5.4.2　1981－2014 年江浙企业在上海投资额变化情况 ············ 122
图 5.5.1　不同行业中小企业对政府政策的满意度比较 ·············· 134
图 5.5.2　制造业企业和服务业企业的转移模式选择 ················ 138
图 5.5.3　不同规模中小企业的转移模式选择 ······················ 138
图 7.4.1　生产性服务业集聚对制造业生产率提升的机制示意图 ······ 200

7

表名目录

表1.1.1	西方发达国家经济增长方式演变	2
表1.4.1	江浙沪历年GDP占全国比重变化	13
表1.4.2	江浙沪历年人均GDP变化	14
表1.4.3	江浙沪历年进出口总额及占全国比重变化	15
表1.4.4	江浙沪历年高校分布及高校人数情况	15
表1.4.5	江浙沪历年教育经费占GDP比重变化	16
表1.4.6	江浙沪历年非国有固定资产投资比重变化	17
表1.4.7	上海GDP占全国比重排名变化情况	19
表2.3.1	区域经济发展阶段特征	45
表3.3.1	上海市历次国民经济和社会发展规划纲要	52
表3.3.2	上海与其他国际性城市产业结构比较	54
表3.3.3	2006—2017年长三角两省一市外贸依存度	55
表3.3.4	上海市第二产业对现代服务业的投入系数	57
表3.3.5	上海市现代服务业对第二产业的分配系数	59
表3.3.6	上海市现代服务业的感应度与影响力分析	60
表3.5.1	传统主导产业指标体系	65
表3.5.2	上海39个产业部门全球价值链水平	70
表3.5.3	上海39个产业部门国内价值链水平	71
表3.5.4	上海39个产业得分情况	72
表4.3.1	9类能源相关指标及系数	87
表4.3.2	2000–2014年上海市分行业碳排放情况	91
表4.4.1	方程的拟合优度	94
表4.4.2	方差分析	94

表 4.4.3	回归结果	95
表 4.4.4	相关分析	95
表 4.4.5	岭回归估计结果	97
表 4.5.1	投入产出表基本结构	102
表 4.5.2	模型系数	107
表 4.5.3	2012 年实际数据与模拟预测结果对比	109
表 5.3.1	1990－2014 年上海对江浙部分城市产业转移行业分布情况	117
表 5.3.2	"十二五"以来上海对江苏省制造业投资前 5 位城市（企业数量占比）	120
表 5.4.1	1981－2014 年江苏向上海转移企业所属行业分布情况	122
表 5.4.2	1981－2014 年浙江向上海转移企业所属行业分布情况	123
表 5.4.3	1981－2014 年各行业在上海主要注册区域情况	125
表 5.5.1	被调查企业的地区分布情况	127
表 5.5.2	被调查企业的产品销售地情况	128
表 5.5.3	被调查企业近三年的平均净利润增长率情况	129
表 5.5.4	制造业企业和服务业企业发展存在的问题	129
表 5.5.5	企业的资金来源	130
表 5.5.6	接受问卷调查企业拟采取发展策略	132
表 5.5.7	不同行业中小企业对政府的服务需求	132
表 5.5.8	不同规模企业对政府的服务需求	133
表 5.5.9	不同性质中小企业对政府的服务需求	133
表 5.5.10	不同性质中小企业对政府政策的满意度	135
表 5.5.11	企业向外迁移的原因	137
表 5.5.12	不同性质中小企业的转移模式选择	139
表 5.5.13	因子载荷矩阵	140
表 5.5.14	2 年内转移意愿的模型回归结果	142
表 5.5.15	2 至 5 年内转移意愿的模型回归结果	142
表 5.5.16	5 年以上转移意愿的模型回归结果	143
表 6.3.1	江浙沪历年产业结构及就业结构比重变化	154
表 6.3.2	江浙沪历年霍夫曼系数变化	155
表 6.3.3	长三角制造业各行业前三位份额变化	156
表 6.3.4	长三角 16 个城市地区专业化指数变动	158

表6.3.5	1998-2013年克鲁格曼分工指数变化值	160
表6.3.6	1998-2013年长三角地区制造业部门各行业基尼系数	161
表6.3.7	集聚与扩散趋势行业的分类	163
表6.3.8	2013年按行业分类区位商大于1的城市	165
表6.3.9	江浙两省部分城市产业集群数量	168
表6.4.1	工业高级化评价指标体系	170
表6.4.2	工业产业类型划分细则	171
表6.4.3	工业价值链高度指标与权重	173
表6.4.4	江浙沪工业结构优度得分	174
表6.4.5	2008-2015年江浙沪工业价值链高度得分	175
表6.4.6	2008-2015年江浙沪工业高级化指数	175
表6.5.1	江苏工业"三废"排放情况	179
表6.5.2	浙江工业"三废"排放情况	180
表6.5.3	上海工业"三废"排放情况	180
表7.2.1	生产性服务在先进的生产系统中角色的演变	187
表7.3.1	2013年长三角分行业生产性服务业从业人员数前四位城市及占比	195
表7.3.2	2013年长三角生产性服务业区位商	196
表7.5.1	制造业全要素生产率的空间相关性检验结果	204
表7.5.2	变量及相关说明	205
表7.5.3	基于SEM的生产性服务业整体回归模型结果	208
表7.5.4	基于SEM的生产性服务业细分行业的回归模型结果	210
表8.3.1	长三角一体化历程中的重大政策	221
表8.4.1	上海园区异地设立分园典型案例	227
表8.4.2	上海各区县异地园区典型案例	228
表8.4.3	上海大型企业集团、高校异地园区典型案例	230

第一章　产业发展演化与长三角基本概况

城市区域是一种城市功能地域,由具有一定人口规模的中心城市和周边与之有密切联系的城市、城镇或县域组成。城市区域强调中心城市和外围市县之间双向互动的经济联系,城市区域跨越行政边界,其构成区域内可以有地级市、县级市及县等不同行政级别的单位,核心城市与腹地区域形成了较为紧密的经济联系。当前,中国正形成长三角、珠三角、环渤海等城市区域,长三角作为中国区块经济发展最快速的地区,其经济发展模式正从投资驱动转向为创新驱动,从单纯的规模增长模式转变为效率增长模式。长三角城市区域产业发展的路径演化和机制规律代表着中国区域产业发展的道路。本章试图回答以下几个基本且相互关联问题:第一,经济社会中的产业发展演化有哪些基本命题;第二,中国城市区域产业发展演化的背景变迁;第三,中国产业发展演化研究的一些基本问题;第四,长三角城市区域产业发展演化研究的重要意义。

一、经济社会中的产业发展演化命题

产业发展演化是人类社会发展的一个历史过程,在不同的经济社会发展阶段,产业发展呈现不同的演化规律。产业发展演化,不但反映了人类生产和生活方式的飞跃式发展,而且也反映了人类社会组织生产、生活等方式的历史变迁。

在产业相关理论中,产业演化理论是其十分重要的组成部分,是对产业发展变化过程进行描述和分析。演化概念(达尔文,1995)源于达尔文的生物进化论,认为所有生物都是在自然环境相互竞争,通过适者生存的方式对种族进行筛选,留下优良的种族进行繁衍,逐渐地将生物的层次复杂化、高级化。生物进化论给经济学研究带来了极大的启示,类似于生物,经济在外部环境与内部结构的双重条件筛选下,留存下适应当前经济态势的产业和企业,并随着历史的潮流不断地向前推进。

在经济演化中,产业演化属于较为重要的一个领域。从宏观角度来看,产业属于一个完整的系统,其中包含了一系列相关联的企业,涵盖上下游,环环相扣,因此,产业演化研究的是一种系统性的研究,主要针对的是国家或地区的产业结构的演化;从微观角度来看,产业演化属于个体演化的范畴,针对的是单一产业演化。综合来说,可以将产业演化定义为产业为了迎合当前以及未来经济整体的趋势,在各种外力和内力的驱使下,结合自身产业特点进行产业演变,经历类似于生物进化的一系列过程,最终发挥出自身产业优势。产业发展演化是一个资源配置不断重新组织的优化过程。随着产业演化,劳动力会从相对剩余的部门向相对稀缺的部门转移,资本从较低生产率的农业向较高生产率的工业、服务业转移。

纵观英法德美日等西方国家200余年来的经济发展史,其经济增长方式从工业革命早期的粗放型增长至今"后工业时代"集约型增长的转变,经历了一个较长的演化过程(中国经济增长前沿课题组,2005)。过去两个多世纪,前一个一百年只是罗德—多马形态的古典经济增长时期,后一个一百年则是索洛等模型描述的现代经济增长时期(中国社科院经济所经济增长前沿课题组,2004),这个过程分为"古典增长时期"和"现代增长时期",并按经济绩效、拉动部门(主导产业)的不同再进一步分为四个阶段(表1.1.1)。

表1.1.1　西方发达国家经济增长方式演变

时期	古典增长时期		现代增长时期	
阶段	原始积累的经济增长	大工业经济增长	管理与技术应用的增长	知识与创新增长
大致时间	1760－1860年间	1860－1910年间	1910－1970年间	20世纪80年代以后
技术演进新变化	从工场手工劳动("流汗"到水力、蒸汽驱动的机械运用和专用化生产)	重型机器、大规模生产	流水线与大规模精益生产和销售	知识生产和信息传播导致的技术创新
创新产业和经济领涨部门	机械制造业、铁路及航运	钢铁、电气、重型机械、化工	石油、汽车工业、民品消费及服务业	现代服务业:教育、医疗、信息服务和娱乐、金融等;高科技(电子、新材料、新能源、生物工程和航空航天)
基础设施	运河、收费公路、铁路、蒸汽船	钢制铁轨、钢制船舶、电报	无线电、高速公路、机场和航线	信息高速公路(有线和无线)
管理和组织变革	工厂制(个体与合伙)	合股、股份公司;管理系统与泰勒制	福特制:管理层级	内部、地区和全球网络

续表

时期	古典增长时期		现代增长时期	
经济增长的新驱动因素	劳动力:要素投入	资本积累:要素投入	组织和管理创新:生产效率提高	知识与创新;生产效率提高
总体特点	粗放		集约	创新

资料来源:王宏淼.西方经济增长模式的转变.(内部讨论稿),2006.

表 1.1.1 清晰地描述了发达国家经济增长方式演进的过程。总的看来有如下特点(张平、刘霞辉等,2005):(1)经济增长方式与一国或一地区生产力和社会发展水平密切相关。一定时期的经济增长方式应与当时的生产力水平或客观条件为基础,人们不能超越。(2)在工业化早期,都会经历一个或长或短的粗放型增长期。但经济增长方式演变的总体趋势是从劳动、资本投入驱动型到管理、知识创新带来的生产效率提高型,即体现为"要素积累—集约管理—知识创新"的动力演化路径,集约化程度和创新程度越来越高。(3)产业结构经历了"农业—工业—服务业"的变化过程,服务业的兴起并占据主导地位(早期是与物相关的服务业,如物流;后期是与人有关的服务业,如教育、医疗),是一个历史趋势。(4)技术进步起了决定性的作用,企业家精神、制度创新的作用也不应忽视。(5)虽然一个经济体不能跨越自身发展阶段而随意选择某种经济增长方式,但是可以通过努力(如技术进步、企业家创新、制度完善、政策调控)缩短从较粗放的增长方式向集约型增长方式转型的时间。

当前,发达国家正逐步从集约型增长模式向创新型增长模式过渡,资源配置的模式也更多地向以人的知识创新获利的模式过渡。从各国产业结构演进来看,随着人均 GDP 增长和城市化水平的提高,服务业比重提高成为一种必然的规律。美国早在 20 世纪 50~60 年代开始了"减重",服务业取代重化工业成为增长动力,航空、电信、医疗、广播、教育、金融、保险等行业的增长率更是远高于整体国民经济增长。日本和韩国也同样有一个"减重"和提高服务业的过程。产业发展演化作为一个长期的历史过程,是一个复杂的系统工程,制度变革、市场变迁、生产技术创新和资源重新配置等各种因素都会造成产业发生深刻的变化,各国由于国情不同、经济发展阶段不同,因此不存在统一的发展模式与演进规律,产业发展需要立足国情,与时俱进地制定政策、安排制度和选择路径。

二、中国产业发展演化的背景变迁

经济社会变迁是一个国家或地区产业发展演化的主要推动力量。中国是世界上国情最为复杂的国家,人口众多、区域差异明显,在全球化的"时空压缩"进程中,中国用了远远少于西方的工业化和城镇化进程的时间,进行产业发展演化,因此,研究中国产业的发展演化问题,既要吸取世界各国产业发展演化的经验和教训,但也绝不能离开中国国情和具体情况进行抽象的讨论,需要"具体问题具体分析"。改革开放以来,中国深度地融入了全球经济体系,全球经济社会变迁和中国国情等基础条件变化都将引发中国产业的发展演化。从国际环境看,世界经济社会正呈现如下变迁。

第一,新科技革命风起云涌,新兴技术和新兴业态正成为各国抢占科技产业制高点的焦点。自全球金融危机爆发,世界经济遭到重创之后,发达国家为走出困境,纷纷加大科技创新的投入和力度,新兴技术、新业态不断涌现,使得全球科技正进入一个空前的创新密集新时期。一场以绿色、智能和可持续为特征的新科技革命和产业革命将改变全球产业结构、创造新的需求与市场,也将改变生产方式、生活方式与经济社会的发展方式。从3D打印到工业机器人、从特斯拉概念到新清洁技术,从移动互联网、云计算到大数据、分布式能源,新科技革命带动的产业革命正在兴起,全球主要国家也推出各项政策措施以鼓励和支持本国新兴产业的发展。

第二,制造业回流成为全球产业发展新趋势,"再工业化""工业4.0"等新工业化战略逐渐成为热点。20世纪80年代至今,世界产业格局发生了较大变化,之前发达国家经历了一个"去工业化"过程,劳动力迅速从第一、第二产业向第三产业转移,制造业向新兴工业化国家转移。金融危机的重创和新科技革命的兴起使得发达国家开始重新审视制造业的价值,重新回归实体经济,力争继续成为新一轮产业全球分工体系中的控制者。因此,部分制造产业从发展中国家回流发达国家正成为全球产业发展的新趋势。

第三,生产体系逐渐开放,产业分工逐渐细化。各个国家和地区的生产活动不再孤立进行,而成为一个开放生产体系的有机组成部分,成为产品价值链条中的一个环节。仅从生产制造环节讲,还可从上游的关键零部件生产到下游的加工组装进一步细分,越接近于上游的生产其技术含量越高,附加值越大。制造型企业从下游向上游的递进也是分工地位和增值能力的提升。

第四,传统的劳动密集型、资本密集型、技术密集型等定义逐渐模糊。技术密集型产业中有它的劳动密集型环节,比如一些精密仪器的加工装配环节;劳动密集型产业有它的技术密集型环节,比如传统产业的研发设计环节。因此,任何企业只要根据自己的核心能力和优势资源寻求最佳定位,就有机会获得较好的生存和发展。国际产业转移也不再局限于传统的劳动密集型产业,还包括高新技术产业的劳动密集型环节等多种形式,这为发展中国家介入新兴产业、全方位参与国际分工和国际竞争提供了新的机会和条件。

从国内环境看,当前中国经济社会也正发生深刻变化。

第一,人口、资源、环境红利等基本面的悄然变化使我国经济呈现新特征。全球经济危机的大爆发宣告了世界经济步入"大调整"与"大过渡"的时期。近年来中国经济发展的内、外部环境正在发生深刻的变化,外部市场需求疲软带来出口订单急剧下滑,原有"人口红利""土地红利"等要素红利的不断消失,正在使中国出口导向型的外向型经济发展模式面临前所未有的挑战。人口、资源、环境红利等基本面的悄然变换使中国经济明显出现了不同于以往的特征,中国经济进入到一个新的阶段,经济增长将与过去30多年10%左右的高速度基本告别,与传统的不平衡、不协调、不可持续的粗放增长模式基本告别。中国发展虽然仍处于重要战略机遇期,但已从高速增长向中高增长阶段转变。

第二,各地政府探索"腾笼换鸟"的产业转型新模式。当前,东部沿海地区企业生产经营困难的局面未有根本改善,民企先发优势正在消失,依靠物质消耗、要素投入和低成本比较优势的传统发展模式难以为继,企业面临市场疲软和成本高企的两难境地。在这种形势下,各地也在积极探索经济发展方式转变的道路,珠三角、长三角等地区的许多地方政府进行了"腾笼换鸟"的产业转型模式探索,不少土地、厂房、资金得以空置,产业转型迎来了新的契机,但实践中也往往遇到因为项目未能及时引进、及时落地或是项目与产业不衔接而无法顺利"换鸟",反而影响了经济发展。因此,如何合理有序地引导企业转型升级和产业合理转移成为地方政府需要思考的问题。

第三,中国已经进入到都市圈整体竞争的新时代。目前中国的区域竞争主要表现为各都市圈之间的整体竞争,而不是过去的那种单个城市之间的竞争。近年来,在中国一些经济发达地区,区域分工已开始出现从传统的部门间分工到部门内分工,再到产业链分工转变的趋势。因此,如何通过发挥市场机制的基础作用和政府的规划引导,在大都市区范围内按照各地的优势条件,构筑一个面向全国甚至全球的以产业链分工为基础的一体化新型产业分工体系,形成整体竞争优势和良性互动、互惠多赢的产业发展格局,使之既可以充分发挥市场机制在资源配置中的基础作用,又有利于推进区域经济一体化,形成优势互补、合理分工、互惠互利的大都市圈良好发展格局是一项迫切的任务。

这种新型产业分工格局是市场机制和政府引导相互作用条件下企业自主区

位选择的结果。企业自主区位选择过程既受到市场机制的支配性作用,也受到政府规划引导的重要影响。因此,在大都市区内,要促进形成一体化的新型产业分工体系,要按照新型分工的原则,实现功能互补、错位发展。这种错位发展,除了传统的建立在部门间分工基础上的部门错位发展外,更重要的是建立在新型分工基础上的产品错位发展和功能错位发展。在功能错位发展方面,大都市中心区应把着重点放在总部、研发、设计、品牌、市场营销等环节,大都市郊区和周边中小城市则应重点发展生产制造、零部件配套、仓储采购等环节,由此形成一体化的大都市区功能分工格局(魏后凯,2007)。

第四,中国城市区域经济的发展既有时空延续性,又同时表现为演化的过程。特别是在中国,长期以来由于计划体制和行政区域的刚性约束,经济活动和劳动地域分工往往被限制于省、市、县等行政区划的范围内进行,产业布局、区域规划往往以省、市、县等不同层次的行政区划为基本单位,各经济区之间的独立性或分割性特征非常明显。劳动地域分工受到限制,跨地域统一市场形成的障碍重重,经济活动或地域生产组织依靠非经济的政治和制度手段进行,区域间内在的经济联系被空间条块分割严重。随着改革开放的深入,尤其是市场化改革进程的加快,以及区域经济一体化思想的深入,自由贸易和经济市场化在逐步地打破地区行政的壁垒,它表明在全球化和市场化背景下,随着资源的流动性增强,经济活动的地域性行政管制可能继续(吴柏均等,2006)。中国中央集权下的地方分权制政治改革使得中国地方政府以厂商角色积极地参与了中国经济建设,各个地方政府因地制宜地开发了多种区域发展模式,如著名的"苏南模式""温州模式""晋江模式"和"深圳模式",这也使得中国区域的产业、贸易、城镇等各种经济要素和经济形态带有明显的地域性和空间性。

第五,随着交通、通讯等基础设施不断完善,要素流动开始加强。随着国内不断延伸的"同城化"交通系统、信息化设施和运用水平的提高,以及各地经济发展中的行政区隔阂、地方保护主义开始破冰,劳动力、资本、技术等生产要素流动开始频繁,在市场机制引导下,要素开始在全国区域尺度上寻求空间的优化配置,经济要素开始从地区间的单向移动转变为双向流动,另一方面要素流动使得可以将产业联系延伸扩张到全国,通过建立区域间资源共享、优势互补和实现双赢的体制机制,保障区域间的持续联动发展。区域开放、要素流动的溢出效应,将为全国城市区域产业创新转型升级带来重大机遇,区域之间可以深度联动,引导企业转移、升级、发展,使城市区域之间的企业融入全球/全国产业链、创新链和价值链,从全生产要素、全生命周期、全产业链、全价值链,在全球或全国配置要素和生产环节,在此基础上通过跨地区合作,协同加快产业转移和产业合作。

三、中国区域产业发展研究的基本问题

中国产业的快速发展为创新中国经济增长奇迹作出了积极的贡献,使得中国快速从一个农业国变成一个工业国,同时,伴随着中国产业的发展演化,中国经济社会结构也发生了巨大的变迁,中国人口、资源、劳动力、资本等各种要素在中国区域发生集聚与扩散各种的态势,深刻地重构着中国区域经济格局。中国产业发展演化和中国的城镇化、市场化、国际化等各种发展演化进程成为世界经济发展历史的重要片段。中国的工业化和产业变迁深刻地改变了世界工业化和全球产业分工体系。2001年诺贝尔经济学奖得主、美国著名经济学家约瑟夫·斯蒂格利茨认为:中国的城市化、工业化与美国的高科技革命将成为21世纪影响人类历史进程的两大重要事情。

中国的产业发展演化进程对于社会经济发展影响极为深远。一方面,产业优化升级和发展演化是维持中国经济增长和结构转型的重要动力。中国实施利用"两种资源、两个市场"的开放战略,使得大量农村剩余劳动力从农业生产解放出来,进入工业和服务业领域,极大地提高中国劳动生产率,低成本优势带来的比较优势,显著地提升中国出口产品的国际竞争力。与此同时,通过开放的学习效应使得人力资本和技术积累又为中国产业转型升级提供了机遇。城市的发展为高技能人才的空间集聚创造可能,高科技产业、创意产业以及金融业等先进制造业和现代服务业在北京、上海、广州等特大型城市逐步兴起,而在环渤海、长三角和珠三角等城市腹地区域,由于土地、环境等各种成本的比较优势和梯度差异,则成为劳动密集型产业尤其是制造业的发展基地,形成了城市区域之间的产业分工与合作。很多研究表明,中国产业发展演化和优化升级与经济增长之间存在着显著的正相关关系。另一方面,产业发展演化也是推动中国经济发展方式转型的重要手段。2007年金融危机之后,中国面临的国内外发展环境发生了深刻的变化,外需不振、成本上升、制造业长期萧条、经济增速逐步下滑,经济结构转型压力空前巨大。在这种新经济形势下,产业转型升级成为当前中国经济发展的必要条件和经济转型的必经之路。为此,不少政府官员和学者将保持中国经济增长和摆脱"中等收入陷阱"的希望寄予中国产业的"创新驱动、转型升级"。

针对中国区域的产业发展问题,国内外学者已经做了大量的研究工作,发表了众多有价值的研究成果,政府也根据自身条件特点制定并实施了许多有关区域产业发展的政策和措施。在这种情况下,以中国经济发展转型为背景,探索未来

适合中国城市区域发展阶段和趋势的产业发展问题,其主要原因是当前中国面临发展的国内外环境发生了深刻变化,中国城市区域产业发展也存在着一些基本的问题需要进一步的讨论。

第一,中国产业发展演化的转型升级问题。在开放经济条件下,全球化对中国经济形成了"外部冲击",中国经济增长方式正从单纯的"劳动力投入驱动型""资本投入驱动型"等传统要素驱动型转变为"知识创新带来的生产效率提高驱动型"。中国未来的宏观政策选择仍然要立足于"两个市场、两种资源"来推动经济增长和结构转型。金融危机对世界经济和中国经济增长造成了波动,但这不应是经济的常态。经济波动是经济体自身对经济系统失调的一种自我纠正行为。因此,中国政府在金融危机等特殊背景下制定并实施一些应急性产业政策的策略是可行的,但从长远来看,中国产业选择和发展方向应该根据中国国情变化、经济发展阶段和产业自身演化规律和产品技术变迁等而变化。

发展经济学家归纳了发展中国家的大量典型事实,如刘易斯的"二元经济结构"、纳克斯的"贫困循环陷阱"、钱纳里的"经济结构"等,把发展中国家的结构非同质、起点困境描述得非常"典型",并进一步形成了所谓的经济发展的"突破理论",即通过某种方式进行贫困循环陷阱的突破,如罗斯托的大推动理论、非均衡、双缺口等。经典的发展经济学理论认为发展中国家为了突破"贫困循环陷阱"就必须要进行国家干预提高储蓄,同时,"扭曲要素"来创造需求和低成本竞争力。现代经济增长理论认为,技术进步是现代经济增长的来源和内生演化的动力。当前,由于经济结构扭曲所积累的风险也在影响着中国经济又好又快发展。面对发展困境,在开放经济的背景下,未来中国产业发展转型升级的路径和方向在哪里?面对经济学这个既古老又年轻的命题,我们应思考如何去解决?

第二,针对我国产业发展中的一系列问题,是依靠政府来解决,还是利用市场机制自行调整?政府主导驱动型是当前中国经济的一个重要特征,表现为中国政府通过对劳动力、土地、资本等价格的人为压低和扭曲,获得低成本竞争优势,通过要素驱动和投资驱动促进中国经济快速增长。政府干预经济就像一把双刃剑,一方面有效弥补市场机制固有的缺陷,对症下药的干预策略有助于实现经济稳定、快速增长;但从长期来看,政府过度干预容易造成经济结构的扭曲。在当前开放经济条件下,资本流动、外部需求和供给等冲击构成了高成本投资模式的现实约束,从长期发展来看,政府必须权衡粗放式高增长的宏观收益和成本,并制定相应的政策来约束低效率的投资行为,通过经济增长路径和模式转型,来保持经济增长的稳定和持续,实现全社会的福利优化。

当前,中国经济正面临的"人口、资源与环境"的发展瓶颈,中国未来必须从要素积累的经济增长模式向集约型的增长模式过渡。在资源动员上,要从以政府主导的资源动员方式向以市场为主导的资源动员方式转变,矫正政府主导资源配置中的要素价格扭曲,提高要素优化配置的效率。在金融危机背景下,运用积极的财政政策和宽松的货币政策,通过投资拉动经济增长是一种无奈的选择。政府积极干预经济,是对市场调节经济的一种有益补充,但政府在经济干预中的角色和边界的不恰当,将会加重中国经济原本的结构扭曲。由此引申出一个新命题,即是否存在着更加市场化的机制和体制,使中国区域产业发展更加具有经济自发性、内在动力性和自我均衡性,以此弥补政府主导带来的产能过剩和产业发展内在动力不足等问题。总之,中国产业发展道路是仍坚持政府主导,还是转向市场主导?两者是否可能有机结合?这些都是我们需要思考的深层次问题。

第三,在经济分权、政治集权的体制和按行政级别配置资源的制度下,如何破解各地方政府"为增长而竞争"(张军,2009)的产业发展格局?行政性分权和放权让利曾经使得中国形成了一个个区域竞争格局,极大地推动了中国要素在区域之间流动和优化配置,使得中国区域经济快速增长。但各地方政府各自为政的发展经济,形成了行政区域的经济封闭性和产业同化,导致行政区域之间产品、技术、劳动力、信息、土地、资金等生产要素的流动不畅,基于自由交易、专业化生产和社会分工体系的城市区域产业分工体系难以建立,导致中国各地区形成的所谓"城市群""都市圈""经济带""城市区域"等仅仅是具有地理学的意义,缺乏基于分工协作的生产交换的内在经济关系。因此,在区域产业发展演化中,如何在市场机制作用下,基于产业链和分工链等视角,重构基于区域经济一体化的产业分工体系,是未来中国通过区域间产业的分工和合作深化参与全球竞争的一个关键性问题。

但是,由于中国等级化行政管理体制的存在,具有越高行政等级的城市和区域,便能分配到更多的财政资源和行政权力,从而具有更强的实力打造条件优势的产业环境以招商引资和产业配置,这种以行政力量配置资源的办法往往容易造成产能过剩和产业同构化,这也使得中国许多区域最为重要的五年产业规划中出现了许多产业雷同等现象,阻碍了区域一体化的深化和推进,也使得许多区域一体化的国家战略流于规划层面。同时,跨区域的产业协作和联动发展涉及许多的利益分配问题,因此,即使像长三角、珠三角等城市区域由于经济联系紧密而联结起来的地理空间单元,也会因为部门利益和行政区利益而无法按照市场力量进行资源配置和产业发展。因此,在产业发展过程中,是否应由国家层面,成立重要战略区域的跨省市的产业协作组织,通过政府推动和市场引导,对"都市圈""城市群"等城市区域进行要素的空间配置,从而促进区域均衡发展和产业有序转移和产业合理分工合作。

第四,由于中国地区间资源禀赋和经济发展水平差距巨大,导致各地区、各城市间产业发展进程不相一致,同时,许多发展中的问题在不断凸显,约束着中国区域产业发展的路径选择。

一方面,东部一些发达区域如长三角、珠三角、环渤海许多发达城市已经进入了后工业化阶段,服务业已经成为城市的经济支柱;但在城市区域内部的一些中小城市和城镇,许多地区还处于工业化初期或中期。在长三角许多百强县还是以第二产业为主,城市化严重滞后于工业化进程。另一方面,尽管产业基础、资源条件和发展水平不一,但在现有的体制下不同行政等级的地方政府都在大搞开发区和招商引资,由此导致生态环境被严重破坏、政府财政赤字、城市产业发展不符合国家绿色、低碳、生态和环保经济要求,对此,需要理性地分析不同区域的产业发展方式,重新审视不同地区的产业发展道路。

即便是许多发达的城市地区,在不同的发展阶段,其基础条件也发生了很大的变化。如长三角区域的上海,在新历史条件下,国家就赋予了它"全球城市""全球科创中心"等新的功能定位,这种城市功能定位变迁决定了上海在产业选择上必须对标纽约、伦敦、东京等国际大城市,引导中国产业参与全球竞争。中国城市区域产业发展过程中,受经济发展阶段和行政资源配置的约束,产业发展在不同阶段具有鲜明的特点,但近年来,区域经济发展的市场环境发生了较大的变化,如产业结构高度化和外向化、工业技术升级和规模扩大、非农用地指标严格控制、劳动力和环境等要素成本不断上升,等等。因此,未来中国区域产来发展道路,是以制造业为主的道路?还是服务业为主的道路?传统制造业和先进制造业、传统服务业和现代服务业如何分工和资源配置?作为一个大国经济,这不仅涉及内在经济结构关系的理论问题需要研究,同时也已经成为一个现实的政策问题。

第五,在区域产业发展过程中,如何认清国情,建立一个符合区域产业发展的长效机制。现代经济增长理论认为所有经济体都是呈现 S 形的增长态势,即增长不断减速的趋势。在中国未来资源约束强化和人口的老龄化等背景下,未来潜在经济增长率降低成为一种必然趋势。因此,如果片面追求经济高速度,将会使原本扭曲的经济结构更严重,保持增长速度与转变增长方式协调统一起来将成为未来中国发展面临的重要挑战。在开放经济下,国际资本流动和大宗商品价格波动将使得中国整体经济处于不确定的状态中,经济中的风险因素将会累积,应对"外部冲击"将成为中国未来经济增长和宏观调控的主线。面对中国经济问题的复杂性和多样性,中国宏观政策选择既要考虑其短期性,也要考虑其长期性;既要考虑整体性,也要考虑区域性。政策既要考虑"相机抉择",也要坚持试点性,即应继续坚持通过"试错"办法解决政策的适用性。

随着资源约束趋紧和汇率波动加剧,中国制造业发展面临的压力将会越来越大,经济增长方式从要素驱动和外需驱动向效率驱动和内需驱动转型成为必然,产业和就业结构都亟待转换。政策选择既要考虑增长为目标的政策导向,也应考虑就业等为目标的政策导向。中国既应该通过产业和税收等政策引导资源向服务业转移,达到产业升级的目的,但单纯的"去工业化"发展模式也会给经济体带来极大的风险。作为大国经济发展模式,应是制造业和服务业双轮驱动,结合不同区域自身特点,进行主导产业选择。中国经济增长依然有其强劲的内在发展动力,但也将越来越容易受到外部冲击。因此,平衡内外、稳定经济增长将成为中国未来很长一段时间最为重要的宏观经济政策目标,同时,加大优化要素配置的微观改革,提高全要素生产率,也将成为未来重要的政策选择。面对着中国发展环境的深刻变化,如何根据产业发展条件如人口、资本、技术等变迁,在开放经济条件下,建立产业稳定、持续和健康发展的长效机制。

第六,企业作为产业发展演化的主体,在新的背景下,如何通过发展策略转变推进城市区域产业演化?当前,随着中国内外部经济环境的变化,中国企业正面临着出口锐减、原材料涨价、劳动力成本上升、土地价格涨幅惊人、环保压力和成本空前加大、人民币汇率波动加剧等内外部压力,作为微观经济行为的主体,企业如何根据国情变化和经济增长的演化规律进行发展模式转型和策略选择变得十分紧迫。根据我们对长三角的地方政府、跨国公司、民营企业等多方面调研,我们认为未来中国企业必须进行发展模式转型和发展策略重新选择。

从20世纪80年代开始,长三角企业就开始迈上外向型经济发展之路,出口导向型企业对长三角经济的带动效应明显。但随着出口数量的增多,长三角产品在国际市场上受到产品档次偏低、反倾销官司增多等问题困扰。企业如何通过与国际大企业建立紧密的合作关系,来调整产品出口结构,提高产品附加值,同时,从单纯的OEM转向品牌构建也成为企业不得不面对的问题。随着经济发展和人均收入提高,中国经济结构和消费结构发生深刻变化,未来生产性服务业、消费性服务业和金融服务业等将引领中国经济的发展,企业应对未来行业发展方向和经济发展态势进行预判,并制定应对策略。

承接先进国家和地区产业转移和将本地落后产业转移到其他地区是一个动

态过程。在我国表现为东部地区的经济结构升级,某些劳动密集的、消耗大量自然资源的、生产传统产品的产业(如制造业)转移到中西部,甚至是按梯级顺序先转移到中部,再转移到西部成为区域产业演化的一种必然规律。中国企业如何根据产业链和价值链进行要素的空间重新配置,也开始显得十分迫切。当前,全球化的资源流动主导着世界各国经济发展,通过出口与进口的协同作用来推动中国经济增长仍是未来经济增长的重要模式。对于中国企业,不仅应通过"乡村振兴战略""区域协同发展战略"等机遇拓展内需,同时,应构建全球营销网络,积极拓展海外市场,通过"两轮驱动"来达到企业的持续发展。企业应站在全球的视角,进行产业布局和规划,在国外和国内两个市场中寻找发展机遇。

"次贷"危机后全球经济陷入需求不足的困境,但通过对浙江、江苏等地区各种类型的企业进行调研,我们发现同为代工企业,不同类型的企业其复苏差异很大。其中与大众生活品、消费品相关的小家电企业,其订单生产不降反升;而像轴承企业则出现生产萎缩。因此,企业产品的升级、更新换代应根据全球消费者的消费需求和消费偏好的变化,进行自主选择,而不应该在政府"产业升级"的口号迷失自己的发展方向。

面临上述中国产业发展演化过程中出现的诸多问题,需要对长三角城市区域产业发展演化的经验与教训进行总结,重新思考符合长三角实际的未来产业发展道路。特别是需要研究未来区域产业发展的动力、机制和实现方式,探讨城市与区域之间产业高级化、低碳化、分工化和协作化等发展模式等。

四、长三角城市区域发展态势

(一)长三角基本概况

长三角地区(Yangtze River Delta Region)作为中国经济发展水平最发达,也是中国城市化、工业化发展水平最高的地区,是中国东部沿海地区最为重要的三大城市群之一。长三角地区是中国城市分布密度最大、地域范围最广、经济发展水平最高的城市连绵区,在中国具有举足轻重的经济地位。法国地理学家戈特曼将长三角城市群与美国东北部大西洋沿岸城市群、北美五大湖城市群、日本太平洋沿岸城市群、欧洲西北部城市群,以及英国以伦敦为中心的城市群一并誉为世界六大城市群。

狭义而言,长三角地区包括上海和江苏、浙江的15个城市,共16个城市。浙江7个城市分别是杭州、宁波、嘉兴、湖州、绍兴、舟山、台州;江苏的8个城市分别是南京、无锡、常州、苏州、南通、扬州、镇江、泰州。广义而言,长三角地区包括上海、江苏、浙江两省一市。泛长三角则在二省一市的基础上包括了安徽省。长三角地区并不是一个严格的经济学、地理学概念,这取决于研究范围和视角的不同,但在本研究中,我们主要以上海市作为城市样本案例,江浙沪二省一市作为区域样本案例。

(二)长三角经济社会发展概况

对长三角地区经济发展基本情况进行分析,有助于我们理解该地区的经济地位以及产业发展演化进程的基础条件。与中国其他城市区域相比,长三角经济社会具有如下显著特点。

第一,区块经济占全国比重大。江浙沪GDP从2006年的48032.76亿元增加到2017年的167802.76亿元,成为中国区域经济快速增长区之一。江浙沪GDP始终位居全国前列,2017年江苏省GDP达到85900.9亿元,位居全国第二,仅次于广东;2017年浙江实现地区生产总值51768亿元,位于全国前列;2017年上海市GDP达到30133.86亿元,位于四个直辖市中第一。改革开放以来,长三角的国内生产总值占全国生产总值的比重基本稳定在20%左右(表1.4.1)。

表1.4.1 江浙沪历年GDP占全国比重变化

年份	江苏	浙江	上海	江浙沪
2006	9.91%	7.16%	4.82%	21.89%
2007	9.63%	6.94%	4.62%	21.19%
2008	9.70%	6.72%	4.40%	20.82%
2009	9.87%	6.59%	4.31%	20.77%
2010	10.03%	6.72%	4.16%	20.90%
2011	10.04%	6.61%	3.92%	20.57%
2012	10.00%	6.43%	3.73%	20.17%
2013	10.04%	6.34%	3.67%	20.05%
2014	10.11%	6.24%	3.66%	20.01%
2015	10.23%	6.26%	3.66%	20.15%
2016	10.44%	6.38%	3.80%	20.62%
2017	10.39%	6.26%	3.64%	20.29%

资料来源:2007—2017年江苏、浙江、上海以及中国的统计年鉴、统计公报

人均GDP反映了一个国家或地区的富裕程度。江浙沪的人均GDP无论是在

绝对数量上还是在增长速度上,都明显高于全国平均水平。2006年到2017年,江浙沪平均的人均GDP从38208元上升至107949元,增长了2.83倍,是同期全国平均水平的1.81倍(表1.4.2)。

表1.4.2 江浙沪历年人均GDP变化　　　　　　　　　　　　单位:元

年份	江苏	浙江	上海	江浙沪平均值	中国
2006	28526	31241	54858	38208	16738
2007	33837	36676	62040	44184	20505
2008	40014	41405	66932	49450	24121
2009	44253	43857	69165	52425	26222
2010	52840	51758	76074	60224	30876
2011	62290	59331	82560	68060	36403
2012	68347	63508	85373	72409	40007
2013	75354	68805	90993	78384	43852
2014	81874	73002	97370	84082	47203
2015	87995	77644	103795	89811	49992
2016	96887	84916	116562	99455	53980
2017	107189	92057	124600	107949	59660

资料来源:2007—2017年江苏、浙江、上海以及中国的统计年鉴、统计公报

第二,城市化发展水平高。城市化和工业化、经济发展水平是相辅相成、共同发展的。一般认为,在工业化初期,城市化率在30%以下;在工业化中期阶段,城市化率在30%~70%之间;在工业化后的稳定增长期,城市化率在70%以上。据统计,2006年至2015年间,江浙沪地区的城市化率均超过50%,其中,江苏和浙江的城市化率由不足60%逐渐上升到接近70%;而上海的城市化率则一直在85%以上。说明江苏、浙江已经达到工业化中期水平,而上海市则处于后工业化阶段。

第三,进出口比重大。长三角是中国最为重要的进出口基地,其进出口占全国的比重一直超过三成。2017年,江浙沪的进出口总额为97863.92亿人民币,占中国进出口总额的比重为35.21%,其中出口总额占全国比重高达37.29%,比该区域GDP占全国的比重分别高出了17个百分点。近年来,江浙沪进出口总额、出口总额占中国的比重均远远高于其GDP占中国的比重,这充分说明了江浙沪的对外贸易有力推动了该区域的经济发展,也说明了长三角是中国外向型经济的重

要引擎。

表1.4.3 江浙沪历年进出口总额及占全国比重变化

年份	江苏（亿美元）	浙江（亿美元）	上海（亿美元）	中国（亿美元）	江浙沪占中国比重（%）
2006	2839.95	1391.47	2274.89	17604.40	36.96%
2007	3496.71	1768.56	2829.73	21765.70	37.19%
2008	3922.68	2111.09	3221.38	25632.55	36.11%
2009	3388.32	1877.35	2777.31	22075.35	36.43%
2010	4657.93	2535.33	3688.69	29739.98	36.59%
2011	5397.59	3093.78	4374.36	36418.60	35.33%
2012	5480.93	3124.03	4367.58	38671.20	33.55%
2013	5508.44	3357.89	4413.98	41589.90	31.93%
2014	5637.62	3550.49	4666.22	43015.30	32.21%
2015	5456.14	3467.84	4517.30	39530.30	34.00%
2016	33634.8	22202	28664.37	243386	34.72%
2017	40022.1	25604	32237.82	277923	35.21%

资料来源：2007—2017年江苏、浙江、上海以及中国的统计年鉴、统计公报；其中，以2016年起以人民币为计价单位

第四，人力资源素质高。上海、江苏和浙江等长三角地区是中国人力资源最为密集区域之一，普通高等学校数和普通高等学校在校人数一直居于全国前列（表1.4.4）。随着长三角经济社会和产业发展演变，对高水平人才的需求越来越强烈。

表1.4.4 江浙沪历年高校分布及高校人数情况

年份	江苏 普通高等学校（所）	江苏 普通高等学校在校人数（万人）	浙江 普通高等学校（所）	浙江 普通高等学校在校人数（万人）	上海 普通高等学校（所）	上海 普通高等学校在校人数（万人）	合计 普通高等学校（所）	合计 普通高等学校在校人数（万人）
2006	119	139.53	68	71.99	60	46.63	247	258.15
2007	121	156.88	77	77.80	60	48.49	258	283.17
2008	120	167.74	77	83.22	61	50.29	258	301.25
2009	122	176.73	78	86.65	66	51.28	266	314.66

续表

年份	江苏 普通高等学校（所）	江苏 普通高等学校在校人数（万人）	浙江 普通高等学校（所）	浙江 普通高等学校在校人数（万人）	上海 普通高等学校（所）	上海 普通高等学校在校人数（万人）	合计 普通高等学校（所）	合计 普通高等学校在校人数（万人）
2010	124	177.49	80	88.49	66	51.57	270	317.55
2011	126	179.38	104	90.75	66	51.13	296	321.26
2012	128	181.07	105	93.23	67	50.66	300	324.96
2013	131	183.04	106	95.96	68	50.48	305	329.48
2014	134	184.93	108	97.82	68	50.66	310	333.41
2015	137	187.13	108	99.11	67	51.16	312	337.40
2016	141	190.74	108	99.61	64	51.47	313	341.82

资料来源：2007—2017年江苏、浙江、上海统计年鉴

第五，科技研发经费投入大。从经济实践来看，创新密度低、生产标准化程度高的成熟产业，经过技术创新又可以重新焕发出生机和活力，并以新的面貌跻身于已有产业中；而新兴产业部门伴随着每一次技术突破而不断涌现。随着经济增长与科技经费投入的稳步提高，江浙沪高新技术产业快速发展。教育经费占GDP比重反映了一个国家或地区对于技术研发的投入，是反映一个国家或地区经济发展后劲的一个重要指标。截至2015年底，江浙沪教育经费占GDP比重达到2.74%，高于全国平均水平2.54个百分点（表1.4.5）。

表1.4.5　江浙沪历年教育经费占GDP比重变化

	江苏	浙江	上海	江浙沪	中国
2006	1.67%	1.98%	2.22%	1.89%	0.13%
2007	1.89%	2.05%	2.27%	2.03%	0.15%
2008	1.91%	2.12%	2.32%	2.06%	0.15%
2009	1.98%	2.26%	2.31%	2.13%	0.16%
2010	2.09%	2.19%	2.43%	2.19%	0.17%
2011	2.23%	2.32%	2.86%	2.38%	0.20%
2012	2.50%	2.53%	3.22%	2.64%	0.20%
2013	2.40%	2.52%	3.11%	2.57%	0.19%
2014	2.31%	2.57%	3.24%	2.56%	0.19%
2015	2.49%	2.95%	3.05%	2.74%	0.20%

资料来源：2007—2016年江苏、浙江、上海以及中国统计年鉴

人才是知识技术的载体,技术进步和创新需要由大量掌握先进技术的专业化人员以及具备创新精神的企业家人才等来实现。当前,江浙沪工业多以代工贸易为主,其廉价劳动力优势吸引着国外劳动密集型产业和生产环节的大量转入,所以江浙沪工造业处在价值链的中低端,必须依靠加快提高劳动力的素质来促进江浙沪从劳动密集型向资本、技术密集型转变。高素质人力资源在带动产业结构优化的同时,还可以利用在管理、服务等方面的创新推进江浙沪工业的发展。目前,江浙沪已经进入重工业化后期,创新成为产业升级的关键因素。

第六,市场化程度较高。有效的制度政策能够合理组织和利用各种资源要素,改善资源配置方式,提高资源配置效率,减少市场的外部性,从而降低成本。不同的制度环境催生不同的创新模式,良好的制度政策环境还有利于企业的科技创新,进而推动产业升级。经济制度的完善能够实现资源的最优和最大化地利用,同时还能创造新的社会创新能力和制度安排,从而促进产业结构的优化,否则会阻碍产业结构优化。同时,市场化程度也反映了要素流动的自由性和企业运营的制度环境。非国有固定资产投资占该地区全社会固定资产总投资比重可以作为衡量市场化的一个指标。表1.4.6反映了2006-2017年江浙沪的非国有固定资产投资占该地区全社会固定资产总投资比重,从中可以看出江浙沪总体的市场化程度较高,说明该区域的体制、机制创新和突破的氛围比较良好。

表1.4.6 江浙沪历年非国有固定资产投资比重变化

年份	江苏			浙江			上海		
	非国有固定资产投资(亿元)	全社会固定资产总投资(亿元)	市场化程度	非国有固定资产投资(亿元)	全社会固定资产总投资(亿元)	市场化程度	非国有固定资产投资(亿元)	全社会固定资产总投资(亿元)	市场化程度
2006	7926.49	10071.42	78.70%	4428.78	6964.28	63.59%	2465	3925.09	62.80%
2007	10175.5	12268.07	82.94%	5045.09	7704.90	65.48%	2679.18	4458.61	60.09%
2008	12565.68	15060.45	83.43%	5651.96	8550.71	66.10%	2533.71	4829.45	52.46%
2009	15272.77	18949.88	80.60%	6262.42	9906.46	63.22%	2654.72	5273.33	50.34%
2010	18695.54	23184.28	80.64%	7564.20	11451.98	66.05%	3083.55	5317.67	57.99%
2011	21309.84	26314.66	80.98%	9628.58	14077.25	68.40%	3191.61	5067.09	62.99%
2012	25684.07	31706.58	81.01%	11728.04	17095.96	68.60%	3399.24	5254.38	64.69%
2013	29117.25	35982.52	80.92%	13828.17	20194.07	68.48%	3720.9	5647.79	65.88%
2014	33244.62	41552.75	80.01%	16303.9	23554.76	69.22%	4220.21	6016.43	70.14%
2015	37003.59	45905.17	80.61%	17662.35	26664.72	66.24%	4378.62	6352.70	68.93%

续表

年份	江苏			浙江			上海		
	非国有固定资产投资（亿元）	全社会固定资产总投资（亿元）	市场化程度	非国有固定资产投资（亿元）	全社会固定资产总投资（亿元）	市场化程度	非国有固定资产投资（亿元）	全社会固定资产总投资（亿元）	市场化程度
2016	38926.6	49370.9	78.85%	18146	29571	61.4%	4911.22	6755.88	72.70%
2017	41970	53000.2	79.19%	19586	31126	62.9%	5054.28	7246.60	69.75%

资料来源：2007－2017年江苏、浙江、上海以及中国统计年鉴

第七，制度环境优越。体制和机制改革会带来管理和运营效率的提高，社会制度和宏观经济政策对产业的转型升级影响深远，政府除了投入资金支持，更重要的是发挥政府的政策导向。宽松的投资和金融政策，能够使企业更容易筹措创新资金；优惠的税收政策则会降低资金成本；灵活的外贸政策、高效率的管理与服务以及完善的专利保护制度等，都更加有利于产业的发展。政府制定的产业政策能够运用行政手段与经济杠杆干预资源在不同产业之间的配置，达到支持或限制特定产业发展的目的，通过合理配置资源促进产业结构的调整。政府还能够利用政府投资、财政以及立法等手段通过影响需求结构等来间接影响产业结构。长三角地区作为中国开放度最高的地区，其政府政策的透明度、外向度和成熟度都使得其成为中国制度投资环境最为优越的地区。

（三）上海经济社会发展概况

上海是长三角都市圈的经济中心。不管是地区生产总值，工业增加值，还是第三产业增加值，上海占全国的比重都远高于其他城市，但是近年来却呈下降趋势（表1.4.7）。1990年至2005年期间，上海市生产总值占国内生产总值比重波动上升，均保持在4%以上；2010年后占比降到4%以下；2015年上海GDP占全国比重为3.7%。排名方面，上海在全国各省市中的排名在8－12位间变动，1990年到2015年间GDP占比排名一直高于上海的省份有广东、江苏、山东、四川、辽宁、浙江、河北和河南省。2010年到2015年期间，湖北、湖南和福建等省份开始超越上海，且在全国GDP比重中的份额越来越高。

表1.4.7 上海GDP占全国比重排名变化情况　　　单位：%

地区	1990年	地区	1995年	地区	2000年	地区	2010年	地区	2015年
广东	8.54	广东	9.89	广东	9.94	广东	10.53	广东	9.88
山东	7.74	江苏	8.89	江苏	8.83	江苏	9.48	江苏	9.49
江苏	7.64	山东	8.63	山东	8.79	山东	8.96	山东	8.66
辽宁	5.61	浙江	6.08	浙江	6.21	浙江	6.34	浙江	5.85
河南	5.20	河南	5.18	河南	5.29	河南	5.28	四川	5.70
四川	4.91	河北	4.91	河北	5.24	河北	4.67	河南	5.09
浙江	4.86	辽宁	4.82	辽宁	4.80	辽宁	4.22	河北	4.29
河北	4.85	四川	4.35	上海	4.68	四川	3.93	辽宁	4.17
湖北	4.59	上海	4.25	湖北	4.40	上海	3.93	湖北	3.99
上海	4.32	湖北	4.12	四川	4.13	湖南	3.67	湖南	3.94
湖南	4.08	湖南	3.79	福建	4.03	湖北	3.65	福建	3.51
黑龙江	3.83	福建	3.73	湖南	3.80	福建	3.37	上海	3.43
安徽	3.52	黑龙江	3.47	黑龙江	3.35	北京	3.23	北京	3.35
北京	2.91	安徽	3.45	安徽	3.13	安徽	2.83	安徽	3.04
福建	2.67	广西	2.77	北京	2.55	内蒙古	2.67	内蒙古	2.59
江西	2.44	北京	2.41	广西	2.11	黑龙江	2.37	陕西	2.58
山西	2.32	江西	2.15	江西	2.06	陕西	2.32	天津	2.29
云南	2.30	云南	2.08	云南	2.01	广西	2.19	江西	2.29
吉林	2.29	吉林	1.95	吉林	1.87	江西	2.16	广西	2.29
广西	2.28	山西	1.88	陕西	1.71	天津	2.11	黑龙江	2.19
陕西	2.17	重庆	1.74	山西	1.69	山西	2.11	吉林	2.01
天津	1.81	陕西	1.72	天津	1.69	吉林	1.98	云南	1.87
重庆	1.73	天津	1.59	重庆	1.63	重庆	1.81	山西	1.86
内蒙古	1.66	内蒙古	1.44	内蒙古	1.44	云南	1.65	新疆	1.35
贵州	1.48	新疆	1.42	新疆	1.40	新疆	1.24	贵州	1.35
新疆	1.46	贵州	1.05	贵州	1.02	贵州	1.05	甘肃	1.00
甘肃	1.36	甘肃	0.95	甘肃	1.01	甘肃	0.94	重庆	0.54
海南	0.55	海南	0.63	海南	0.53	海南	0.47	海南	0.51
青海	0.39	宁夏	0.29	宁夏	0.27	宁夏	0.39	宁夏	0.40
宁夏	0.35	青海	0.29	青海	0.27	青海	0.31	青海	0.34
西藏	0.14	西藏	0.10	西藏	0.12	西藏	0.12	西藏	0.13

改革开放之后,中央政府提出了东部地区率先发展战略,上海等东部地区经济实现快速增长,但受到西部大开发、东部崛起以及振兴东北等战略以及全球经济形势日益严峻等因素的影响,上海等东部地区的增速逐渐被中西部省市区超越,甚至出现增速下滑现象。在"八五"之前,上海市各时期的生产总值年平均增长率均低于10%,而"八五"期间,上海市生产总值的年平均增长率达到13.1%;"九五"期间,年平均增长率也达到11.5%;但是之后的"十五""十一五"和"十二五"期间,年平均增长率分别为11.9%、11.2%和7.5%,基本上呈下降趋势。而"十五",尤其是"十一五""十二五"期间,中西部地区经济增速明显要高于东部大多数地区。

此外,上海作为长三角城市区域的核心城市,其功能定位也发生了新的变化。1992年,党的十四大报告明确提出"尽快把上海建成国际经济、金融、贸易中心之一",2001年国务院批复《上海城市总体规划》,明确上海要建成国际经济、金融、贸易、航运中心之一,2009年4月,国务院正式发布了《国务院关于推进上海加快发展现代服务业和先进制造业建设国际金融中心和国际航运中心的意见》,从国家战略和全局的角度,进一步明确了加快上海国际金融中心和国际航运中心建设的总体目标。从"经济、金融、贸易、航运"四个产业中心向"产业中心+创新中心"转型,要求上海要成为全球性的要素流动与配置的中心,应当具备低碳、环保、智能化的生产体系,拥有以现代服务业为主的产业结构特征,大企业为主导、中小企业群有序构成。在产业布局方面,要把周围城市作为一个开放的系统考虑跨区域的产业联动发展;在产业结构方面,要选择具有全球性标志的高技术产业。2016年,国务院关于印发"十三五"国家科技创新规划的通知(国发〔2016〕43号),提出支持上海发挥科技、资本、市场等资源优势和国际化程度高的开放优势,建设具有全球影响力的科技创新中心。瞄准世界科技前沿和顶尖水平,布局建设世界一流重大科技基础设施群。支持面向生物医药、集成电路等优势产业领域建设若干科技创新平台,形成具有国际竞争力的高新技术产业集群。

五、长三角城市区域产业发展演化研究意义

以上海和长三角城市区域为研究对象,探讨中国城市区域的产业发展的路径演化,主要出于以下三个重要理由。

第一,长三角地区经济发达,产业发展进程较为领先。探讨长三角地区城市与区域的产业发展水平、演化过程和发展态势,可以为未来中国城市与区域发展战略的制定提供历史性和经验性分析依据。

无论是历史趋势还是国际比较,长三角地区都取得令人瞩目的经济成效,在经济高速增长的过程中,长三角地区产业发展进程也取得长足进步。上海已经进入了后工业化阶段,已初步形成了先进制造业和现代服务业的产业体系。"从制造到智造"的新技术模式,如智能机器人、新型显示、3D打印等;"从制造到制造+服务"的制造业、服务业相融合的新业态,如卫星导航、车联网、智慧医疗等;"从服务到服务"的跨界融合服务新形态,包括互联网金融、云计算、大宗商品交易平台等,上海政府提出新产业、新业态、新技术和新模式"四新经济"正在推动上海的经济转型发展。经过30多年的发展,长三角苏南、浙北已处于工业化的高级阶段,苏北、浙南处于工业化的中级阶段。根据西方发展经济学的经典研究,区域产业必然随着经济发展而推进和演化,并存在一个比较普遍的发展规律和演化特征,产业发展的进程和方式也会影响一国或地区整体经济的发展。因此,研究整体水平相对较高的长三角地区的产业发展演化问题,不仅为评估30多年来中国经济发展方式所产生的绩效提供了一种分析方法,也为预测中国城市区域未来产业发展演化进程、速度和态势提供了客观依据。

第二,长三角城市区域在产业发展演化进程中形成了一些有代表性的产业发展模式。研究长三角的产业发展问题,对未来中国区域产业的发展演化方式及路径选择的判断有重要意义,对中西部地区和其他发展中国家产业发展的道路选择也有借鉴作用。

20世纪80年代,长三角地区便涌现出一些重要的经济发展模式,并为中国工业化进程提供了重要的发展经验。以苏南乡镇企业的迅速推进的"苏南模式"、以民营经济的迅速发展的"温州模式"和以行业集聚和专业化生产方式的"专业市场模式",以浦东开发开放的"上海模式"都曾经引导着中国经济的发展,推动着中国的产业升级换代。但随着经济的进一步发展,苏南"乡镇企业模式"难以实现产业发展的集聚效应和规模经济效应,同时,体制的约束也弱化了江苏企业的全球竞争力;而浙江"民营经济模式"和"专业市场模式"一直遵循的传统的家庭企业经营管理模式,以模仿为主的产品开发方式在开放经济激烈竞争中弊端开始不断凸显(吴柏均等,2015)。

随着全球竞争格局的加剧,苏南模式和温州模式也开始在全球视角下进行转型和求变。以乡镇企业为主的苏南地区,一方面,通过企业改制,加大企业经营的灵活性,另一方面,在地方政府主导下开始建设各种形式的开发区,通过优惠的财政、土地和税收等政策,吸引外部资金和先进技术,从而推进产业的转型升级,这种开发区发展模式主要以苏州、无锡为代表。而一些浙江的民营企业则通过对国际销售渠道的开拓积极融入国际产业分工体系,并演化出以国际代工和贴牌生产为主要特色的"OEM模式"。此外,浙江也开始借鉴江苏开发区模式,基于原有专业市场的比较优势,积极兴建开发区,通过招商引资形成了许多产业集群。

总之,在长三角的产业发展进程中,产生了一些具有代表性的产业发展模式。这些产业发展模式有的已经转型,有的在发展演化中正成为新的模式。探讨长三角城市区域的产业发展道路和演化过程,对未来中国经济发达地区,如珠三角、环渤海等城市区域的产业发展影响因素分析和策略制定有重要的意义;同时,在中国经济发展方式转型和东部沿海传统制造业开始升级和向中西部地区转移的背景下,长三角地区的产业发展经验和教训对于中西部地区具有很大的借鉴作用。中西部地区不应该简单地照搬和模仿东部的产业发展路径和方式,而应按照不同经济发展阶段和自身的经济基础和条件,通过后发优势,选择一条合适的产业发展道路,以避免东部沿海地区产业发展中遇到的各种困境。

第三,长三角城市区域产业发展进程中出现的有别于其他国家的特征和问题,在我国各地区产业发展过程中具有一定普遍性。解剖这些特征和问题,发现其根源,分析其合理性,对于我们选择适宜的产业发展方式有一定意义。

其一,地方政府主导力量十分明显。中国各省、市、自治区拥有高度的经济发展权力和资源配置权力。在产业发展过程中,地方政府可以通过制定产业政策和出台税收等法规对土地征用、开发区建设、城市规划、招商引资等方面扮演主要和主导角色。这种经济发展的地方政府主导模式在长三角城市区域尤为典型,但政府的主导型是否可以避免"市场失灵",还是造成了更大的"政府失灵"?在产业发展过程中,政府和市场的边界在哪里?政府和企业如何良性互动推动产业的演化与升级?这些都是难以评估但必须通过实证研究的问题。

其二,产业发展的困境不断凸显。经过30多年的快速发展,长三角地区原有的土地、劳动力、环境等各种低成本优势开始弱化,许多影响长三角当前或者在未来相当长一段时间内经济社会健康持续发展的问题开始显现。比如,在长三角地区中农业仍然是最脆弱的产业,粮食等主要农产品缺乏稳定增长的机制;城市化进程滞后,城乡关系不协调。农村基础设施、文化教育、医疗保健和养老保障都很落后,即便在长三角许多工业强县或工业强镇的城市化仍然滞后于工业化;体制上城乡分割还没有受到根本触动,地区差距和城乡差距呈继续扩大之势;工业尤其是制造业,在成本和技术装备水平等方面与国际先进水平存在较大差距;市场发育不全,资本、土地、技术、劳动力市场等较为完备的体制尚未建立;高素质劳动力不足,劳动力市场供求的结构性矛盾十分明显;资源相对短缺而又浪费严重,土地、水、矿产和森林等自然资源约束强化;生态环境恶化趋势尚未根本扭转,等等。

其三,要素流动限制性。当前,长三角经济发展层次性、空间差异性决定了产业发展演化的阶段性、差异性、复杂性和多样性。因此,不同城市和地区根据经济社会发展水平和基础条件变化,进行产业合理分工和区域发展合作是实现长三角地区资源优化配置和社会福利最大化的重要条件,但由于中国行政区的壁垒造成了劳动力、资本、技术等要素无法自由流动,迫切需要探索产业发展的利益共享和分配机制。

上述一系列问题和矛盾在长三角地区十分突出,但又具有全国普遍性,值得深入研究和思考。因此,以上海城市和长三角区域作为实证案例,探讨产业发展演化的高级化、低碳化、转移化、分工化、合作化等问题,不仅为国际学术界研究发展中大国工业化、城镇化、市场化、国际化进程中的产业发展演化提供具有"中国情境"的样本案例,又为中国珠三角、环渤海等城市区域以及西方类似区域产业发展道路和策略提供经验借鉴。

六、本章小结

经济社会变迁是一个国家或地区产业发展演化的主要推动力量。从国际环境看,世界经济社会正呈现如下变迁:第一,新科技革命风起云涌,新兴技术和业态成为各国抢占科技产业制高点的焦点。第二,制造业回流成为全球产业发展新趋势,"再工业化""工业4.0"等新工业化战略逐渐成为热点。第三,生产体系逐渐开放,产业分工逐渐细化。各个国家和地区的生产活动不再孤立进行,而成为一个开放生产体系的有机组成部分,成为产品价值链条中的一个环节。第四,传统的劳动密集型、资本密集型、技术密集型等定义逐渐模糊。从国内环境看,当前中国经济社会也正发生深刻变化:第一,人口、资源、环境红利等基本面的悄然变化使我国经济呈现新特征。第二,各地政府探索"腾笼换鸟"的产业转型新模式。第三,中国已经进入到都市圈整体竞争的新时代。第四,中国城市区域经济的发展既有时空延续性,又同时表现为演化的过程。第五,随着交通、通讯等基础设施不断完善,要素流动开始加强。

当前中国面临发展的国内外环境发生了深刻变化,中国城市区域产业发展也存在着一些基本的问题需要进一步的讨论:第一,在开放经济的背景下,未来中国产业发展转型升级的路径和方向在哪里?第二,针对我国产业发展中的一系列问题,是由政府来解决,还是任由市场机制去决定?第三,在经济分权、政治集权的体制和按行政级别配置资源的制度下,如何破解各地方政府"为增长而竞争"的产业发展格局？第四,由于中国地区间资源禀赋和经济发展水平差距巨大,导致各地区、各城市间产业发展进程不相一致,同时,许多发展中的问题在不断凸显,约束着中国区域产业发展的路径选择。第五,在区域产业发展过程中,如何认清国情,建立一个符合区域产业发展的长效机制？第六,企业作为产业发展演化的主体,在新的背景下,如何通过发展策略转变推进城市区域产业演化？

以上海和长三角城市区域为研究对象,探讨中国城市区域的产业发展的路径演化,主要出于以下几个重要理由:第一,长三角地区经济发达,产业发展进程较为领先。探讨长三角地区城市与区域的产业发展水平、演化过程和发展态势,可以为未来中国城市与区域发展战略的制定提供历史性和经验性分析依据。第二,长三角城市区域在产业发展演化进程中形成了一些有代表性的产业发展模式。研究长三角的产业发展问题,对未来中国区域产业的发展演化及路径的判断有重要意义,对中西部地区和其他发展中国家产业发展的道路选择也有借鉴作用。第三,长三角城市区域产业发展进程中出现的有别于其他国家的特征和问题,在我国各地区产业发展过程中具有一定普遍性。解剖这些特征和问题,发现其根源,分析其合理性,对于我们选择适宜的产业发展方式有一定意义。

第二章　产业发展理论与长三角城市区域经验解释

产业作为经济社会最为重要的研究主题之一,人类社会一直在寻找它们背后演化的机制和规律,形成了基于不同经济社会发展环境、制度背景和区域发展阶段的理论体系和学科内容。本章将从产业发展的基本内涵界定、产业演化理论、产业转移理论、产业分工理论等各种视角,梳理和剖析当前国内外经典的区域产业发展理论,为揭示中国城市区域的产业演化规律提供理论解剖和解释的依据。在此基础上,尝试着从政府、市场与开放视角,探讨长三角区域经济发展和产业发展演化的动因和演化机理。对这一问题加以探讨,但并不是在宏观经济层面上进行理论分析,而是以长三角城市区域为研究案例,通过对这一地区计划经济体制后期以来(20世纪70年代至今)经济增长的历史分析,就政府、市场和开放等在区域经济发展和产业演化中的角色和作用进行经验实证分析,观察政府、市场、开放在其中的作用、地位和边界,以及参与、控制和影响区域产业演化的方式。

一、引言

改革开放以来,国内生产总值保持了近两位数的增长速度,GDP于2003年超10万亿元人民币大关,人均国内生产总值成功突破1000美元大关,跨入发展中国家先进行列,沿海经济发达地区人均超过3000美元,已基本上达到中等发达国家水平。基础设施建设,特别是各类城市基础设施,如交通、能源、通讯、教育、医疗卫生设施等发生了翻天覆地的变化。中国经济高速增长已经引起世界各国广泛关注,并在全球范围内被看作是一个亟待破解的谜。一般认为,经历30余年的增长,是在计划经济向市场经济体制转换过程中实现的。相应地,经济资源的市场化配置达到了比较高的程度,政府的影响在逐渐地减弱。这主要表现在国有企业对经济增长的贡献率不断下降,私营企业和外资企业在各个产业领域迅速扩张,其创造的经济流量在国民经济总流量中的比重越来越大。同时,也有相反的观点,其论点非常明确,鉴于东南亚经济危机后政府通过发行债券等增加了对基础产业的投资,以及近年对经济过热所采取的强制性宏观调控措施,经济运行中无不体现政府有形之手的威力(吴柏均,2006)。

在研究区域经济发展问题时,最初的经济地理理论似乎并不能满足人们寻求快速发展的功利性需要,尽管它为产业布局、资源的区域配置等长期的发展计划提供了基础性的研究成果。20世纪50年代以后,区域经济学和城市经济学理论的发展,为我们注重经济发展中的区域性特征打开了一扇窗,但这些学科本身并没有建立起扎实的理论基础,由于较少符合区域发展的实际情况,为长期的发展规划提供科学的依据,由此也使理论研究与实际的区域发展路径存在非常大的差异。在20世纪90年代以后,随着财政体制的变革和地方政府经济资源支配权限的扩大,对于区域经济发展的战略规划需求日益增加,特别是近10年来政府不断强化行政区域经济社会发展和城市总体规划,创造了区域理论分析与实际结合的良机。但上级政府的政治偏好和行政考核指标,使得规划的制定和执行具有领导主观性和时代政治特征(吴柏均,2006)。

基于市场化过程中一些区域经济发展的现实,一系列的实证分析成果为我们揭示了广东外向型模式、深圳特区模式、浙江私营经济模式、江苏苏南经济模式、上海浦东国际化模式,以及其他带有市场和制度创新意义的区域局部发展方式。这些成果中,两个地区的系列研究深为国内外学界关注,并形成了区域经济研究中的开创性成果。一是由温州模式开始扩展至浙江现象的研究,它的理论贡献在于揭示了过渡经济中市场制度是如何建立的,制度是如何变迁的,以及制度变迁与区域经济发展的关系(朱华晟,2003);二是苏南模式以及演化后的区域内外国资本影响力的研究(洪银兴等,2003)。

对于政府在经济社会中的功能分析,已在实地调查和文献的分析中,提出了如政府公司主义、地方法团主义、谋利型政权经营者等学理性概念(丘海雄等,2004)。在近10年的区域经济研究中,除了广泛运用传统的增长理论外,新制度经济学的理论和研究方法得到了运用。此外,新近的空间经济学(Spatial Economics),或称之为新经济地理学(New Economic Geography)的理论和研究方法,也改变了主流经济学无空间内涵的经济理论。经典的中心外围模型提供了新产业(工业及非农产业)集聚的基本分析方法;以产业集聚、国际贸易与区域经济关系为中心内容构建的国际模型,也从微观的层面上更容易讨论产业成长中的贸易因素和一些空间变量(藤田昌久等,2006)。

当然,与所有的理论存在一定的应用条件一样,上述理论更多的是为我们从空间视角分析经济发展和产业演化问题提供新的分析框架,但是回到中国区域经济的实际,我们就会发现,即使是最新的理论可能也难以揭示中国区域经济发展和产业演化的关键性因素。无论是集聚(Agglomeration)、CP模型、市场潜力等等,常常是表现为区域的结果性或预期结果状态,但导致这种状态的关键性因素,我们仍然无法从中获得。或者说,决定区域经济发展的、培育和形成特定经济区位的机理,并能使之产生活力的内在因素,我们需要另外去寻找。这也表明了我们在理论上需要扩展研究的视角,增加研究的变量;一些理论观点需要寻得更多的经验实证的支持。

我们的研究无意讨论政府干预或参与经济活动是否有益或有害这一问题,尽管世界银行的研究者通过对过去近50年各国政府在经济发展中的影响的研究表明"没有一个有效的政府,不论是经济的还是社会的可持续发展都是不可能实现的。有效的政府,而不是小政府,是经济和社会发展的关键"。这似乎为地方政府主导经济发展提供了经验证据。但是我们还没有充足的证据证明,政府主导型的经济在提高生产效率上有积极的意义,而这恰恰是一个国家长期经济增长的关键所在。目前,长三角区域地方政府的行为,在区域资源配置效率上的绩效是明显的,但除了为企业提供一些外部的激励条件外,很难直接证明它提高了决定经济长期和持续增长的生产效率。在理论上,生产效率只有靠市场经营主体通过(广义的)技术进步提高单位资源生产效率才能获得。

与此密切相关,另一个值得进一步讨论的是政府参与和干预经济的效率问题。尽管我们在实际调查中,感觉到和可以举例政府投资和经营的无效率想象、"挤出效应"和对私营经济的经营限制。特别是,已引起全社会关注的粗放经营、无序开发和经济、社会和环境间的不均衡发展都明显地存在。但在区域范围内这是一个难以"证伪"的问题。相反,快速的城市规模扩张及其城市设施的建设、持续的高经济增长率和区域贸易量的增长,都体现了政府主导、推动经济的政绩和效应。因此,目前我们能做的仅是从历史的轨迹中分析,何以在经济市场化的过程中政府担当了经济主导的角色,并推动了快速的经济增长,为未来政府在经济发展中的走向提供一些判断,而难以以"规范"的方式评估政府的行为方式。

或许从长三角一些地区经济发展的事例中,能够证明区域经济快速增长和城市化的源泉在于政府经济与私人经济的双轮驱动,或者说是双引擎运行。但我们仍然谨慎地认为这是在特定体制下和特定时期的一种发展方式。从经济增长的长期含义上理解,面临包括经济资源条件的变化和配置效率的递减,这种经济增长方式是否能够持久和具有长期的绩效,仍是值得怀疑的。市场和政府在经济社会发展中的边界问题,一直是经济学的难题。但作为政府主导型的区域经济,应充分发挥政府和市场"双引擎"作用。当前,仍然要发挥市场推动经济发展的作用,但是政府适当介入推动,也有其合理性。这主要是由于产业结构的自然演化比较慢,通过政府推动,可以加快产业结构演化速度。政府在区域经济发展与经济社会发展规划时,目标和措施应是主动出击型,即应"有所为,有所不为"。

因此,有必要深究的问题是,政府对于经济的影响是凯恩斯式的,即经济资源的配置和运行机制是市场化的,政府对于经济是干预式的;还是斯蒂格利茨所主张的政府参与经济的状态(吴柏均,2006)。或者极端地认为,经济市场化的背后,资源的行政配置方式和政府操控没有本质性的改变。同时,也应该探讨,在开放经济背景下,开放与市场化进程对于长三角城市区域产业演化路径与格局的影响,尤其是FDI带来的技术溢出效应、本土企业的学习效应,加上政府产业规划和财税等政策带来的影响效应。

二、城市区域产业发展理论

(一)基本概念内涵界定

1. 产业演化内涵

在产业相关理论中,产业演化理论是其十分重要的组成部分,是对产业发展变化过程进行描述和分析。演化概念源于达尔文的生物进化论,他认为所有生物都是在自然环境相互竞争,通过适者生存的方式对种族进行筛选,留下优良的种族进行繁衍(达尔文,1995)。生物进化论给经济学研究带来了极大的启示,类似于生物,经济在外部环境与内部结构的双重条件筛选下,留存下适应当前经济态势的产业和企业,并随着历史的潮流不断地向前推进。在经济演化中,产业演化属于较为重要的一个领域。从宏观角度来看,产业属于一个完整的系统,其中包含了一系列相关联的企业,涵盖上下游,环环相扣,因此,产业演化研究的是一种系统性的研究,主要针对的是国家或地区的产业结构的演化;从微观角度来看,产业演化属于个体演化的范畴,针对的是单一产业演化。综合来说,可以将产业演化定义为产业为了适应当前以及未来经济整体的趋势,在各种外力和内力的驱使下,结合自身产业特点进行产业演变,经历类似于生物进化的一系列过程,最终发挥出自身产业优势。

2. 产业转移内涵

产业转移,是产业发展演化的一种重要形态。它是指由于资源供给或产品需求条件发生变化后某些产业从某一地区或国家转移到另一地区或国家的一种经济过程(陈建军,2002)。在实际情况中,产业转移常常表现为对外投资、贸易和技术转移等形式,但是和个别、零散的企业跨区域投资和贸易行为不同的是,产业转移是同属于某一产业或几个产业的多数企业都寻求空间转换,向区域外发展来谋求企业利润最大化的行为,移动的可以是产业链上的某一个或几个活动,也可以是整个产业,转移背后可能有很多的驱动力,如成本、市场、企业发展战略、政府规划、土地、环境保护政策等(符正平,2008)。产业转移是一个具有时间和空间维度的动态过程,综合地包含国家间与地区间投资与贸易活动,是对产业构成要素的国家间移动或地区间移动的描述。产业转移成为国家之间和地区之间实现经济合作的重要形式(陈建军,2002)。

产业转移和产业结构调整,以及产业结构高度化是几个相互关联的概念,产业结构高度化是指产业结构从低级向高级的演进过程,如从以第一产业为主的产业结构向以第二和第三产业为主的产业结构演进的过程。这一过程的进行状态就是产业结构调整,而产业转移则是产业结构调整的主要表现形式和手段之一。产业转移按照转移主体的性质、转移的内在机理的差别可以分为两类:一类是市场扩张型,为占领外部市场进行的空间移动;另一类是成本节约型,由于外部竞争和内部调整压力围绕成本节约目的而进行的战略性迁移。产业转移按照转移的客体差别分为四种类型:劳动密集型产业、资源密集型产业、资本密集型产业、技术密集型产业转移。

3. 产业合作内涵

产业合作是生产专业化和产业分工发展的必然结果,分工与合作是一个问题的两个方面。马克思、恩格斯(1975)认为,分工是一种协作方式,其特点是明确的,有计划的、职能界限分明的,能够在同一时间内,不同的工作者在不同的地点为了同一种最终产品进行不同的操作。亚当·斯密(1972)认为,由于社会的进步,一种最终产品不需要全部交给一个人来完成,而是将一个人的必要劳动时间分摊到多个人并同时工作,由此来节约社会必要劳动时间。

关于产业合作,多数学者都从区域产业合作角度出发。孙久文(2003)提出不同区域的产业或者企业之间存在共同的目标,因此,希望通过签订一定的合同或者达成协议,将相关地区的生产成本要素重新分配,以实现利益最大化。季任钧(2001)等认为这是区域经济发展过程中,以横向经济联系对纽带,按照扬长避短、互惠互利、共同发展的原则,打破地区、部门和产业的界限,形成的资金、技术、信息、劳动力等生产要素的相互作用、相互联系。由于要素享赋和供给规模的差异,在同一市场条件下，一个区域只能选择发展部分产业而形成竞争优势，各个区域按照比较优势进行专业化生产，在此基础上，通过产业合作，加强生产要素的流动性和资源配置的合理性，实现产业链上生产、技术、经营和管理的内在联系，这样就形成了产业专业化分工和产业相互协作，最终通过深化产业分工与产业合作，实现产业结构优化和经济增长。

（二）区域产业演化理论

1. 技术创新理论

技术创新是快速推动产业演化发展进程的强劲动力之一，而制度创新则是技术创新与产业演化之间有效的黏合剂，两者相辅相成，共同推进产业演化的发展。在相关产业演化动力研究中将技术创新成为"基础性动力"，制度创新被称为"保证性动力"。在技术创新引出的演化理论发展方面，熊彼特（1990）认为，资本主义经济属于一个动态演化的系统，该系统融合了技术创新与组织创新。经济发展需要大胆创新，对前人的制度和一成不变的思想进行改革，寻求突破。熊彼特提出的基于创新突变过程的演化机制和基于创新过程的竞争模式为后来演化经济思想的发展奠定了基础。他提出利用创新来推动新产品的研发，来改变固有的营销模式，进而打破原有系统要素的均衡。

纳尔逊和温特（1982）在熊彼特创新理论的基础上，进一步将自然选择理论和企业组织行为等理论结合，对产业演化产生新的认识，他们提出在维持、差异和选择的联合作用下，形成了经济演化。Sliverberg、Dosi 和 Orsenigo（1988）分析了经济体间技术的多样化为特征的演化环境中，扩散过程具有自组织性，他们认为企业间的多样性能够承受技术变革带来的产业演进。

在国内，对于产业演化动力机制的研究还没有形成一个比较完整的理论体系。李伟（2008）认为技术创新体制特征会使得在位企业具有创新能力优势，在位企业通过过程创新不断扩大效率优势，在位企业的累积性创新是产业创新的主要实现形式，高集中度的市场结构有利于通过在位企业实现的产业技术创新。龚铁、顾高相（2013）研究发现，技术创新导致的劳动生产力的提高以及企业物质资本成本的节约共同作用推动了中国产业结构进化。其中，物质资本节约型创新对产业进化起着关键的作用。潘冬青和尹忠明（2013）认为，产业升级是一个产业不断适应社会需求并持续进行技术创新与变革的能力培育过程；主要表现为产业内生产要素的优化组合、技术水平和管理水平的提升、产品结构的提升。石俊国等（2016）从技术专有性和技术机会两个方面对破坏性创新技术体制进行分析，并通过构建多主体的计算机仿真模型，研究不同技术体制在破坏性创新驱动产业演化中的作用。

2. 制度经济学理论

制度经济学(Institutional Economics)是把制度作为研究对象的一门经济学分支。它研究制度对于经济行为和经济发展的影响,以及经济发展如何影响制度的变迁。制度经济学的得名源自沃尔顿·H. 哈密尔顿(Hamilton)1919 年在《美国经济评论》第 1 期发表的《对经济理论的制度处理方法》一文。新制度经济学(New institutional economics)是一个侧重于交易成本的经济学研究领域,是西方经济学界蓬勃发展的一种分析和解释各种制度的功能和演化的经济学理论体系。

制度变迁理论是新制度经济学的一个重要内容,其代表人物是道格拉斯·诺思,他认为技术的革新固然为经济增长注入了活力,但人们如果没有制度创新和制度变迁的冲动,并通过一系列制度(包括产权制度、法律制度等)构建把技术创新的成果巩固下来,那么人类社会长期经济增长和社会发展是不可想象的,在决定一个国家经济增长和社会发展方面,制度具有决定性的作用。制度的建立、变更及随着时间的推移而被打破的表现形式被认为是制度变迁。制度变迁的原因之一就是相对节约交易费用,也就是提高制度的效益,同时,降低制度成本。因此,制度变迁可以理解为一种收益更高的制度对另一种收益较低的制度的替代过程。产权理论、国家理论和意识形态理论构成制度变迁理论的三块基石。

从新制度经济学角度,制度的制定从某种程度来说也是一种博弈均衡,参与人在其中不断互动并进行行动选择。地方政府不仅在自己的权力边界范围内进行制度安排,甚至因为国家法规、政策的"天花板"问题,积极地向上争取权力突破,因此在我国,制度是经济活动中的内生变量,对产业发展演化本身具有较强的引导和推动作用。汪斌和董赟(2005)认为产业集群的形成正是专业化分工的产物,是人们为降低专业化分工产生的交易费用和获取由分工产生的报酬递增的一种经济空间表现形式。在其他条件不变的情况下,交易费用是每对交易伙伴之间距离的增函数,如果把交易伙伴之间距离的缩短看成是一种空间聚,则交易伙伴之间距离的缩短会引起交易成本的下降,从而促进分工的进一步深化,导致产业集群的产生与发展。王战营(2012)指出,产业集群是建立在降低交易费用基础上的网络组织,降低交易费用及发挥网络协同效应是其重要功能,而且这些功能的强化最终有利于实现产业结构优化,推动区域经济发展。原小能和唐成伟(2015)研究发现劳动力成本的提高会推动区域产业结构升级,交易成本的降低则会诱导区域产业结构升级。

3. 产业组织理论

产业组织理论的理论渊源最早萌芽于马歇尔的"生产要素理论"。马歇尔提出，追求规模经济和由此引起的垄断扼杀竞争活力构成了一对难分难解的矛盾，这就是著名的"马歇尔"冲突，即企业追求规模经济的结果是垄断的发展，垄断反过来又会阻碍价格机制，扼杀自由竞争，使经济活动失去活力，破坏资源的合理分配。贝恩(1959)在《产业组织》一书中，系统地提出了产业组织理论的基本框架，其内容主要包括：第一，明确地阐述了产业组织研究的目的和方法；第二，提出了现代产业组织理论的三个基本范式(SCP)：市场结构、市场行为、市场绩效，并把三范式和产业组织政策联系起来，规范了产业组织的理论体系。

迈克尔·波特(1980)从环境和资源两大要素入手，综合讨论了这两者对产业演化产生影响的动力机制。他认为产业演化由五种竞争力相互作用、相互影响所导致的：一、处于同一个产业内的竞争对手；二、与自己企业具有替代效应的企业；三、对该产业的产品具有购买意向的企业；四、对该产业的原材料进行持续供给的生产者；五、现在以及未来的潜在进入者。产业扩张或萎缩则是因为这五种竞争力相互作用导致的。产业中原有企业和新加入的企业对产业的演化都有推进作用。企业的技能、资源等方面决定了其演化的具体路径。

鲍莫尔(W. J. Baumol)、伯恩查(J. C. Panzar)和韦利格(R. D. Willig)等在借鉴芝加哥学派的产业组织理论的基础上，于1982年合作出版的《可竞争市场与市场结构理论》一书中系统提出了可竞争市场理论。该理论以沉没成本(Sunk Cost)、完全可竞争市场(Perfect Contestable Market)、自由进入—退出(Hit-and-Run)、可维持性(Sustainability)等几个重要的基本概念为中心，来推导可持续的有效率的产业组织的基本态势及其内生的形成过程。该理论认为，决定市场进入壁垒和退出壁垒的因素仅仅是沉没成本的大小，基本忽略了传统产业组织理论所提出的决定进入壁垒的四种因素，即进入所需的资本壁垒、规模经济壁垒、产品差别壁垒和绝对成本壁垒。可竞争的市场就是自由进入—退出的市场，意味着沉没成本为零，即使具有垄断性，由于潜在竞争的威胁，垄断企业也不可能获得超额利润，市场稳定在与竞争均衡相同的价格水平上。

4. 产业结构演变理论

对产业结构问题的研究始于17世纪中叶，威廉·配第(1960)发现各国国民收入收入水平的差异是劳动力在产业间流动的重要原因。克拉克(1940)建立了完整、系统的结构演变理论框架，提出了经济发展过程中，由于人均收入水平的提高，导致劳动力的第一次转移，从第一产业流向第二产业；随着第二产业的兴起，人们的收入水平继续上升,引发了劳动力的第二次转移,从第一产业和第二产业流向第三产业。这就是著名的配第-克拉克定理。库兹涅茨(1941)《现代经济增长》和《各国经济增长的数量方面》等著作认为,工业化初期,第一产业比重较高,第二产业比重较低。工业化中期,第一产业比重下跌,第二产业比重上升,第三产业初步发展。工业化后期,第一产业比重继续下跌,第二产业比重趋于稳定,第三产业消化了第一产业与第二产业流出的劳动力,进入成熟阶段。

霍夫曼(1931)收集了近20个国家经济发展的时间序列数据,对工业结构演变规律做了开拓性的研究,提出了著名的霍夫曼定理,他认为消费资料工业净产值和资本资料工业净产值的比值,即霍夫曼比例,在工业化进程中是不断下降的。列昂惕夫(1966)建立了投入产业分析体系,通过投入产出分析法、投入产出模型、投入产出表分析经济体系的结构与各部门在生产中的关系,研究经济动态发展和技术变化对经济的影响等。钱纳里(1995)提出了产业结构变化过程的动态形式,得出了与库兹涅茨不同的三种产业间的价值比例和劳动力比例。他认为,在经济发展的不同阶段,存在着不同的经济结构与之相对应,如果不对应,则说明该国结构存在偏差。这就为不同国家评判在经济发展过程中产业结构演变是否正常提供了依据。罗斯托(1960)对主导部门理论进行了系统的研究。他认为,经济发展的各个阶段都存在相对应主导产业部门,并通过回顾、前瞻、旁侧效应带动其他部门的发展,因此在经济发展过程中应充分重视主导产业的扩散作用。

5. 知识溢出作用理论

学习效应是推动产业升级的重要动力。以 Bellandi(1989)为代表的新马歇尔主义学派认为,知识是"弥漫在空气中"的公共产品,它的扩散是由于技术的外部性,即知识的溢出。由于地方性知识溢出(Localised Knowledge Spillovers),这种认知实验室能以某种方式产生建立在内生基础上的创新,通过溢出与劳动力转移,使知识在空气中自由扩散,并通过这种方式在产业集群内产生扩散创新能力(Diffuse innovative capacity),从而推动产品的更新换代和技术升级。

经济地理学家更关注地理与区位的维度。不过,他们仍然倾向于将知识与技术的主要变化理解为非正式交流(如 Camagni 的"咖啡馆效应",1991),客户——生产商关系、劳动力的转移、示范效应和企业衍生等是知识扩散的结果,因为地理接近、信任关系、地方社会文化背景等的同一性,使知识扩散变得容易。知识的增加是外部性的结果,它被视为一种俱乐部,集群内的企业可以自由地、无成本地获取,而集群外的企业则难以获取。合作、诚信、集体学习和不确定性的降低对于中小企业的创新和整个经济的成功是非常重要的因素,这些因素由于地理的邻近性而得以加强。Audretsch(1998)、Feldman(1999)将知识生产函数或专利引用作为分析工具,对知识溢出与创新之间的关联机制进行了经验性研究,认为拥有较高水平的知识基础设施(如私人实验室、公共实验室、大学等)的区域,有形或无形的创新网络在不断联结中得以强化,能够促使网络成员之间更为密切的互动,使区域内的知识溢出产生较多的创新成果,从而提高区域的整体创新水平。

新熊彼特主义认识到隐性知识和编码化知识之间的区别,即隐性知识是一种高度专业化和背景依赖性知识,主要体现为人们具有做专业化事情的能力;编码化知识是一种能清晰表达的、正式的和规范的知识,一般与客观被动接受的知识有关,如科学原理、定律等。事实上,并不像标准的新古典理论认为的那样,所有的知识都易于传递,知识流动不是无成本的,并不是所有的经济代理商都能获取,因此,不能视为一种公共产品(Lundvall,Johnson,2002)。隐性知识具有高度异质性资产的特征,它是在企业边界范围内经过长时期积累而形成的,是很难模仿的,所以,它不能在空气中自由地获取(Belussi. Pilotti,2001)。而且,隐性知识被认为是一种用来解释企业层面或地区层面的竞争优势的战略性资产。Archibugi,Lundvall(2002)认为,在经济全球化背景下,根植于本地的隐性知识是参与全球竞争的关键资源。企业是隐性知识的存储器,"企业知识可视为一种地方化的不能完全传递的产品,在特定地理环境下,企业生产知识的积累是地方产业系统演变模式的基础"(Belussi,Gottardi,2000)。

尽管新知识可以在国家间扩散,但由于地理、语言、文化、技术能力差异等原因,国内的知识溢出会更快。而且,在多数情况下,随着时间的推移和国内知识外溢进程的加快。一国既有的比较优势、原先领先的行业都会有加速发展的趋势,原有的比较优势将愈发增强,使一国在某些产业中的领先地位更加巩固。当然,由于知识外溢的非均衡性,发生在一国国内的知识溢出,也不排除使一国的某些产业相对其他先进产业而愈发落后。国家间知识溢出效应,萨法林(Safaran,1960)、巴拉萨布拉曼亚姆(Balasmbramanyam,1973)等研究指出,国际间发生知识溢出效应有五种途径:(1)跨国公司帮助东道国打破某些技术及供给瓶颈;(2)跨国公司的技术展示,新技术诀窍的引进及对当地劳动力的培训;(3)跨国公司子公司的进入,这既有可能打破当地的市场垄断、刺激竞争、改善资源配置效率,也有可能创造一个垄断性更强的产业结构;(4)跨国公司可为当地供应商、分销商提供先进的存货转移、质量控制和技术结构;(5)跨国公司可以迫使当地厂商提高管理水平,使用跨国公司的市场营销技术。

(三)区域产业转移理论

1. 雁行模式理论

雁行模式理论源于日本经济学家赤松要1935年发表的《我国经济发展的基本原则》,它是较早阐述发达地区产业转移影响承接地的产业发展及产业结构变动的系统理论。赤松要以日本明治维新以来的棉纺织工业发展历程为案例进行研究,总结出产业发展的三种模式:第一种模式是产业发展基本按照"进口—国内生产(进口替代)—出口(出口替代)"三个阶段的更替发展;第二种模式是从消费品生产到资本品生产,或者从生产低附加值产品到生产高附加值产品依次渐进发展;第三种模式是发达地区的产业更替发展会对落后地区产业发展产生示范效应。因该理论模型与飞行中的雁阵十分相似,故被称为雁行形态理论。之后,山泽逸平(2001)等学者进一步发展了赤松要的雁行形态理论,将产业发展划分为更加详细的五个阶段,即产业发展先后经历"引进—进口替代—出口成长—成熟—再出口",从而更加详尽地刻画出后发国家(地区)是如何促进经济发展并实现对先发地区的赶超。雁行模式理论较为详尽地揭示了产业梯度转移及传递的动态过程,为后发国家(地区)实现产业发展及产业结构升级提供了理论指导。其作为后发国家(地区)的一项追赶战略,对指导20世纪70、80年代的日本经济恢复和发展,亚洲四小龙崛起以及东南亚国家的经济腾飞起着重要作用。但该理论也有其固有的缺陷,其假定产业以固定的顺序进行转移和传递,实质是强调产业垂直分工,此外,过于夸大先进国的新技术及新产品在促进后进国经济腾飞中的作用,忽视了后进国的创新活动所带来的影响。

2. 产品生命周期理论

生命周期实际上是生物学科中的概念,是指某个生命体要经历出生、成长、成熟、衰老和死亡的过程。一些学者将其运用于产品形态中,用于揭示企业产品的演化过程。产业生命周期理论根源于弗农提出的产品生命周期理论,弗农(1966)立足于发达国家,提出发达国家首先进入新产品阶段,利用产品创新和研发获得产品领先的优势;接着随着生产力的上升,开始步入产品成熟期,这时,第一次发生产业转移;最后,进入标准化阶段,由于发展中国家生产要素成本相对低廉,发达国家加大向这些发展中国家产业转移的力度,甚至将生产车间整体外迁以获得较低的生产成本来进一步提高竞争力。弗农认为,不同的产业呈现不同的转移规律,第一,处于创新期的产业属于技术密集型产业,一般趋向于科研信息与市场信息集中,人才较多,配套设施齐全,销售渠道畅通的发达城市。第二,处于成熟期的产业会出现波浪扩展效应,开始向周边地区扩散,(因为生产定型化使技术普及化,同时大城市的成本费用一般比较高)。第三,衰退期的产业沦为劳动密集型,技术完全定型化,产品需求已趋于饱和,生产发展潜力不大,于是从发达地区向落后地区转移。产品生命周期理论详尽地描述了区域产业及产品的周期发展过程,为研究区域产业及产品的转移驱动机制提供了理论支撑。但是该理论主要来源于对二战后美国对外投资活动的总结,其对发达国家向发展中国家投资行为具有较高解释度,对于为何没有技术优势的发展中国家也存在对外投资这一现象却无法解释。

3. 劳动密集型产业转移理论

20世纪70年代末,美国经济学家刘易斯(W. Arthur Lewis)基于发展经济学视角对产业转移动因进行研究,其在《国际经济秩序的演变》一文中系统地分析了引起20世纪60年代发达国家的劳动密集型产业向发展中国家转移的动因。刘易斯认为,二战之后发达国家人口增长率急剧下降甚至为负增长引起的非熟练劳动力严重供不应求与工业快速发展引起的劳动力需求快速增加之间的矛盾日益突出,导致发达国家的劳动力密集型产业因劳动力成本大幅提高而失去竞争优势。为保持企业盈利,发达国家劳动密集型产业中的大部分企业开始将部分甚至是全部生产基地转移到劳动力成本较低的发展中国家。为减少劳动力密集型产业向外转移对转出地带来的负面影响,发达国家积极推动本国的产业升级,进而引起国际经济秩序的变化。刘易斯劳动密集型产业转移理论以不同国家非熟练劳动力丰裕度为切入点研究了产业在区域、区际转移的驱动因素,实际上是建立在要素禀赋理论的基础上。尽管该理论仅对劳动密集型产业转移的现象和原因进行阐述,而没有解释发达国家资本密集型产业与技术密集型产业向发展中国家转移的动因,但之后的许多经济学家都根据他的理论思路深入研究国际产业转移的相关问题和现象。

4. 边际产业转移理论

小岛清(Kojima,1978)详尽地讨论了国家间产业转移次序问题,并以日本20世纪70年代的对外直接投资活动为案例,系统地阐述了对外直接投资的演变机制。小岛清通过比较日本及欧美发达国家的国际直接投资来源,发现日本的对外直接投资主要来自边际产业,即在日本国内即将或已经丧失比较优势的产业其对外直接投资需求更强。边际产业转移理论认为,一国或地区的产业转移(对外直接投资)通常会从已经或即将处于比较劣势的产业开始,该国或地区通过"空间移动"的形式将产业转移到具有比较优势的国家或地区,从而实现扩张边际产业或规避产业劣势;对于产业承接地而言,其更倾向于选择承接与其技术差距小、容易承接的产业,并且通过发展所承接的产业还可以间接或直接获得相对先进技术,因此该种形式的产业转移对产业转出地和承接地双方而言是双赢的。边际产业转移理论基于宏观视角阐述了企业的国际投资行为,系统地讨论了一国或地区产业转移的选择问题,有助于指导产业转移地和承接地的产业结构升级。但是该理论更多是对20世纪70年代日本企业国际投资活动的总结,也无法解释当前发展中国家出现逆向投资等现象。

5. 中心—外围理论

普雷维什(Raul Prebisch,1949)对发达国家与发展中国家之间的经济地位不平等关系进行系统阐述,形成了著名的中心—外围理论。该理论认为,传统的国际分工模式引起技术进步及技术成果在世界范围内发生和扩散的不平衡,进而导致世界经济被分成两个不同部分,即以发达国家为代表的"工业中心"以及发展中国家为代表的"为工业中心提供粮食、原料的外围"。处于工业中心的发达国家通常工业化程度较高,经济增长全面而自主,出口产品主要以高附加值产品以及工业制品为主,原料和初级产品则从发展中国家进口。其作为技术创新的主要源头,不仅占有技术进步所带来的大部分利益,还凭借技术优势加快对"外围"国家的资源掠夺。处于"外围"的发展中国家工业化程度较低,经济发展虽有量的增加,却无质的提高,出口产品以原材料和初级产品为主,技术创新能力较弱。随着贸易条件持续恶化,发展中国家为推动国内工业化发展和提升技术水平,不仅放宽了跨国公司的准入条件,还提出以市场换取技术的策略。为攫取丰厚的利润,大量跨国公司加速向发展中国家集聚,从而掀起一股产业转移浪潮。该理论基于国际分工视角系统地阐述了发达国家向发展中国家进行产业转移的动因及机理,有助于指导发展中国家如何降低因承接产业转移而带来的负面影响。

6. 局部创新理论

威尔斯(1977)的小规模技术理论认为发展中国家产业的比较优势来源于拥有为小市场需求服务的小规模生产技术优势、发展中国家民族产品在海外生产的优势以及低价产品营销策略的优势,这些比较优势能够使生产者获得比较利益;拉奥(1983)的技术本地化优势理论认为对成熟技术或生产工艺的应用和改进,可以使发展中国家的企业形成和发展自己的特定优势,进而实施产业转移。发展中国家跨国公司所创新的技术在小规模生产条件下具有更高的效益,能够满足中低档次的消费需求;坎特威尔和托伦惕诺(1990)的技术创新升级理论主要观点是,发展中国家的技术能力的提高是与它们对外投资的累积增长直接相关的,技术能力的积累是影响其国际生产活动的决定性因素,同时也影响着其对外投资的规模和增长速度。因此,发展中国家对外投资的产业分布和地理分布是随着时间的推移而逐渐变化的,并且是可以预测的。这些理论,对于解释当前一些发展中国家走国际化道路,通过对外直接投资进行国内产业的国际再转移现象有一定说服力。

7. 梯度转移理论

梯度转移理论诞生于20世纪60年代,由胡佛(1971)等提出并逐渐发展形成。梯度转移理论基于一国或地区存在二元经济结构的假设,认为所有国家或地区的经济发展均处于特定的梯度上,任一新出现的行业、技术、产品都会随时间变化而从位于高梯度的地区传递至低梯度位置的地区。该理论还认为,产业结构的优劣不仅决定着一国或地区主导部门(主导产业)在产品周期中所处的阶段,还直接决定着地区经济发展的兴衰。若一国或地区的主导产业是都由处在创新阶段的"兴旺"部门构成,该地区的主导产业具有较大提升空间,表明该地区经济发展处于高梯度位置;当一国或地区的主导产业主要是由衰退期阶段的产业构成时,表明这些地区处于低梯度。随着时间的推移,高梯度地区的主导产业逐渐进入衰退期阶段,高梯度地区又进行新一轮创新活动,并将一些所谓的"新"产业、"新"技术和"新"产品转移至低梯度地区,从而形成产业不断向外转移的现象。梯度转移理论对区域性梯度差异引起的产业转移进行深入研究,揭示了产业转移的实质是新技术扩散及应用和地区的产业调整升级,有助于认识产业转移规律。但该理论也有其缺陷,其隐含的假设是高梯度的地区永远处于高梯度位置,低梯度地区永远被锁定在低梯度位置。其认为低梯度地区的主导产业主要由成熟期后阶段和衰退期阶段的产业组成,实际上是忽视了低梯度地区的创新能力以及发展经济的能力。

8. 新经济地理学理论

以克鲁格曼(1991)为代表的经济学家提出了新经济地理学理论,将地理学引入到区域产业布局的研究,建立了两部门两地区的一般均衡模型探讨企业的区位选择和经济增长模式。企业进行区位选择时要考虑利润最大化,希望达到规模报酬的水平,就需要重视运输成本,为了降低运输成本会促使企业集中在同一个区域,从而产生产业集聚效应和更大的规模经济。新经济地理学探讨产业转移的一般规律为产业由核心地区依次转移至多个外围地区,即当先承接产业的地区失去优势之后再转移至下一个具备优势的地区;劳动密集型产业首先转移,因为此类产业对工资的差距比较敏感,后转移的产业在转移速度上会比先转移的产业快;消费指向的产业先从集聚体转移;中间品投入少的产业在选址上不必须位于产业集聚区,能够较早实现转移。

三、长三角城市区域产业发展演化的作用机理

(一)长三角产业发展演化的经验总结

为了对区域经济发展和产业演化中的政府作用,我们实地考察了长三角地区的一些城市和乡村,特别是对浙江省、江苏省、上海市政府及无锡市、宁波市、嘉兴市等各级政府部门和企业的调研。我们的研究表明,长三角地区经济发展的特点不仅是长期保持两位数的百分比增长,更有意义的是近30年来在经济结构上发生了重大的变化。这既反映在产业结构的高度化、产业内生产结构的变化和工业化水平的大大提高,使长三角的大部分地区进入了工业化的中期,甚至中后期的阶段;也反映在要素流动、投资结构、劳动力结构、农户经营方式、居民收入与消费方式等经济各个方面的结构变化。

这些经济成就的取得,与所有区域的经济增长决定因素一样,资本、劳动力等要素在长三角地区经济增长中发挥了重要的作用,虽然已有的研究成果表明,这一地区的经济增长不带有内生性增长的特征,但我们的研究表明,在经历了初始阶段的技术引进和应用后,在近10年技术累积和外溢的效用日益明显,从而为要素的配置和重新配置效率的提高,以及为持续的经济增长提供了基础和内生的机理。特别有利于经济增长的是,我们在宁波地区调查时发现,被视为缺乏技术基础的工业消费品生产与销售市场中,由于大量的日益专业化的外贸公司的发展,制造业企业和贸易厂商能够快速地获得国际市场的信息,引进先进的制造技术与设备,设计能力迅速提高,原材料供应和产品的生产分工与协作体系已经建立(吴柏均等,2015)。因此,不同于常规的企业内的知识经济,在宁波这一经济区域市场范围内,事实上形成了贸易和生产厂商协作中的知识经济体系。

对于长三角区域经济增长和产业演化原因的探究,除了上述古典和新古典因素之外,我们在实地的调查中,明显感受到制度变迁和制度安排的作用和影响力。这种影响体现在三个方面,一是社会经济体制的变革,培育了原始的市场力量,也释放了长期被遏制的经济活力,调整了资源的配置方式,宏观上提高了资源配置效率。二是市场主体及市场交易制度本身得到不断的演化,扩大了交易规模,提高了生产和交易效率,从而使资源配置的微观效率得到明显改善。三是随着政府工作重点的转移和职能的转变,政府对市场交易的直接干预有所减少,也正在逐步退出竞争性的制造业生产领域,但政府在整个经济活动中的影响力仍然巨大(吴柏均等,2015)。

长三角地区不同的行政区内,政府在经济活动中的角色和作用方式是不同的。在苏南地区,地方政府基于行政权力,凭借体制变革后获得的财政收入分成权、项目审批及融资权和对土地资源的处置权(土地转让权),出于经济增长和经营城市的目的,常常通过对经济资源的行政控制和准市场的配置,在私人产品经济领域,通过创造企业发展环境,降低区域内企业交易成本,促进私营企业发展。典型的例子是政府设立经济开发区,以优惠政策招商引资。或者鼓励和投资建设工业品和消费品专业市场,以带动产业发展;在公共产品领域,地方政府凭借其不断增加的公共财政能力、长期以来对公共产品部门的经营垄断权,以政府行政管制或国有公司垄断经营的方式,通过向金融机构融资,特别是投资建设城市基础设施等准公共产品。区域经济既不是完全以市场配置资源为基础的市场化经济,也不是以行政配置资源的计划经济。在微观上,基于外部经济环境和市场制度,企业自主经营和自由交易制度得到充分发挥和保护;在区域的宏观层面,政府通过对资源的控制和很大程度上的行政配置(尽管越来越以市场交易方式),主导着区域经济的发展方向、空间格局和功能定位。

这种政府控制资源、强势介入或直接经营的经济机制,在浙江等私营经济发达的地区少见运行。但我们透过遍布乡镇的私营企业和各类专业性市场,仍然可以发现政府对土地、能源等资源的行政控制和经济垄断,规模越来越大的城市基础设施投资,超越自由市场经济需要的政治经济管制,特别是近年内随着经济发展水平的提高,私营经济发达地区的政府预算内和预算外财政收入大幅度增加,其财政预算内和预算外收入支出所产生的经济流量在地方经济总流量中的比重越来越大,也开始较大程度地影响地方经济的格局。政府通过规划指标和土地转让权的控制,影响了地区内产业选择和企业发展。由此,我们认为在市场经济比较发达的长三角地区,总体上是地方政府主导下的一种特殊的市场经济。其市场经济体制和运行机制的特殊性在于,作为经济主体之一的地方政府,直接扮演了区域经济增长的经营者角色。它按区域利益最大化的原则主导区域内的各类经济活动,组织区域内各种生产要素投入生产,力争以最小成本获得最大的税收和地区国民生产总值,支持或直接参与开展区际或国际的竞争和合作,推动本区域经济发展,同时兼顾区域管理者的身份,做好维护区域内社会公平和秩序工作。

在区域经济发展的实践中,政府主导型经济,使区域经济充分发挥了重新配置资源、发掘了资源配置效率的潜力。它在给定资源和技术的条件下,通过制度的重新安排,使资源从边际生产率低的领域流向边际生产率高的地区和企业,从而实现社会总产值快速提高,这种资源配置效率的提高特别明显地表现在土地资源的重新配置上。由此,在政府主导下的区域经济中,自由的市场交易制度与政府行政管制并存,一般私人产品的竞争性经营与公共产品的垄断经营并存,强力政府与高效市场得到有机耦合。这种经济发展的制度安排,一方面推进了要素的快速集聚和经济发展,另一方面,也使得中国长三角地区产业发展呈现出一种不同的演化路径,呈现民营经济、国有经济和外资经济,政府和市场共同推进产业演化的进程。

(二)长三角产业发展演化的理论解释

地方政府主导下的市场经济模式,是一种特殊的市场运行机制,它的运行主体地方政府是一种特殊的区域经营者,具有角色双重性,并且这双重角色具有既对立又统一的关系。如果把某一特定区域看作一个大企业或社会生产组织,那么其地方政府在该区域经济增长中担当的角色,就是整个区域的经营者。在开放条件下,地方政府主要是以市场主体或运动员的身份,按区域利益最大化的原则主导区域内的各类经济活动,支持或直接参与开展区际或国际的竞争和合作,推动本区域经济发展。地方政府和企业家的不同主要表现在企业家是以企业利润最大化为目标,组织企业内各种生产要素投入生产,力争以最小投入获得最大产出,而地方政府是以区域利益最大化为目标,组织区域内各种生产要素投入生产,力争以最小成本获得最大税收和GDP。此外,企业家可以跨区域规划和经营,而地方政府却必须牢牢地立足本区域来规划和经营,因此二者的目标函数时常会出现不一致。企业家主要以资本要素为依托,组织各生产要素从事生产,地方政府却主要以土地要素为依托,吸引其他生产要素进驻和组合以促进区域经济和产业发展。

政府主导与传统的计划管理体制的区别是明显的,主要体现在管理的实施、市场主体以及管理的成本—效益等等方面。在传统计划管理体制实现过程中主要依靠的是行政手段,与此相适应的是既宽泛又具体的调控指标,整个调控的过程实质上就是一种处处要求统收、统支、统配的过程。而政府主导模式中,它虽然不排斥行政手段的应用,但其实现过程主要借助的是以市场为取向的经济计划、经济政策和经济法规,给市场主体留有较大的自主选择空间。地方政府主导的市场经济体制下,地方政府相对中央政府有相当大的利益独立性,在组织区域内各要素进行生产时有很大的自主性,有着很大的压力和动力参与区际和国际竞争,因而具备了市场主体的属性。

政府主导与传统的自由市场管理体制的区别也是明显的。政府主导型经济管理模式从总体看属于政府干预理论的范畴,同时又超出其一般宏观调控的限度,它是一种更积极、更主动的干预,而非仅仅为了弥补市场的失灵;在多数情况下,政府主导实施的目的在于通过对经济生活中活跃因素和机制的强有力的积极协调和促进,迅速提升经济发展的层次。政策调节的内容也不仅仅是总供求的平衡,更重要的在于资金、劳动和自然资源的有效利用,产业结构的合理化和高度化,城乡关系和对外经济关系的协调等。经济调节的手段也不仅仅包括间接的管理,即财政税收政策,而且包括直接的供给管理,即产业政策和投资政策等,甚至直接行政干预或经营,从多个方面来促进经济发展,为其创造有利的条件。

政府主导的目标是强力政府与高效市场的有机耦合。所谓的强力政府是指与市场经济相适应的,能够最佳地运用市场机制促进社会经济快速发展的政府。政府是社会和经济发展的主导性力量,是现代化和市场化的发动者和组织者。它要从总体上对经济发展方向、结构和过程进行有计划的协调,保证资源配置的宏观效益。它要作为国有资产所有者行使所有权职能,协调公有制经济的内部关系或直接经营公有制经济。它要作为社会管理者,维护正常的社会经济秩序,为经济发展创造良好的外部环境。政府的这种作用是市场所不能代替的,也是一般的市场经济国家政府所不具有的。市场作为经济运行的基础,通过供求、竞争和价格机制来调节微观经济的运行,具有刺激生产、调节供求、资源配置的功能,市场机制的这种作用也是政府所不能替代的。政府和市场各有所长,各有自己作用的范围,而不是相互替代。政府不仅仅是市场运行的外部条件,而且在许多情况下通过建立和经营国有企业,影响工资和利率等价格信号,调节分配中的利益关系等方式,介入到了市场机制运行过程的内部,与市场紧密结合在一起。政府和市场是相互依赖相互促进的。它对市场的作用是建立健全各种市场规则,反对不正当竞争和各种破坏市场秩序的行为,通过法律来保护经济主体的财产权和公平竞争的市场秩序。

从根本上讲,产业发展取决于市场机制的决定性作用。企业出于长远的发展利益,随着一体化和专业化的提高,通过区域外销售、生产、联盟等形式向外扩张,从而形成技术、知识、人才的外溢,区域间产生新的分工格局,促进跨区域间的协同发展。而在此过程中,像上海这样处于区域中心地位的国际化大都市起到核心作用,这是由于一方面经济活动在利益最大化的驱动下呈现出向某一点或区域集中的向心力,高端企业涌入中心城市;另一方面,中心城市由于空间资源的限制进行"腾笼换鸟",企业向外转移,对外围地区产生影响,带动周边地区发展。企业技术升级和产品创新的根本驱动力与其追求利润最大化和成本最小化的目标是一致的。

利润最大化是产业发展的主要动力。企业产品更新和企业区位重构的目的是追求利润最大化，只有当企业预期或确定进行产业转移带来的收益将大于其留在本国生产所得收益时，产业才有向外转移的可能。否则，即使对于发达国家中的劳动密集型产业也不会向外转移，因为其在本国生产可获得更高收益，不具备转移的动因。企业一旦预期进行产业转移可获得更高收益时，就会通过投资设厂、并购重组、提供技术、提供人才等方式逐步实现产业转移，进而获取高额收益。同时，为了获取垄断利润和高额利润，企业还会通过不断的研发投入，生产新的产品推动产业的发展演化。

成本上升是产业转移的诱因。由于各地区拥有不同的禀赋，以及经济发展水平的不尽相同，导致各地区之间的资本、劳动力及土地租金等生产要素价格差异较大，即不同地区产业发展面临着不同的要素成本，当要素成本持续上升并严重挤压企业利润时，企业就会选择将生产基地转移至生产要素成本较低的地区以获得更高收益，从而推动产业迁入地的产业结构升级转换。具体而言，由于城市的土地、劳动力等要素成本上升，此时产业发展面临较高的成本压力。若该产业在全国的竞争较为激烈，生产要素等成本的持续上升必然会削弱该产业竞争力，利润将难以增长，该产业将面临巨大的调整压力，此时，部分企业（产业）将会把位于高要素成本地区的生产基地或某个部门转移至低要素成本地区，从而引起产业在区域和区际之间转移，引起迁入地和迁出地产业结构调整和产业发展演化。

货币、财政、税收、产业等政策导向是区域产业发展演化的重要推力，但在开放经济条件下，外部资本、技术、劳动力等要素流动带来经济社会结构变迁也是城市区域产业发展演化重要动力，同时，企业在利润最大化和成本最小化等动机作用下，也推动着产品技术升级，推动着区域产业演化。政府的产业政策会对企业成本及进入门槛造成影响，从而形成不同产业的企业进入和退出。如随着工业化的快速发展，资源环境等问题日益突出，为了减少环境污染，发达国家开始制定严格的工业排放标准（即环境规制），使高污染、高能耗的产业（企业）面临着巨大的调整压力。此时，该类产业面临两个选择：一是通过技术创新手段降低能耗和污染，争取"达标"；二是通过将产业（企业）转移到环境规制较弱的发展中国家，实现继续生产。政府、市场、开放等各种策略，长三角城市区域通过产业梯度转移和产业转型升级达到产业发展演化和经济结构转型。

（三）产业发展中的城市区位定位

城市区域是不同等级的城市与区域腹地构成经济联系紧密的统一整体，在城市区域范围内，产业分工、产业合作、产业转移等与产业发展演化内容相关的问题紧密联系。其中中心城市主要体现在区域中的"核心"地位，"核心"包括两个层面：第一个层面是指在空间和区域上处于都市圈中相对独特和重要的区位；第二个层面是指在发展总量、资源配置、经济影响等方面处于区域各城市首位。一般来说，区域的中心城市是区域的经济中心、金融中心、创新中心、行政调节和资源配置中心。

配第－克拉克定理指出，经济发展和人均国民收入水平的提高使劳动力呈现首先由第一产业向第二产业转移，然后再向第三产业转移的演进趋势。在产业结构演变的过程中，工业结构水平也在不断优化，从以劳动密集为特征，到以资本密集为特征，最后转向以知识、技术密集为特征的尖端工业，且支撑和推动整个经济发展的主要动力。不同地区由于文化、区位、资源、经济水平各方面的差异，产业结构演进会有不同差异。

区域中心城市一般都是从以资本密集型产业转化到以知识、技术密集型产业为主要组成部分的阶段，处于从以第二产业到以第三产业为主的产业结构调整中，产业结构升级的主要方向在于提升产业链环节，从产业间分工向产业内分工转变，从产业链下游的基础配件加工生产向上游发展，升级到关键零部件的研发设计、营销服务等环节，进而与后发地区形成新的垂直分工关系，形成有效分工和错位发展。徐康宁等(2005)指出都市圈内产业分工的是按照城市等级进行分类，其分类的依据如 GDP、人口规模、产业结构、土地面积等。核心城市起到增长极的作用，是区域内部创新活动的中心；次级中心城市一方面接受核心城市转移出来的产业，向核心城市提供原材料和市场，同时积极调整自己在整个城市群内的产业，向低一等级的区域转移产业，带动低一等级的区域经济发展；处于最低等级的城市则接受转移过来的产业，并向高等级的城市提供原料和市场。

波特在区域经济发展阶段理论中则指出，一个国家(区域)经济及其产业聚群形态是动态的，其升级的历程可分为四个阶段：①生产因素驱动阶段：只有生产因素具有功能性，国家(区域)中几乎所有在国际上表现有竞争优势的产业都是依赖基本的生产因素；②投资驱动阶段：国家(区域)竞争优势几乎都来自于政府和企业积极投资的意愿和能力，主要表现在生产因素、企业策略、结构和竞争环境的持续改善上；③创新驱动阶段：国家(区域)一般性生产因素的重要性相对降低，创新能力来自有利的需求条件，坚强的供货商、产业基础和专业化生产因素，使企业朝差异化和国际化方向发展；④富裕驱动阶段：这一阶段的驱动力来自前三个阶段所累积的财富，持续投资和创新的行动减弱或消失，导致国家(区域)经济走入衰退的局面。

区域处于不同的发展阶段,其基本经济特征存在着明显的差异。创新驱动型经济的基本特征当中,服务业比重超过制造业比重、技术进步水平及其对经济增长贡献率大幅提高、高技术产业地位大幅提升是最易于衡量也是最为关键性的几类特征(表2.3.1)。

表2.3.1 区域经济发展阶段特征

资源驱动型经济 (要素成本)	投资驱动型经济 (效率)	创新驱动型经济 (独特)
较低工资与丰富自然资源; 技术来自外商引进与模仿进口品; 集中劳力与资源密集制造业; 对于世界景气循环、汇率及商品物价变动十分敏感。	自动化、标准化产品与服务; 大量投资基础建设; 营造亲商环境及提升生产效率; 技术来自海外授权、共同投资、外商引进及模仿; 吸引外国技术同时加以改良; OEM服务并发展自己客户; 集中制造业与外包服务业。	以先进的方法与技术创新产品与服务; 产业群聚既垂直深化发展且水平横向发展; 良好创新机制与诱因; 本土企业向跨国企业迈进; 服务业比重超过制造业; 技术进步水平及其对经济增长贡献率大幅提高; 高技术产业地位大幅提升。

资料来源:迈克尔·波特《国家的竞争优势》,1990

上海作为人力资本中心、科技创新中心、国际交往中心,大批优秀人才聚集在高端服务业、高新技术制造产业、文化创意产业等领域,围绕自身的教育、文化、科技这些核心资源来发展壮大产业。长三角的江苏、浙江省基本是以化工产业、机械产业、电子产业、轻工产业为主,即第二产业为主导。但由于上海、江苏和浙江浙各自的经济基础、产业条件与资源禀赋的不同,三地在转型期的时序存在不同,上海将通过一段时间的结构调整而率先进入创新驱动发展阶段,江浙两省则需要更长的一段时间。投资率在一定程度上反映了一个国家或地区经济发展阶段和经济发展模式。2015年全社会固定资产投资总额及投资率分别为:江苏45905.17亿元及65.47%,上海6352.7亿元及25.29%,浙江26664.72亿元及62.18%,江浙两省投资率高达60%多,远高于上海,说明江浙两省的经济增长仍主要以资本的高投入为推动力。

当前,长三角城市区域进入了紧密联系的一体化阶段,城市与区域之间产业发展演化应通过分工合作实现和产生协同协应。城市区域地方政府需要根据自身在区域中的产业定位,确定重点发展的产业,而将失去优势或更适宜其他区域发展的产业或产业链环节转移出去,这样更能发挥转出地的引领辐射作用,促进区域产业的协同发展。发达地区总是先把边际产业转移出去,产业发展呈现出

"劳动密集型→资本密集型→技术密集型"的产业演化和转移次序。其中,处于价值链低端的加工组装环节的转移对资源及劳动力等要素成本的变化比较敏感,处于价值链高端环节的转移对要素成本不敏感而对交易成本比较敏感。城市区域必须整合区域创新资源,推进区域协同创新,引领产业不断转型升级,不断增强领头雁的辐射带动能力,同时,积极发展战略性新兴产业,提升在区域产业分工中的地位和作用。产业发展不是孤立的,必须强化产业配套能力,推动产业集群化发展,才能使产业引得进、发展好,有助于本地产业转型升级和协同发展。产业配套能力包括交通等基础设施、支持性行业、生产要素、产业集群与配套、城市配套服务、基本公共服务,以及政策服务环境等因素。

四、本章小结

产业作为经济社会最为重要的研究主题之一,人类社会一直在寻找它们背后演化的机制和规律,形成了基于不同经济社会发展环境、制度背景和区域发展阶段的理论体系和学科内容。区域产业演化理论主要有:技术创新理论、制度经济学理论、产业组织理论、产业结构演变理论和知识溢出作用等理论。区域产业转移理论主要有:雁行模式理论、产品生命周期理论、劳动密集型产业转移理论、边际产业转移理论、中心—外围理论、局部创新理论、梯度转移理论和新经济地理学等理论。

产业演化、产业转移、产业分工与产业合作是一系列相互关联与相互影响的概念。产业演化是在各种外力和内力的驱使下,经历类似于生物进化的一系列过程。产业转移,是产业发展演化的一种重要形态,它是指由于资源供给或产品需求条件发生变化后某些产业从某一地区或国家转移到另一地区或国家的一种经济过程。产业分工合作是生产专业化和产业分工发展的必然结果,是产业发展演化到一定阶段的产物。

长三角近30年来在经济结构上发生了重大的变化,这反映在产业结构的高度化、产业内生产结构的变化和工业化水平的大大提高,要素流动、投资结构、劳动力结构、农户经营方式、居民收入与消费方式等经济各个方面的结构也发生了深刻变化。这些经济成就的取得,与所有区域的经济增长决定因素一样,资本、劳动力等要素在长三角地区经济增长中发挥了重要的作用。除了上述古典和新古典因素之外,制度变迁和制度安排的作用和影响力影响深远,强力政府和高效市场共同推动着长三角区域产业发展演化。同时,城市区域是不同等级的城市与区域腹地构成经济联系紧密的统一整体,应强化在城市区域范围内的产业分工与产业合作。

第三章 长三角城市产业升级化研究

产业结构调整与优化升级是现代经济发展的本质特征之一。上海是长三角城市区域最为重要的核心节点,上海城市产业结构与优化升级将极大提升长三角城市区域全球竞争力。本章以产业结构理论为指导,以上海城市为实证案例,通过对上海产业结构演变的分析,总结了上海自改革开放以来产业结构演变的规律、产业体系特点、产业结构存在问题。在此基础上,立足国际国内背景,提出了上海进行产业结构升级的必要性,并确立了上海产业结构调整的原则和方向,构建区域主导产业选择的指标体系,并对上海的主导产业选择进行了分析。对上海产业结构的演化升级探讨,有助于了解中国国际大城市产业的发展演化的机制与规律、存在问题及解决策略。

一、引言

为应对全球金融危机,欧美日韩等发达国家不断加大科技投入,培育新的经济增长点,以在未来竞争中占据主导地位。以美国、德国为代表的发达国家更是纷纷实行"再工业化"战略,大力发展新产品和新技术,强化资源产品进口替代和消费品进口替代,培育新的经济增长点,以在新一轮产业发展中发挥主导作用。

而中国自 2008 年金融危机以来,长期以来的外向型发展模式面临重大调整,经济增长由高度依赖外需逐步向更加依赖内需转变,这将对整个经济结构、社会结构和经济运行带来很大变化。以扩大内需和消除产能过剩为核心的结构调整将成为"十三五"期间经济社会发展的主旋律,也将使得产业结构的调整和升级大步推进。同时,这也将对上海加大产业升级力度,发挥在结构调整上的引领示范作用提出了新要求。产业结构调整将作为上海未来的主攻方向,这也为上海全面形成以服务经济为主的产业结构提供了有利的发展环境。国家"十三五"规划进一步提出将长三角建成世界级的城市群,长三角城市区域未来的发展将从"一体化"走向"同城化",长三角将崛起成为全球城市区域和世界第六大城市群,这使上海面临着提升城市能级及结构的重大机遇,对上海产业布局和要素流动将产生极大影响。上海如何实现集约式发展,如何有效抓住新一轮全球分工的机遇,实现逐步向全球价值链分工的高端环节延伸,显得十分紧迫。在这样的背景下,应根据国内外经济发展的阶段性特点和上海"十三五"发展的指导思想,结合上海产业结构演进规律及存在的问题,运用产业经济学等理论方法,提出上海产业结构调整和优化升级的方向,通过主导产业的选择,明确产业发展的重点领域,以期对"十三五"时期上海产业发展提供政策上的指导。

二、产业结构升级相关研究梳理

(一)产业结构升级的内涵

产业结构升级实质上是产业结构高度化的过程。周振华(1992)认为产业结构的高度化是指产业结构从较低水准向高度水准的发展过程,主要体现在产业的高附加值化、高技术化、高集约化和高加工度,即第三产业,尤其是高科技含量的产业在国民经济中的比重上升,各产业之间按比例协调发展。刘世锦等(2010)将产业结构升级界定为:"在特定的国内外经济环境和资源条件下,按照一般的产业结构演进规律和产业发展的内在要求,采取一定的措施,不断提高产业的结构层次和发展水平,以保证国民经济长期持续增长的一种经济活动。"冯梅(2014)认为产业升级是一个产业结构转换和产业效率提高的过程。产业结构的转换是国民经济结构中高附加值、高技术产业不断替代低附加值、低技术产业,从而实现产业结构动态优化的过程。而产业效率的提高更多的是从微观层面,从产业收益与成本的对比中归纳出来的,是产业投入与产出之间效率不断提高的过程。

(二)产业结构升级的测度

判断产业结构高度化通常采用的是库兹涅茨(1975)等构建的"标准结构"法。该方法是将所考察经济的产业比例关系与发达国家的产业结构相比较,从而判断所考察经济的产业结构所处的高度。有些学者将各产业部门的比例关系和劳动生产率的乘积作为产业结构升级的测度,如刘伟等(2008)提出,产业结构的高度指标至少要包括两个部分:比例关系和劳动生产率,并将二者的乘积作为产业结构高度的测度指标。徐德云(2008)通过对三次产业赋予不同的权重来测度产业结构升级的程度。周昌林等(2007)从专业化分工的角度设计了产业结构水平的测度模型,利用投入产出矩阵特征值的方式来测度产业结构升级。

以上多是学者运用单指标对产业结构升级水平进行测度,也有不少学者运用多指标进行产业结构升级水平的测度。冯根福等(2009)认为产业结构升级的测度可以在两个层面进行:第一层含义仅考虑三次产业结构比例的变化,衡量指标一般是第二产业或第三产业的产值占 GDP 的比重;第二层含义主要考虑附加价值的提高、各产业部门技术构成的提高和新兴产业的成长等,一般把附加价值溢出量、产业高加工度化系数、结构效应系数、结构效益链、高新技术产业附加价值等作为评价产业结构优化升级的指标。姚志毅等(2011)采用工业制成品出口额占总货物出口额的比重,高新技术产品出口额占本国制造业出口额的比重,新产品出口销售收入与高技术产品出口值的比值及服务贸易出口额占总贸易出口额的比重来衡量产品结构升级。

(三)产业结构升级的动力

产业结构升级的动力概括起来大致有 5 个方面:需求角度、供给角度、贸易角度、制度角度和空间角度。

FDI 与产业结构升级。黄日福等(2007)从外资的资本供给和技术外溢角度分析了外商直接投资促进东道国经济增长进而促进产业结构升级的机理,研究表明合资企业和合作企业对中部地区产业结构的变化没有明显作用,而外商独资企业对产业结构有明显的正向作用。程瑜等(2012)认为 FDI 对区域经济增长的影响,需要依靠区位优势在产业结构升级中体现,FDI 对区域经济增长的产业结构调整具有明显的资源补充和产业引导功能。贾妮莎等(2014)认为,在短期 IFDI 对产业结构升级的贡献更为突出;从长期看,中国双向 FDI 对产业结构升级均有促进作用,但 IFDI 对产业结构高度化的促进效应更显著,OFDI 则对产业结构合理化的促进作用更显著;从动态冲击看,双向 FDI 都会将自身所受外部冲击传递至产业结构合理化和高度化。

技术创新与产业结构升级。薛继亮(2013)认为,中国的整体产业发展技术不断进步,带来资本深化和产值增加,进而导致产业不断转型升级。其中技术选择系数对行业人均产值具有正向影响,并且中国产业结构转型伴随着技术选择的准确越来越快。林春艳等(2016)指出,技术创新和技术引进有利于本地区产业结构合理化,且存在长期空间溢出效应,而且模仿创新能够促进产业结构高级化,且长期正向溢出效应明显。林春(2016)对地区金融发展在产业结构调整中的作用以及加入技术创新后地区金融发展对产业结构调整的影响进行检验。研究发现地区金融发展有利于产业结构的优化和升级,促进第三产业的发展,抑制第一产业和第二产业的发展;地区金融发展和技术创新的联合作用有利于促进第一产业和第三产业的发展,而会抑制第二产业的发展。

居民收入及消费与产业结构升级。王佳菲(2010)指出劳动者报酬长期偏低的状态,抬高了企业采用先进技术设备的临界值,而使微观主体难以走出"低技术陷阱"。刘海云(2011)发现我国的经济增长有助于改善城乡居民的消费结构,而由于第三产业内部结构不合理,第二产业的重工业化进程,产业升级并没有实现预想中的促进消费结构升级优化的目标。刘慧等(2015)分析消费产品结构的变化、消费结构与产业结构的变化、消费结构升级对产业发展的影响以及未来产业发展的趋势。结果表明,居民消费结构变化明显,对第三产业产品的消费比重逐年提升,消费呈多样化趋势,居民最终消费对各产业总产出的拉动在不同年份其拉动力的强弱也不同,对各产业也有不同的放大效应,消费结构的升级促进了产业结构优化升级。

产业融合与产业结构升级。吴福象等(2009)指出,通过信息技术嵌入和改造传统产业可以实现产业融合发展,并对产业结构升级具有显著提升作用。吴义杰(2010)指出产业融合有助于促进信息技术的扩散与渗透,提高信息产业的生产效率,加速传统产业的升级改造。产业融合带动产业结构升级,主要通过产业内的企业之间和各产业之间的模仿扩散来实现。陶长琪等(2015)依据信息产业与制造业间的耦联对我国产业结构优化升级的空间效应开展定量研究,并以此量化产业融合对产业结构优化升级的影响。

制度与产业结构升级。姚德文(2011)研究发现随着中国渐进式改革的进行,企业产权制度与市场经济制度不断完善,企业组织制度、投融资制度、税收制度、人口流迁制度、政府行政分权制度等配套协同效应加强了产业结构的升级。当前促进产业结构升级的根本途径在于制度创新,这就要改变经济增长方式与转变政府的职能,同时进行社会体制和行政体制的配套改革。查婷俊(2016)研究发现环境规制力度越大、高等教育质量越高、知识产权制度越完善,越能促进产业结构升级,而对外资的过度依赖则会阻碍产业结构升级。现阶段,我国应采取加大对环境污染的管制、降低对外资的依赖、提高高等教育质量及完善知识产权制度的方式,来促进产业结构升级。

(四)产业结构升级的模式

郭志仪、郑钢(2007)从境外直接投资对发展中国家产业结构升级影响的角度,将产业结构升级模式分成三类:传统渐进式产业结构升级模式、追赶式产业结构升级模式、创新跨越式产业结构升级模式。在以境外直接投资为主要形式的国际资本流动的发展背景下,传统渐进式及一般追赶式均面临着严峻挑战。在这一新形势下,从"一般追赶型"产业升级模式向"创新跨越式"发展战略转变,是发展中国家迫切需要解决的课题。国务院发展研究中心课题组刘世锦等(2010)归纳出产业结构升级的四种模式,即美国"创新型"产业结构升级模式、日本"追赶型"产业结构升级模式、韩国"压缩型"产业结构升级模式和拉美"交替型"产业结构升级模式,四种模式各具特点与风险。朱卫平等(2011)归纳出产业结构高度化、加工程度高度化、价值链高度化等三种广东产业升级模式。

三、上海产业结构演化态势

(一)三次产业结构变化

改革开放以来,伴随着上海的经济发展与功能转型,上海逐渐从工业化后期步入到后工业化时期,在1999年实现了"三二一"的产业结构,服务业比重呈现逐步上升的态势。从历年的产值结构变动来看,上海市三次产业中,第一产业的占比一直处于较低水平,并且比重不断下降,而三次产业则不断呈现上升趋势。从改革开放初期的4.03%下降到2017年的0.33%;第二产业比重从初期的77.36%下降到2017年的30.70%,降幅达到46.66个百分点;而第三产业的比重呈现逐年上升的态势,由1978年的17.61%提高至2017年的68.97%,呈现出较好的增长态势。

(二)轻重工业变化

上海产业技术进步较快,轻、重工业内部结构变动较明显,由改革开放最初的轻重工业产值比较接近到2000年以后,重工业产值上升幅度要远远大于轻工业幅度,这在一定程度上也反映了上海产业升级的趋势。主要表现在轻工业内部需求弹性较小、加工层次较低的以农产品为原料的轻工业以及重工业中的采掘工业和原料工业比重较大幅度地下降;相反,需求弹性大、加工层次较高的以非农产品为原料的轻工业和重工业中的加工工业比重得到较大幅度提高。

(三)工业内部结构变化

根据对制造业内部28个主要行业的考察,改革开放以来上海工业结构不断优化,总体上呈现出重工业化和高加工度化趋势。都市型产业进一步发展。通过对都市型工业内部结构的分析可以看出,从增长速度来看,小型电子信息产品制造业和室内装饰用品制造业增长最快,并吸纳了较多的劳动力;从经济总量来看,食品加工制造业和室内用品装饰制造业占到了都市型工业总产值的半壁江山。都市型产业占工业总产值的比重从16.1%下降到10.7%,这是由都市型工业的行业属性和上海未来产业结构发展方向共同决定的。

(四) 第三产业内部结构变化

第三产业内部结构演进的特点是,传统服务业对经济增长的贡献有一定程度的下降,但仍是第三产业发展的主要动力,金融业和房地产业对经济增长的贡献越来越突出,成为上海第三产业发展的中坚力量,新兴现代服务业加快发展,成为推动第三产业发展新的动力。金融业、房地产业、租赁和商务服务业、信息传输、计算机服务和软件业等生产性服务业增加值占第三产业增加值的比重有不同程度的上升。总体来看,服务业内部结构经过剧烈变动,已形成了批发零售业、金融业、商务服务业和信息业为支柱的以现代服务业为主、以传统服务业为配套的服务体系。这种变动符合上海城市发展要求,有利于上海"四个中心"的建设。

(五) 产业规划演进

未来30年,上海城市发展的总体方向是建成具有全球影响力的、与中国经济实力和国际地位相匹配的全球城市,成为全球高端要素集聚流动网络的重要枢纽。从"九五"开始,上海产业体系发展目标就是坚持"三、二、一"的产业调整方针,努力改造传统产业,加快发展第三产业,积极培育战略性新兴产业,构建以现代服务业为主、战略性新兴产业引领、先进制造业支撑的新型产业体系(表3.3.1)。

表3.3.1 上海市历次国民经济和社会发展规划纲要

规划	产业发展内容
"九五" (1996-2000)	坚持"三、二、一"的产业发展方针,加快发展第三产业,不断壮大工业支柱产业,培育新的支柱产业,调整改造传统产业,探索发展都市型农业,形成第三产业和第二产业共同发展的格局,初步完成阶段性产业结构的战略性调整。
"十五" (2001-2005)	深化"三、二、一"产业发展方针,大力发展高增值、强辐射、广就业的产业。大力发展信息、金融、商贸、汽车、成套设备、房地产六大支柱产业,加快高科技产业化,着力推动技术、管理和机制创新,积极培育生物医药、新材料、环境保护、现代物流四大新兴产业;优化发展石化、钢铁两大基础产业,努力改造传统工业;积极培育都市型农业,扶持发展都市型工业,加快发展都市型旅游业。
"十一五" (2006-2010)	继续坚持"三、二、一"产业发展方针,按照逐步形成服务经济为主的产业结构的总体要求,优先发展现代服务业和先进制造业,把提高自主创新能力作为产业结构优化升级的中心环节,以信息化为基础提升产业能级,促进二、三产业融合发展,努力提高产业国际竞争力。转向创新带动发展模式,推动产业结构优化升级,注重发展知识经济、循环经济、集群经济。

续表

规划	产业发展内容
"十二五" (2011–2015)	按照高端化、集约化、服务化,推动"三、二、一"产业融合发展,加快形成服务经济为主产业结构的发展方针,构建以现代服务业为主、战略性新兴产业引领、先进制造业支撑的新型产业体系。深入推动产业融合发展。促进服务业与制造业的深度融合,服务业与现代农业的有机结合,加快发展生产性服务业和生活性服务业。
"十三五" (2016–2020)	坚持"三、二、一"产业共同发展、融合发展,加快向产业链高端迈进,持续推进以现代服务业为主、战略性新兴产业引领、先进制造业支撑的新型产业体系建设,夯实经济中心的产业基础。推动生产性服务业向专业化和价值链高端延伸、向精细和高品质转变。实施"互联网+"行动计划,大力培育新技术、新业态、新模式、新产业经济,继续推进信息化与工业化深度融合,聚焦发展新一代信息技术、生物医药、高端装备、新能源等领域。大力培育战略性新兴产业,加快改造提升传统工业,保持先进制造业合理比重和规模,在市场竞争中培育一批本土跨国公司和行业龙头企业,支持促进上海市企业走出去、引进来,拓展投资贸易网络,提高企业全球化经营能力。进一步集聚跨国公司地区总部和各类功能性机构,引进培育各类专业服务企业和经济类中介服务机构。

资料来源:根据"九五"以来上海市国民经济和社会发展规划纲要整理所得

(六)产业结构存在问题

1. 服务业比重与国际性城市相比仍有差距

上海第三产业增加值占全市经济总量的比重自 1999 年首次超过 50% 以后便一直保持在 50% 以上的水平。近年来随着上海加快形成以服务经济为主的产业结构,现代服务业中部分行业取得较快增长,2012 年首次超过 60%,2017 年第三产业增加值占全市经济总量的比重更是达到了 68.97%,在这期间服务业有着较快的增长,但从未超过 70%。与其它国际性城市相比,上海还存在明显的差距。各国际性城市早在 20 世纪 90 年代第三产业比重便已达到或超过 70%,即便是在第三产业占比最高的 2016 年,上海第三产业比重为 69.78%,但仍然落后于其它国际性城市(表 3.3.2)。2017 年,按常住人口计算的上海人均 GDP 为 124600 元人民币,以现价计算的人均 GDP 和产业结构水平对比来看,发达经济体在人均 GDP 达到 10000 美元时,服务业比重均已超过 75%,而上海仍维持在 70% 以内。根据日本、韩国、中国台湾、中国香港、新加坡等发达经济体产业结构转变的经验,上海当前的产业结构水平与经济发展阶段仍然不相适应,还需不断调整优化。

表 3.3.2　上海与其他国际性城市产业结构比较

指标	上海	纽约	伦敦	东京	香港	新加坡
人均 GDP（美元）	124600（2017）	22041（1988）	27500（1992）	47177（1990）	18683（1993）	19750（1993）
第三产业占 GDP 比重(%)	68.97（2017）	86.8（1989）	86.5（1987）	80.7（1990）	77.0（1990）	72.3（1990）

资料来源：2017 年上海市国民经济和社会发展统计公报,其中上海的人均 GDP 单位为：元人民币；其余数据引自周振华(2004)，第 46 页

2. 传统制造业面临转型压力

受市场需求疲弱、工业投资不足、主动加大结构调整等因素叠加影响,工业生产增速持续下滑,全年出现负增长。2015 年,上海市规模以上工业总产值同比下降 0.8%。部分重点行业比较优势弱化,钢材、汽车和电子信息行业产值分别下降 7.6%、2.3% 和 1.8%。尤其是近年来主要支撑工业增长的汽车制造业产销增速比上年均有回落。战略性新兴产业仍处于培育壮大期,增长波动较大。2015 年,战略性新兴产业制造业总产值下降 1.1%,降幅略大于全市工业 0.3 个百分点。

上海工业企业效益有所回落。2015 年,全市规模以上工业企业实现利润同比下降 0.9%,增速比上年同期回落 11.3 个百分点,但高于主营业务收入增速 3.2 个百分点。从走势看,企业利润增速逐步走低。具体看,汽车制造业利润增长 1.2%,增速比上年明显回落 16.9 个百分点；石化制造业和生物医药制造业利润分别增长 97.1% 和 41.1%,成为支撑全市工业利润增长的主要力量；在产能过剩和需求下降的背景下,钢铁、电子信息和成套设备制造业利润继续收缩,分别下降 84.5%、14.6% 和 3.7%。

3. 企业自主创新能力有待加强

上海全力推进具有全球影响力的科技创新中心建设,为传统制造业转型升级和新兴产业创新发展提供支持,为经济转型发展提供新动力。近年来全社会研发经费支出年均保持两位数增长,研发经费支出相当于地区生产总值的比例逐年提高,2017 年达到 3.78% 左右。上海以企业为主体的自主创新体系逐渐形成,民营企业创新活力增强,但是国有企业对技术的消化再创新能力薄弱,创新主体与技术交易主体以外资企业特别是跨国公司为主的比重仍然较大,企业技术特别是核心技术对外依赖度高。来自统计局的数据显示,2015 年上海市开展 R&D 活动的规模以上工业企业 1866 家,占全部规模以上工业企业的 20.8%；在规模以上工业

企业 R&D 经费中,国有企业 R&D 经费 4.93 亿元,占 1.03%,其他内资企业 219.77 亿元,占 46.3%,港、澳、台商投资企业 44.56 亿元,占 9.4%,外商投资企业 204.98 亿元,占 43.2%;在规模以上工业企业中的 R&D 人员,国有企业 1750 人,占 1.4%,其他内资企业 53398 人,占 42.8%,港、澳、台商投资企业 14373 人,占 11.52%,外商投资企业 44192 人,占 35.42%;规模以上工业企业办科技机构数中,国有企业 13 家,占 0.97%,其他内资企业 802 家,占 60%,港、澳、台商投资企业 186 家,占 13.91%,外商投资企业 337 个,占 25.13%。以上这些状况都表明上海初步建立有效的自主创新环境,民营企业自主创新能力有极大提高,但依靠外资企业技术仍占较大比重,本土企业国有企业自主创新能力亟待加强。

4. 环境依赖性强

2017 年,上海外贸依存度高达 106.98%,在全国部分经济发达的省市中居于前列,而且远高于江苏和浙江,而 2015 年全国的外贸依存度仅为 33.6%。外贸依存度越高说明该地区积极参与国际分工和国际竞争,对外开放程度很高,其产业的国际竞争力很强,也间接反映了其产业结构的高度化优势,有利于发挥地区的比较优势,提升产业结构水平,增强地区综合经济实力。

但随着经济的发展,其弊端也逐步暴露出来,主要体现在其对国际市场需求的高度依赖性。2017 年,上海对欧洲、美洲、日本、东盟、俄罗斯以及我国港台等主要贸易伙伴的出口总额占全市的比重达到 81.23%,这显示出上海外贸出口主要依赖于少数国家和地区,经济发展过多地依赖于国际经济环境,易受到外部环境变化的冲击。而在全球金融危机经济不景气的背景下,随着国际市场需求的萎缩,尤其是欧美日等主要经济体需求的萎缩,对上海外贸出口的影响产生了显著的影响。

表 3.3.3 2006—2017 年长三角两省一市外贸依存度

年份	上海	江苏省	浙江省
2006	171.53	125.07	81.65
2007	172.22	123.15	83.37
2008	159.01	106.24	78.95
2009	126.09	81.28	63.96
2010	145.47	92.35	72.29
2011	147.18	86.03	71.34
2012	136.61	75.18	63.18
2013	125.29	68.11	59.73

续表

年份	上海	江苏省	浙江省
2014	121.62	63.54	69.60
2015	111.69	58.38	63.08
2016	101.72	44.21	47.76
2017	106.98	46.59	49.46

注：外贸依存度=(外贸进出口/GDP)×100%

5. 能源消耗高

上海也是产业耗能型城市的代表，节能降耗工作是当前是上海落实科学发展观和转变经济发展方式的主要组成方面。2015年，上海能源消费总量11387.44万吨标准煤，工业能源消费总量5815.60万吨标准煤，其中第二产业能源消费总量6243.33万吨标准煤，第三产业能耗和生活用能分别为4012.19万吨标准煤和1224.03万吨标准煤，可以看出上海工业能源消耗远远高于第三产业能耗和生活能耗，导致上海的节能降耗压力较大。截至2016年底，上海总的用电量达到1486.02亿千瓦时，能源消费总量上升到11387.44万吨标准煤，工业增加值能耗达到0.765吨标准煤/万元、工业增加值电耗也达到1063.36千瓦时/万元。从碳排放的角度来看，上海和他国的贸易一直处在资源消耗和污染排放的"双向逆差"境地，上海的节能降耗道路任重而道远。

（七）上海产业的关联效应

产业关联是主导产业和支柱产业选择的重要依据。现代服务业是当前世界经济发展的焦点，本部分以上海现代服务业为例，剖析上海市产业的关联效应。

1. 研究方法和数据说明

本部分主要选取直接消耗系数、完全消耗系数、直接分配系数、感应度系数、影响力系数等指标，按当年不变价格计算来对上海市现代服务业的产业关联效应进行分析。本部分所使用的数据主要来源于最新的上海市2012年投入产出表，选取交通运输、仓储和邮政，信息传输、软件和信息技术服务，金融，房地产，租赁和商务服务，科学研究和技术服务，教育，卫生和社会工作，文化、体育和娱乐，公共管理、社会保障和社会组织10个产业部门作为上海市现代服务业。而其余的第三产业则视为传统服务业。

2. 现代服务业对其他产业的中间需求

现代服务业对其他产业的需求结构可以通过投入系数即直接消耗系数来反

映,它揭示了现代服务业部门生产一单位产品对其他各产业部门产品的直接消耗量。上海市第二产业中对现代服务业投入系数最高的是石油、炼焦产品和核燃料加工品部门,系数值为0.0733。这说明在现代服务业的总产出或总投入中7.33%的投入来自于该行业。此外,化学产品,电力、热力的生产和供应,造纸印刷和文教体育用品,其他制造产品,电气机械和器材,通信设备、计算机和其他电子设备等部门也占有较大投入。而一些重工业例如金属矿采选产品、非金属矿和其他矿采选产品、石油和天然气开采产品、煤炭采选产品等部门占现代服务业总投入的比重几乎为零。这说明上海现代服务业的发展对石油、炼焦产品和核燃料加工品部门具有显著带动作用,可能的原因是石油、炼焦产品和核燃料加工品部门所对应的下游产业涉及医药、家具、纺织服装、计算机及通信设备等众多行业,下游现代服务业产业的快速发展对产业链上游产业产品的需求增加较为明显。而化学产品,电力、热力的生产和供应,造纸印刷和文教体育用品,其他制造产品,电气机械和器材,通信设备、计算机和其他电子设备等部门为上海其他产业的发展提供了必需的原材料及生产装备等,为上海服务业和制造业的发展提供了坚实的基础。在现代服务业总产出中,有2.29%、1.71%和1.29%的投入来自于化学产品,电力、热力的生产和供应,造纸印刷和文教体育用品产业部门。

表3.3.4 上海市第二产业对现代服务业的投入系数

产业类别	投入系数	产业类别	投入系数
石油、炼焦产品和核燃料加工品	0.0733	通用设备	0.0012
化学产品	0.0229	食品和烟草	0.0009
电力、热力的生产和供应	0.0171	燃气生产和供应	0.0008
造纸印刷和文教体育用品	0.0129	纺织品	0.0007
其他制造产品	0.0125	纺织服装鞋帽皮革羽绒及其制品	0.0005
电气机械和器材	0.0110	木材加工品和家具	0.0001
通信设备、计算机和其他电子设备	0.0099	非金属矿物制品	0.0001
交通运输设备	0.0084	金属冶炼和压延加工品	0.0001
金属制品、机械和设备修理服务	0.0080	煤炭采选产品	0.0001
金属制品	0.0061	石油和天然气开采产品	0.0000
建筑	0.0043	非金属矿和其他矿采选产品	0.0000
仪器仪表	0.0028	金属矿采选产品	0.0000
专用设备	0.0018	废品废料	0.0000
水的生产和供应	0.0014		

现代服务业对自身的投入占比最高，达到0.3913，其次是住宿和餐饮，居民服务、修理和其他服务，批发和零售，系数值分别为0.0165、0.0136和0.0115。这说明住宿和餐饮，居民服务、修理和其他服务，批发和零售这些产业部门对现代服务业的发展有着较大影响，这些产业部门对现代服务业都具有基础支持作用。此外，水利、环境和公共设施管理，农林牧渔产品和服务这些产业部门对现代服务业的投入系数接近于零。水利、环境和公共设施管理部门提供的产品很大部分来自政府提供的基础设施建设等公共服务，由国家财政拨款维持，导致其他行业对其的购买数量较小。

上海市现代服务业对自身产业部门的中间需求最高，为0.3913，远高于排在第二的石油、炼焦产品和核燃料加工品部门。从现代服务业内部的产业部门分析，可以看出信息传输、软件和信息技术服务，金融，房地产等部门是现代服务业的基础部门，对其余的交通运输、仓储和邮政，租赁和商务服务，科学研究和技术服务，教育，文化、体育和娱乐等部门会有较高的投入。

3. 现代服务业对其他产业的中间投入

现代服务业对其他产业的中间投入用分配系数来衡量。现代服务业对某部门的分配系数，就是现代服务业分配（销往）给该部门消费的现代服务业产品和服务占全部现代服务业产品和服务的比重。通过分配系数可以知道现代服务业产品和服务的流向及比重，从而了解现代服务业的发展受其他产业的影响和制约程度。表3.3.5反映出上海市现代服务业的产出较多的分配给建筑以及化学产品两个产业部门，这说明2012年上海市现代服务业的总产出中有1.49%和1.13%的产品和服务投入到了建筑和化学产品部门。现代建筑业及化学产品行业对于计算机软件服务表现出极大需求，而建筑业对于金融、房地产等部门的需求，以及化学产品对科学研究和技术服务等部门也具有很大需求。此外，交通运输设备，通信设备、计算机和其他电子设备，通用设备等部门对现代服务业也有着较高的中间投入需求。与此对应的是，基础设施及公共服务行业对现代服务业的中间投入需求较少。而石油和天然气开采产品，煤炭采选产品，金属矿采选产品，非金属矿和其他矿采选产品等部门则对现代服务业没有明显的中间投入需求。

表 3.3.5 上海市现代服务业对第二产业的分配系数

产业类型	分配系数	产业类型	分配系数
建筑	0.0149	燃气生产和供应	0.0012
化学产品	0.0113	电力、热力的生产和供应	0.0008
交通运输设备	0.0089	纺织品	0.0008
通信设备、计算机和其他电子设备	0.0064	木材加工品和家具	0.0008
通用设备	0.0054	石油、炼焦产品和核燃料加工品	0.0005
食品和烟草	0.0052	其他制造产品	0.0004
电气机械和器材	0.0047	金属制品、机械和设备修理服务	0.0003
专用设备	0.0039	水的生产和供应	0.0003
金属冶炼和压延加工品	0.0031	废品废料	0.0001
纺织服装鞋帽皮革羽绒及其制品	0.0030	石油和天然气开采产品	0.0000
仪器仪表	0.0028	煤炭采选产品	0.0000
金属制品	0.0023	金属矿采选产品	0.0000
造纸印刷和文教体育用品	0.0021	非金属矿和其他矿采选产品	0.0000
非金属矿物制品	0.0014		

除去第二产业,现代服务业对自身的分配系数最高,为 0.2725。这说明 2012 年上海市现代服务业的总产出中有 27.25% 作为中间投入分配给了现代服务业自身。此外批发和零售部门对现代服务业的中间投入需求程度也较高,产业分配系数为 0.0751。这说明上海市现代服务业有 7.51% 的总产出分配给了批发和零售部门。而水利、环境和公共设施管理,农林牧渔产品和服务等部门对现代服务业的中间投入需求较少,分配系数仅为 0.0012 和 0.0003。

综合上述分析,上海市现代服务业与其他产业部门间存在密切的前向与后向关联关系。上海市现代服务业对批发和零售,建筑,化学产品,交通运输设备,住宿和餐饮,通信设备、计算机和其他电子设备,以及现代服务业自身起着重要的供给作用。上海市现代服务业对自身的分配系数最高,并且远高于排在第二的对建筑产业的分配系数,表明现代服务业产业自身的关联性比较强。现代服务业部门的产品和服务更多的用于这些产业部门的中间投入之中,这表明现代服务业的发展将为这些产业部门提供更多的产品与服务。上海市现代服务业对石油、炼焦产品和核燃料加工品,化学产品,电力、热力的生产和供应,住宿和餐饮,居民服务、修理和其他服务,造纸印刷和文教体育用品,以及现代服务业自身有着较强的中间需求依赖关系,这些产业部门是现代服务业发展的依托部门,现代服务业的发展需要建立在这些产业部门提供的产品和服务的基础上。

4. 现代服务业的感应度和影响力

感应度表示国民经济各部门在都增加一单位最终产品使用时,某一部门因此受到的需求感应程度。其中感应度最高的是现代服务业,其感应度和感应度系数分别为13.3367和6.1904,远高于产业部门的总体水平,这充分说明了现代服务业对整体国民经济发展的重要支撑和影响作用(表3.3.6)。

表3.3.6 上海市现代服务业的感应度与影响力分析

序号	产业部门	感应度	感应度系数	排名	影响力	影响力系数	排名
1	现代服务业	13.3367	6.1904	1	1.9667	0.9129	26
2	农林牧渔产品和服务	0.6254	0.2903	21	1.8353	0.8519	27
3	煤炭采选产品	1.6478	0.7648	11	0.0000	0.0000	31
4	石油和天然气开采产品	3.8573	1.7904	7	1.2731	0.5909	30
5	金属矿采选产品	1.3025	0.6046	15	0.0000	0.0000	32
6	非金属矿和其他矿采选产品	0.2921	0.1356	32	0.0000	0.0000	33
7	食品和烟草	1.0759	0.4994	18	1.4674	0.6811	29
8	纺织品	1.6347	0.7588	12	2.7517	1.2772	6
9	纺织服装鞋帽皮革羽绒及其制品	0.5917	0.2746	22	2.3210	1.0773	16
10	木材加工品和家具	0.5748	0.2668	24	2.5804	1.1977	11
11	造纸印刷和文教体育用品	0.9098	0.4223	19	2.7370	1.2704	7
12	石油、炼焦产品和核燃料加工品	2.7829	1.2917	9	2.1801	1.0119	18
13	化学产品	5.7149	2.6526	3	2.6981	1.2524	9
14	非金属矿物制品	1.0780	0.5004	17	1.9722	0.9154	23
15	金属冶炼和压延加工品	7.2346	3.3580	2	2.4916	1.1565	13

续表

序号	产业部门	感应度	感应度系数	排名	影响力	影响力系数	排名
16	金属制品	0.7885	0.3660	20	2.5648	1.1905	12
17	通用设备	1.4842	0.6889	13	2.8634	1.3291	5
18	专用设备	0.3723	0.1728	28	2.6945	1.2507	10
19	交通运输设备	1.4176	0.6580	14	2.9114	1.3514	4
20	电气机械和器材	1.2270	0.5695	16	3.0030	1.3939	3
21	通信设备、计算机和其他电子设备	4.2115	1.9548	6	4.1030	1.9044	1
22	仪器仪表	0.2970	0.1379	31	2.4792	1.1507	14
23	其他制造产品	0.3201	0.1486	29	2.2879	1.0620	17
24	废品废料	4.7481	2.2039	4	3.0878	1.4332	2
25	金属制品、机械和设备修理服务	4.7061	2.1844	5	2.4009	1.1144	15
26	电力、热力的生产和供应	3.7238	1.7284	8	2.0055	0.9309	22
27	燃气生产和供应	0.4672	0.2168	27	2.0648	0.9584	20
28	水的生产和供应	0.5232	0.2429	25	2.0351	0.9446	21
29	建筑	0.3099	0.1438	30	2.7313	1.2678	8
30	批发和零售	2.7603	1.2812	10	1.5035	0.6978	28
31	住宿和餐饮	0.5870	0.2725	23	1.9693	0.9141	24
32	水利、环境和公共设施管理	0.0064	0.0030	33	2.1480	0.9970	19
33	居民服务、修理和其他服务	0.4868	0.2259	26	1.9678	0.9134	25

影响力表示某一产业部门增加以单位最终需求,对各部门产出相应增加的单位数。影响力系数反映了该部门对所有部门产生的生产需求波及的相对水平。与感应度相比,上海市现代服务业的影响力较低,在33个产业部门中位列第26位,其影响力和影响力系数分别为1.9667和0.9129。可以看出,2012年所反映的现代服务业最终需求对国民经济各产业部门的影响力比较有限。最终需求影

力最大的产业部门是通信设备、计算机和其他电子设备;其次是废品废料,电气机械和器材,交通运输设备,通用设备,纺织品等部门。而非金属矿和其他矿采选产品、金属矿采选产品、煤炭采选产品、石油和天然气开采产品等产业部门,受到上海地区自然资源以及产业结构的限制,影响力较低。

四、上海产业结构优化升级的发展方向

(一)上海产业结构调整与优化的思路

上海产业结构调整应结合自身实际,认清国际国内形势变化,以有利于上海"四个中心""全球科创中心"和"全球城市"建设为目标。纵观国际大都市产业结构发展,大致呈现两种态势:一种是以纽约、伦敦等为代表的服务业比重在80%乃至90%以上的产业结构;另一种是以东京、新加坡等为代表的制造业比重在仍保持在30%以上的产业结构。上海未来城市发展路径应该借鉴"东亚模式"的东京模式,即通过现代服务业和先进制造业双轮驱动发展。

上海政府的服务要立足上海产业结构转型升级的目标,为那些符合上海产业规划的行业、具有较好发展基础、实施"两头在沪"型发展战略的企业提供更好的投资环境,为那些不适合上海未来发展规划的企业提供转移所需的服务与支持。所谓"两头在沪"战略,其本意,就是将上海先进与高端制造业的"研发/设计"与"营销交易"这"两头"高端服务(即以往管理学上所称的"微笑曲线"的"两端")设在上海,或留存在上海。"两头在沪"更深层次的含义,就是将"研发/设计成果的"生产制造"环节",或"产能实现"过程,外移到劳动力成本相对合理,要素资源相对充裕,性价比较适中的城市。从企业类型来看,应重点为符合总部经济发展战略的企业服务。

从企业所处行业来看,应该重点为处于战略性新兴产业、先进制造业和生产性服务业:(1)战略性新兴产业:新能源产业、新一代信息技术产业、生物医药、先进重大装备、民用航空航天、高端船舶和海洋工程装备、新材料、新能源汽车、节能环保。(2)先进制造业:电子信息产品制造业、成套设备制造业、汽车产业、精品钢材产业、石化和精细化工产业、都市产业。(3)生产性服务业:总集成总承包服务、研发设计服务、供应链管理服务、金融专业服务、专业维修服务、节能环保服务、检验检测服务、电子商务与信息化服务、专业中介服务、培训教育服务。(4)调整淘汰的重点行业:钢铁行业、化工行业、危险化学品行业、纺织印染行业、水泥行业、四大加工工艺(电镀、热处理、锻造、铸造)。

(二)上海产业结构调整配套政策

产业发展的配套政策是促进产业结构调整与优化的重要策略。上海政府应在如下政策方面改革。

第一,改善融资环境,拓宽融资渠道。资金不足是企业发展的短板,政府可以与金融机构深化合作,鼓励银行等金融机构创新融资产品,发展产业投资基金。推动金融机构与向"专精特新"发展的企业对接;加大财政资金对融资性担保机构的支持力度,鼓励担保机构开展"专精特新"企业和小微企业的担保业务,推进中小企业信用担保体系建设。

第二,优化土地政策。促进现代服务业发展,是上海市市委确定的推进上海创新驱动、转型发展的重要方向,应当及时调整土地政策。为了培育服务业,可以在充分考虑其发展需求的前提下,在土地规划、市政配套、服务定价等方面予以政策倾斜,优先确保现代服务业的用地需求。科学编制示范区土地利用总体规划,适当增加建设用地规模。在土地资源紧张的现实境况下,要节约集约用地,杜绝圈地、滥用行为,促进土地的高效利用,使有限的土地资源产生最大的经济效益。

第二,增强企业的自主创新能力。政府可以重点提供公共品和发展公共平台,包括从资助商业性研发转为资助竞争前技术研究开发、从资助单一企业转向资助联合研发体和共性技术、从上市前的风险投资转向培育新技术和孵化企业等,在企业不愿和无力投入的领域发挥作用。同时,建立以企业为主体的技术创新体系。在基础研究、应用基础研究和共性技术研究开发方面发挥科研院所和高校的作用;加强产学研合作,开发拥有中小企业自主知识产权的技术,提高企业知识创造、运营、保护和管理水平。帮助企业与国外研发机构加强技术合作,鼓励消化吸收再创新,鼓励引进海外关键人才,实现技术突破。

第四,重视企业人才培养。重点培养企业领军人才,通过他们对行业产生示范效应。明确企业家、专业人才不同层级培训的目标、重点和形式,加强人才队伍建设。培养具有国际视野、创新能力和非凡魄力的企业领军人才,在经营管理上敢为人先,运筹帷幄,善于发挥团队作用。鼓励人才培养的制度创新,开展职业培训。

五、上海主导产业的选择研究

主导产业的选择和培育是产业结构优化升级最为核心的内容。上海如何根据产业发展规律,探讨未来主导产业的选择,通过选择培育一批符合上海城市新定位和产业发展方向的主导产业,可以提升上海未来城市竞争力。

(一)主导产业选择的基准

国内外学者对主导产业选择基准已做过大量研究,概括起来主要有以下几类。

赫希曼基准。依照后向关联程度确立主导产业的基准,即赫希曼基准。后向联系保证了主导产业的发展有足够的市场需求,另一方面,主导产业部门对中间产品具有较强的需求,这又会带动中间投入部门的发展。主导产业通过需求扩大的关联效应,可有效地带动经济的增长。

罗斯托基准。主导部门在经济起飞中的三个作用:前向联系效应、后向联系效应、旁侧效应。罗斯托基准是基于产业部门间供给和需求的联系程度来确定主导产业的。

筱原基准。筱原基准包括"收入弹性基准"和"生产率上升基准"。"收入弹性基准"又称需求收入弹性,是在价格不变的前提下,产品需求的增加率与人均国民收入增长率的比值,用来反映需求量对人均国民收入变动的反应程度。只有需求收入弹性高的产业才能不断扩大它的市场占有率,选择这些产业作为主导产业是符合产业结构变动方向的。"生产率上升基准"是指当选择技术进步快、生产率上升率高的产业作为主导产业。优先发展生产率上升快的产业作为主导产业,不仅有利于技术进步,也有利于提高整个经济资源的利用效率。

过密环境基准和丰富劳动内容基准。过密环境基准要求选择能满足提高能源利用效率、强化社会防止和改变公害的能力、具有扩充社会资本能力的产业作为主导产业。劳动内容基准要求在选择主导产业时考虑到发展能为劳动者提供舒适安全和稳定劳动场所的产业。

除了上述四个基准之外,国内外学者还提出过其他一些基准,如"比较优势基准""就业弹性基准""产业协调状态最佳基准""瓶颈基准"等。

(二)主导产业选择的原则

根据主导产业选择基准,结合上海现阶段经济发展和产业结构状况,上海主导产业的选择应遵循以下原则:第一,具有比较优势。主导产业的选择应结合本地区资源优势,并且具备较高的专业化水平。第二,具有较强的关联效应,能通过能前向关联和后向关联诱发和带动与其相关的其他产业的发展。第三,具有较好的成长性。主导产业必须具有广阔的市场前景。第四,技术优势原则。具有技术优势的产业才能推动区域经济的可持续发展。第五,对就业的吸收能力要强。就业的吸收能力,使人力资源得到最大程度的利用。第六,保护环境原则。"低碳化"和"生态化"成为产业发展的新趋势,应考虑当地的资源禀赋和环境状况,尽量选择无污染或污染少的产业作为主导产业。

(三)主导产业选择的指标体系

根据主导产业的选择原则,综合以往主导产业选择指标设计,并结合上海自身经济发展特点及数据资料的可获得性,上海应构建未来主导产业指标选择体系(表3.5.1)。

表3.5.1 传统主导产业指标体系

项目	指标
产业增长潜力	需求收入弹性、增长率
产业关联度	影响力系数、感应度系数
产业比较优势	区位商、比较劳动生产率、增加值比重
产业技术优势	科技经费比率
产业吸纳劳动力水平	就业吸纳率
产业可持续发展水平	产值能源消耗比

(四)基于全球-国内价值链的主导产业选择

主导产业的选择应基于这样的目标:有利于提升区域产业在全球化经济中的竞争力,可以带动区域产业结构的持续升级。随着全球生产分工的片断化和集群化不断增强,区域中那些融入全球价值链和国内价值链的产业在经济和产业发展中的地位和关联作用日益显著,甚至左右着区域产业结构的走向。因此,选择主导产业时考虑产业切入全球分工与国内分工的深入程度。

1. 国家全球价值链水平衡量

假设:国民经济存在 n 个产业部门,M_i 代表产业 i 进口的中间投入,X_i 代表产业 i 的出口,Y_i 代表产业 i 的产出。

那么,产业 i 出口额中所包含的进口中间投入量,即代表了产业 i 中生产非一体化的数量值,记为 VD_i,其计算公式如下:

$$VD_i = \frac{M_i}{Y_i} * X_i = \frac{X_i}{Y_i} * M_i \qquad (3-5-1)$$

进而,产业 i 中生产非一体化比重记为 vd_i,其计算公式如下:

$$vd_i = \frac{VD_i}{X_i} = (\frac{X_i}{Y_i} * M_i)/X_i = \frac{M_i}{Y_i} \qquad (3-5-2)$$

进而,国民经济中全部产业部门出口中的进口中间投入比重,即全部产业部门整体的生产非一体化,记为 vd,其计算公式如下:

$$vd = \frac{\sum_{i=1}^{n} VD_i}{\sum_{i=1}^{n} X_i} = \frac{\sum_{i=1}^{n} [(VD_i/X_i) * X_i]}{\sum_{i=1}^{n} X_i} = \sum_{i=1}^{n} (\frac{VD_i}{X_i} * \frac{X_i}{\sum_{i=1}^{n} X_i})$$

(3-5-3)

将(3-5-1)式代入(3-5-3)式,并令 $\sum_{i=1}^{n} X_i = X$,X 代表国民经济的总出口;$M_i = \sum_{j=1}^{n} M_{ji}$,其中 M_{ji} 代表产业 i 从他国的产业 j 进口的中间投入;则(5-3)式调整为下式:

$$vd = \frac{\sum_{i=1}^{n} VD_i}{\sum_{i=1}^{n} X_i} = \frac{1}{X} \sum_{i=1}^{n} \left(\frac{M_i}{Y_i} * X_i\right) = \frac{1}{X} \sum_{i=1}^{n} \frac{X_i}{Y_i} \left(\sum_{j=1}^{n} M_{ji}\right)$$

$$= \frac{1}{X} \sum_{i=1}^{n} \sum_{j=1}^{n} \left(\frac{X_i}{Y_i} * M_{ji}\right) = \frac{1}{X} \sum_{i=1}^{n} \sum_{j=1}^{n} \left(\frac{M_{ji}}{Y_i} * X_i\right) \quad (3-5-4)$$

令 $a_{ji} = \frac{M_{ji}}{Y_i}$,则 a_{ji} 代表产业 i 中生产一单位的产品需要从国外产业 j 进口的中间投入品数量,进而 $A^M = \begin{bmatrix} a_{11} & \cdots & a_{1n} \\ \vdots & \ddots & \vdots \\ a_{n1} & \cdots & a_{nn} \end{bmatrix}_{n \times n}$ 代表国民经济整个产业部门的进口系数矩阵;令 $X^V = \begin{bmatrix} X_1 \\ \vdots \\ X_n \end{bmatrix}_{n \times 1}$,则 X^V 代表国民经济的出口向量。式(3-5-4)可重写为如下式子:

$$vd = \frac{1}{X} u A^M X^V \quad (3-5-5)$$

其中,$u = (1 \quad \cdots \quad 1)_{1 \times n}$ 为 1 行 n 列元素为 1 的行向量。

(3-5-5)式只计算了进口中间投入直接用于出口产品生产的情况,然而,许多进口中间产品在成为最终出口品之前,可能在国内各部门之间多阶段循环使用。考虑到这种进口中间产品非直接的用于出口生产环节的情况,HIY(2001)对(3-5-5)式的基本度量进行了修正,得到如下式子:

$$vd = \frac{1}{X} u A^M (I - A^D)^{-1} X^V \quad (3-5-6)$$

其中，A^D 是国内消耗系数矩阵，并且有 $A = A^M + A^D$；$(I - A^D)^{-1}$ 是里昂惕夫逆矩阵，表示进口中间投入产品在被转移到最终出口产品之前，在国内各部门中循环使用的累积效应。

为了通过式(3-5-6)计算国民经济整个产业部门的 vd 值，就需要计算出进口系数矩阵 A^M。鉴于中国及各省制定的投入产出表中没有区分进口中间投入和国内中间投入，而是提供了各个产业部门的进口和出口数据，为计算 A^M 有必要做如下两个假设。

假设1：国民经济所有产业部门使用的产业 i 的中间投入品中，进口投入品的比例在各个产业部门是一样的，并且此比例记为 λ_i。

假设2：在产业的产品分解成中间产品和最终产品的情况下，中间产品中进口（记为 I_i^m）与国内生产（记为 I_i^d）的比例等于最终产品中进口（记为 C_i^m）与国内生产（记为 C_i^d）的比例。

由假设2可得如下关系式：

$$\frac{I_i^m}{I_i^d} = \frac{C_i^m}{C_i^d} = \frac{I_i^m + C_i^m}{I_i^d + C_i^d} \tag{3-5-7}$$

从而：

$$\lambda_i = \frac{I_i^m}{I_i^m + I_i^d} = \frac{C_i^m}{C_i^m + C_i^d} = \frac{I_i^m + C_i^m}{C_i^m + C_i^d + I_i^m + I_i^d}$$

$$= \frac{产业 i 的总进口}{产业 i 的总产出 + 进口 - 出口}, (i = 1 \cdots n) \tag{3-5-8}$$

即 i 行业的中间投入中来自进口所占的比例等于 i 行业的总进口与（总产出 + 进口 - 出口）之比。

进而，A^M 就可以通过 λ_i 乘以矩阵 A 对应的每一行，即如下关系式来进行计算：

$$A^M = \begin{bmatrix} l_1 c_{11} & \cdots & l_1 c_{1n} \\ \vdots & \ddots & \vdots \\ l_n c_{n1} & \cdots & l_n c_{nn} \end{bmatrix}_{n \times n}, 其中 A = \begin{bmatrix} c_{11} & \cdots & c_{1n} \\ \vdots & \ddots & \vdots \\ c_{n1} & \cdots & c_{nn} \end{bmatrix}_{n \times n} 为投入产出表中的直接消耗系数矩阵。$$

如此就可以得到一国国民经济所有产业部门的生产非一体化比重或程度，同时也可以得到一国单个产业部门的生产非一体化比重向量，如下式所示：

国民经济所有产业部门的 vd 值：$vd = \frac{1}{X} u A^M (I - (A - A^M))^{-1} X^V$ (3-5-9)

单个产业部门 i 的 vd_i 值构成的向量 vds：$vds_{1 \times n} = uA^M (I - (A - A^M))^{-1}$

$$(3-5-10)$$

2. 区域全球价值链水平衡量

省区属于国家的一部分，它除了与世界其他国家发生投入产出联系之外，还与国内其他省区发生投入产出联系。例如在 2012 年上海投入产出表中，既有进口和出口，又有国内省外流入和流出，前者是上海与世界的经济联系，后者是上海与国内其他省份间的联系。

区域全球价值链计量与国家全球价值链的计量方法是一致的，即假设 1 和假设 2 不仅对进出口项目成立，对调入调出项目也成立；差别只是将国家全球价值链计量中进口系数矩阵 A^M，拓展成区域型进口系数矩阵 A_p^M：

$$A_p^M = \begin{bmatrix} l_1^p c_{11} & \cdots & l_1^p c_{1n} \\ \vdots & \ddots & \vdots \\ l_n^p c_{n1} & \cdots & l_n^p c_{nn} \end{bmatrix}_{n \times n} \quad (3-5-11)$$

其中 $\lambda_i^p (i = 1, \cdots n)$ 的计算公式如下：

$$l_i^p = \frac{\text{产业 } i \text{ 的进口} + \text{流入}}{\text{产业 } i \text{ 的总产出} + \text{进口} + \text{流入} - \text{出口} - \text{流出}} \frac{\text{产业 } i \text{ 的进口}}{\text{产业 } i \text{ 的进口} + \text{流入}}$$

$$(3-5-12)$$

从而区域全球价值链的计算公式如下：

区域经济所有产业的 vd 值：

$$vd = \frac{1}{X} uA_p^M (I - (A - A_p^M))^{-1} X^V \quad (3-5-13)$$

区域单个产业 i 的 vd_i 值构成的向量 vds：

$$vds_{1 \times n} = uA_p^M (I - (A - A_p^M))^{-1} \quad (3-5-14)$$

3. 区域国内价值链水平衡量

区域国内价值链计量与区域全球价值链的计算类似，差别是将区域型进口系数矩阵 A_p^M 替换成区域型调入系数矩阵 A_p^S。

$$A_p^S = \begin{bmatrix} l_1^s c_{11} & \cdots & l_1^s c_{1n} \\ \vdots & \ddots & \vdots \\ l_n^s c_{n1} & \cdots & l_n^s c_{nn} \end{bmatrix}_{n \times n} \quad (3-5-15)$$

其中 $\lambda_i^s (i = 1, \cdots n)$ 的计算公式如下：

$$l_i^s = \frac{产业 i 的进口 + 流入}{产业 i 的总产出 + 进口 + 流入 - 出口 - 调出} \cdot \frac{产业 i 的流入}{产业 i 的进口 + 流入}$$
(3-5-16)

区域国内价值链的计算公式如下:

区域经济所有产业的 vd 值:

$$vd = \frac{1}{X} u A_p^S [I - (A - A_p^S)]^{-1} X^V \quad (3-5-17)$$

区域单个产业 i 的 vd_i 值构成的向量 vds:

$$vds_{1 \times n} = u A_p^S [I - (A - A_p^S)]^{-1} \quad (3-5-18)$$

4. 上海市全球价值链水平

根据公式(3-5-13)计算得到上海2012年全球价值链水平为0.4205,进一步分析上海39个产业部门的 GVC 水平,发现上海各产业全球价值链水平呈现以下特点(表3.5.2)。

第一,上海制造业 GVC 水平较高。2012年 GVC 水平前十位的产业分别为仪器仪表、专用设备、通信设备、计算机和其他电子设备、通用设备、化学产品、交通运输、仓储和邮政、电气机械和器材、交通运输设备、纺织品。在这排名前十的产业除了第七位的交通运输、仓储和邮政是服务业,其余9个产业都是制造业,这些产业多为资金密集型或技术密集型工业,说明上海制造业的全球化水平较高。而在2007年 GVC 排名前7位的产业分别为通信设备、计算机及其他电子设备制造业、石油加工、炼焦及其核燃料加工业、通用、专用设备制造业、金属冶炼及压延加工业、电气、机械及器材制造业、交通运输设备制造业和金属制品业。对比2012年前十产业的 GVC 值,GVC 大小显著增加,这也表明了上海市制造业的全球化水平在这几年来不断提高。

第二,第三产业各部门 GVC 水平整体说来相对还是较低。传统服务业 GVC 水平比现代服务业中交通运输、仓储及邮政业排名第七,住宿餐饮业等也处于中等水平。而现代服务业如金融保险业等多处于 GVC 的底端,这表明上海绝大多数服务行业尚未很好地融入到全球价值链中,服务业参与垂直专业化国际分工的水平较低,这显然不利于上海国际金融中心的建设。在今后上海的发展中应当继续发展服务业,尤其是金融保险业为首的现代服务业。

表 3.5.2 上海 39 个产业部门全球价值链水平

行业	GVC 水平	排名	行业	GVC 水平	排名
仪器仪表	1.0795	1	建筑	0.2958	21
专用设备	0.8714	2	农林牧渔产品和服务	0.2933	22
通信设备、计算机和其他电子设备	0.8144	3	文化、体育和娱乐	0.2917	23
通用设备	0.6499	4	信息传输、软件和信息技术服务	0.2696	24
化学产品	0.6181	5	金属制品、机械和设备修理服务	0.2580	25
交通运输、仓储和邮政	0.6137	6	非金属矿物制品	0.2414	26
电气机械和器材	0.5622	7	居民服务、修理和其他服务	0.2400	27
交通运输设备	0.5502	8	石油、炼焦产品和核燃料加工品	0.2373	28
纺织品	0.4681	9	教育	0.2302	29
纺织服装鞋帽皮革羽绒及其制品	0.4669	10	燃气生产和供应	0.2299	30
金属冶炼和压延加工品	0.4643	11	食品和烟草	0.2270	31
造纸印刷和文教体育用品	0.4596	12	水利、环境和公共设施管理	0.2011	32
住宿和餐饮	0.4264	13	采矿业	0.1692	33
木材加工品和家具	0.4143	14	批发和零售	0.1537	34
金属制品	0.3973	15	水的生产和供应	0.1420	35
科学研究和技术服务	0.3798	16	公共管理、社会保障和社会组织	0.1328	36
卫生和社会工作	0.3594	17	金融	0.1296	37
废品废料	0.3376	18	电力、热力的生产和供应	0.1157	38
租赁和商务服务	0.3269	19	房地产	0.0668	39
其他制造产品	0.3240	20			

5. 上海市国内价值链水平

根据公式(3-5-17)计算得出2012年上海国内价值链水平为0.4798,进一步分析上海39个产业部门的NVC水平,发现上海各产业部门的国内价值链水平呈现以下特点(表3.5.3)。

第一,上海制造业产业部门的国内价值链水平基本高于其他产业部门,但多为劳动密集型和资本密集型制造业。具体来看,纺织品、其他制造产品、废品废料、通信设备、计算机和其他电子设备、金属冶炼和压延加工品、电器机械和器材等6大部门的NVG值大于0.7,其中纺织品等劳动密集型制造业的NVG值最大,为0.7995;通用设备、专用设备、化学产品等制造业部门的GVN值低于0.6。这说明上海制造业虽在国内价值链中处于较高水平,但结构却不尽合理。

第二,第三产业各部门均位于国内价值链的中低水平。其中,批发和零售、教育、金融等服务业部门的GNV值最低,仅为0.1876、0.1449和0.1405。说明上海第三产业层次较低,亟须提高其在价值链中的层次。

表3.5.3　上海39个产业部门国内价值链水平

行业	NVC水平	排名	行业	NVC水平	排名
纺织品	0.7995	1	建筑	0.4888	21
其他制造产品	0.7868	2	农林牧渔产品和服务	0.4854	22
废品废料	0.7457	3	租赁和商务服务	0.4603	23
通信设备、计算机和其他电子设备	0.7137	4	食品和烟草	0.4468	24
金属冶炼和压延加工品	0.7114	5	燃气生产和供应	0.4258	25
电气机械和器材	0.7014	6	居民服务、修理和其他服务	0.3692	26
石油、炼焦产品和核燃料加工品	0.6994	7	信息传输、软件和信息技术服务	0.3688	27
交通运输、仓储和邮政	0.6810	8	采矿业	0.3577	28
木材加工品和家具	0.6754	9	水利、环境和公共设施管理	0.3540	29
金属制品、机械和设备修理服务	0.6690	10	科学研究和技术服务	0.3459	30

续表

行业	NVC水平	排名	行业	NVC水平	排名
纺织服装鞋帽皮革羽绒及其制品	0.6606	11	住宿和餐饮	0.3119	31
非金属矿物制品	0.6273	12	卫生和社会工作	0.2989	32
交通运输设备	0.6201	13	电力、热力的生产和供应	0.2981	33
通用设备	0.5999	14	文化、体育和娱乐	0.2686	34
仪器仪表	0.5535	15	房地产	0.2083	35
专用设备	0.5231	16	公共管理、社会保障和社会组织	0.2063	36
化学产品	0.5192	17	批发和零售	0.1876	37
金属制品	0.5146	18	教育	0.1449	38
水的生产和供应	0.4984	19	金融	0.1405	39
造纸印刷和文教体育用品	0.4925	20			

6. 基于全球–国内价值链的上海主导产业确定

利用SPSS23.0统计软件,对上海39个产业的10个指标进行主成分分析,本文提取特征值大于1的四个公共因子,第一公因子在区位商、增加值比重和增长率上载荷较大,将其定义为产业比较优势因子;第二主成分在产值能源消耗比上载荷较大,将其命名为产业可持续发展因子;第三主成分在全球–国内价值链指标上载荷较大,将其命名为产业国际竞争力因子;第四主成分在产业关联度上载荷较大,将其命名为产业关联因子。经计算,得各产业的公因子得分及公因子加权总得分和排名情况(表3.5.4)。

表3.5.4 上海39个产业得分情况

行业	比较优势因子	可持续发展因子	国际竞争力因子	关联度因子	综合得分	排名
交通运输、仓储和邮政	1.14989	3.20331	0.58809	0.9001	5.84139	1
金属制品、机械和设备修理服务	3.97532	1.3179	-0.75015	-0.52384	4.01923	2

续表

行业	比较优势因子	可持续发展因子	国际竞争力因子	关联度因子	综合得分	排名
通信设备、计算机和其他电子设备	-0.00688	1.42711	0.05838	2.24432	3.72293	3
科学研究和技术服务	-0.3138	-0.62501	3.3758	1.21231	3.6493	4
交通运输设备	-0.15866	0.52041	-0.15759	1.96542	2.16958	5
租赁和商务服务	0.48783	-0.63824	0.52812	1.71065	2.08836	6
化学产品	-0.43643	0.84476	-0.16947	1.63584	1.8747	7
金融	1.13264	-1.36159	-0.40936	1.94758	1.30927	8
农林牧渔产品和服务	-1.35247	-0.11178	3.30314	-0.98378	0.85511	9
仪器仪表	0.24093	1.35384	0.03631	-0.87341	0.75767	10
信息传输、软件和信息技术服务	0.80023	-1.00028	0.10151	0.8556	0.75706	11
通用设备	-0.31597	0.77647	-0.05314	0.33128	0.73864	12
电气机械和器材	-0.36501	0.79539	-0.06738	0.16509	0.52809	13
批发和零售	0.14289	-1.4143	0.25812	1.43613	0.42284	14
专用设备	-0.17322	0.96006	-0.01438	-0.52545	0.24701	15
水利、环境和公共设施管理	0.79457	-0.74464	0.86058	-0.89934	0.01117	16
建筑	0.02325	-0.3878	0.60318	-0.53355	-0.29492	17
纺织品	-0.37263	0.87635	-0.05651	-0.76648	-0.31927	18
其他制造产品	-0.00089	0.63561	-0.06083	-1.08219	-0.5083	19
卫生和社会工作	0.46964	-0.75069	0.20636	-0.49592	-0.57061	20
住宿和餐饮	0.07027	-0.84442	0.65561	-0.5584	-0.67694	21
文化、体育和娱乐	0.77523	-0.91034	0.08457	-0.66309	-0.71363	22
纺织服装鞋帽皮革羽绒及其制品	-0.52795	0.57662	0.02441	-0.83961	-0.76653	23
木材加工品和家具	-0.2793	0.54811	-0.1491	-0.89206	-0.77235	24
金属制品	-0.38298	0.31377	-0.142	-0.61287	-0.82408	25

续表

行业	比较优势因子	可持续发展因子	国际竞争力因子	关联度因子	综合得分	排名
房地产	0.57094	-1.27905	-0.18768	0.0652	-0.83059	26
金属冶炼和压延加工品	-1.58271	0.67928	-0.69604	0.72169	-0.87778	27
造纸印刷和文教体育用品	-0.43991	0.35771	-0.24781	-0.57629	-0.9063	28
居民服务、修理和其他服务	0.01447	-0.78798	0.51807	-0.68193	-0.93737	29
食品和烟草	0.01052	-0.17493	-0.57313	-0.22651	-0.96405	30
水的生产和供应	0.51158	-0.03063	-0.38125	-1.12784	-1.02814	31
教育	0.63381	-1.12819	-0.02938	-0.71191	-1.23567	32
非金属矿物制品	-0.3604	0.19973	-0.32156	-0.81859	-1.30082	33
公共管理、社会保障和社会组织	0.50717	-1.07114	0.05251	-0.88672	-1.39818	34
废品废料	-1.36403	0.59703	-0.46434	-0.3998	-1.63114	35
电力、热力的生产和供应	-0.37934	-1.45998	-1.72301	1.14138	-2.42095	36
采矿业	-1.95869	-0.05647	-0.76264	-0.04846	-2.82626	37
燃气生产和供应	0.46008	-0.76989	-1.92347	-0.64133	-2.87461	38
石油、炼焦产品和核燃料加工品	-1.99998	-0.43612	-1.91454	0.03679	-4.31385	39

以上定量分析的结果为上海主导产业选择提供了参考依据，但由于指标选取不够全面等主、客观因素的影响，不能将以上定量分析的结果作为唯一依据。上海主导产业的选择还应综合考虑上海自身的资源优势、经济发展阶段、城市定位以及国内外环境的变化等因素。据此，本研究最终确定交通运输、仓储和邮政，通信设备、计算机和其他电子设备，交通运输设备，租赁和商务服务，金融业，信息传输、计算机服务和软件业等六大产业作为上海的主导产业。

通信设备、计算机及其他电子设备制造业、交通运输设备制造业属于高新技术的装备制造业，其中通信设备、计算机及其他电子设备制造业，是近年来上海增长速度最快的制造业行业,也是目前上海产业规模最大、专业化程度最高的优势行业。上海国际航运中心的建设需要有与其相配套的船舶配套设备制造等交通运输设备制造业,同时,上海是目前中国最大的轿车生产基地,具备全国最好的轿车零部件工业基础,大飞机总厂在上海的设立也为上海交通运输设备制造业的发展提供了新的契机。

推动生产性服务业向专业化和价值链高端延伸、向精细和高品质转变。由此可见,将信息传输、计算机服务和软件业、租赁商务服务业和金融保险业等生产性服务业作为上海的主导产业符合未来上海产业发展方向。上海正逐渐成为世界信息产业转移的主要目的地之一,并且伴随新型工业化战略的实施,信息产业还将有广阔的发展空间;商务服务业具有1∶9的产业带动效果,随着区域合作的加深以及后世博效应,需要形成与国际化大都市建设相匹配的层次高、专业化的专业服务业;金融保险业作为典型的生产性服务业,对上海的重要性愈加突出,因为上海国际金融中心的建设和形成需要强大的金融业作为支撑。交通运输、仓储和邮政作为传统性服务业,虽然其对国民经济的贡献率逐渐下降,但仍具有很大的发展潜力,因为上海国际金融中心以及全球城市的建设需要有交通运输、仓储和邮政业的支持,在对其进行提升的基础上,仍可以作为主导产业带动产业结构的优化升级。

六、本章小结

上海产业结构调整虽已取得显著成效,形成了二、三产业共同驱动经济增长的格局,第三产业对经济增长的贡献日益突出,但仍存在着工业竞争力不足、现代服务业发展滞后、资源能耗高等问题,应引起足够重视。上海产业结构调整在借鉴国际经验的同时,应从自身实际出发,正确处理三次产业之间、传统产业与先进制造业、现代服务业之间、经济发展与资源约束等若干方面间的关系,以促进产业结构向合理化和高度化方向发展,有效地带动经济发展。上海第二产业和第三产业融入全球价值链和国内价值链的水平较低,要推进产业结构的优化升级,有必要提升各产业在价值链中的地位,不断向价值链的高端环节延伸。交通运输、仓储和邮政,通信设备、计算机和其他电子设备,交通运输设备,租赁和商务服务,金融业,信息传输、计算机服务和软件业等六大产业应作为上海的主导产业进行大力扶持发展。

要提升制造业主导产业的发展水平,进而推动产业结构优化升级,应从以下几个方面进行:以大项目投资为重点,保持主导产业持续增长。推动产业创新体系建设,形成与重点产业发展配套的研发支撑体系。大力推进工业向园区集中,促进产业集群化发展,形成产业集聚、土地集约、工业集中、管理集成的发展格局。同时,为了推进服务业发展,一要积极培育消费需求。上海要进一步完善社会保障体系和消费政策,使居民在有保障的条件下释放消费潜力。二要引进和培养高层次人才,通过从业人员综合素质的提高,进而提高劳动生产率。三要改善投资环境,拓宽融资渠道。四要积极推进市场化改革。五要进一步提升服务业专业化水平。

第四章 长三角城市产业低碳化研究

通过产业结构的优化调整来实现低碳减排,被认为是我国实现低碳发展的有效途径之一。近年来,温室气体过度排放引起的全球气候变化问题受到国内外政府与学者的广泛关注。基于降低碳排放来实现国家与地区的低碳转型、绿色发展,已成为当前经济发展的大势所趋。探讨上海市低碳目标下的产业结构调整对碳排放影响,就需要厘清上海市产业结构演变与碳排放之间的作用关系。通过对现有文献研究的梳理总结,在深入分析上海市产业结构演变与碳排放态势的基础上,选用STIRPAT模型对三次产业结构与生产部门碳排放间的关系进行实证分析,然后本章构建了投入产出的多目标优化模型,采用多目标遗传算法 NSGA–Ⅱ,对优化后上海市2020年的产业结构与碳排放进行模拟预测,并在此基础上提出产业低碳发展相应的政策建议。

一、引言

2015年11月30日召开的巴黎气候大会受到了全球各方的关注,会议达成了包含有"发达国家继续带头,努力实现减排目标,发展中国家应依据不同的国情继续强化减排努力,并逐渐实现减排或限排目标"的协议,为2020年后全球气候治理合作奠定了基础,该会议被认为是气候谈判过程中的历史性转折点。在2016年G20杭州峰会前期,中国与美国共同向联合国递交了《巴黎协定》的批准文书。中国作为第一碳排放大国和最大的发展中国家,不仅表现出负责的大国形象,也向世界表达了中国经济发展低碳转型的决心。

回顾历次气候大会,虽然分歧不断,但控制温室气体排放的低碳意识已经逐渐成为各方的共识。2003年2月英国政府颁布的能源白皮书——《我们未来的能源:创建低碳经济》首次提出"低碳经济"这一概念,并计划到2050年将英国CO_2排放量在1990年的水平上降低60%,以期建立低碳型经济社会(DTI,2003)。

2009年12月联合国气候大会签署了《哥本哈根协议》,强调"气候变化是我们当今面临的最重大挑战之一",各方应该维护"共同但有区别的责任"这一重要责任原则。

对于我国而言,建立低碳型经济实现我国经济的低碳转型仍然任重道远。2009年中国国内能源消耗总量超过美国,成为世界第一大能源消耗国。根据《2015年全球碳预算》研究报告,2014年全球二氧化碳排放量较2013年上升0.6%,达到359亿吨。而这其中,中国作为最大排放源2014年二氧化碳排放占全球总排放量27%,比第二位的美国(15%)与第三位欧盟(10%)占比总和还要高两个百分点(GCP,2015)。而随着我国的碳排放的增加,全国各城市的大气污染不断加重、雾霾天数也在持续增加,已经严重影响到了居民的生活与健康。

上海市作为我国的经济中心,同样具有较高的能源消费与碳排放水平。上海市能源终端消费量从2000年的5226.81万吨标准煤上升至2014年的11281.72万吨标准煤,增幅达到115.84%。其中,第二产业持续成为能源消费最大的产业部门,第三产业能源消费在近年来也有较快的提高。随着产业绿色低碳化发展成为普遍共识,上海市在低碳转型、绿色发展的大背景下,如何通过产业结构的调整降低碳排放量,在保证稳定增长的同时,率先实现经济的转型发展具有迫切意义。

二、产业碳排放相关研究梳理

(一)基于方法视角的碳排放影响因素

当前在气候变化领域中对碳排放影响因素的探讨,已成为学术界研究的热点。已有的文献对碳排放影响因素的相关研究方法主要集中在指数分解分析法、结构分解分析法、情景分析法、IPAT模型及其变形形式、库茨涅兹EKC模型等方法,本节将基于研究方法的视角对碳排放的影响因素进行梳理。

1. 指数分解分析法

指数分解分析法主要是从历史数据中分解出碳排放量的影响因素,并通过实证方法测算出各因素对碳排放量影响程度的方法。指数分解分析法通常利用Kaya Yoichi提出的Kaya恒等式建立碳排放关系式,该模型设定碳排放量与经济产出、经济结构、能源使用效率、能源结构等因素有关(杨来科等,2012)。指数分解法可分为:Boyd GA等于1987年提出的算术平均Divisia指数分解法(AMDI)、Ang BW等人于1997年提出的对数平均Divisia指数分解法(LMDI)以及Hyun-sik Chung等于2001年提出的平均增长率指数法(MRCI)等。Ang(2004)对比了多个指数分解法后认为,LMDI方法因为他的理论基础、适应性、易用性和结果解释等原因,是一种较优的碳排放影响因素研究方法。而 LMDI 也由于其不具有剩余项,不仅可以用于碳排放分解,还能用来分解能源变化的影响因素,而得到更广泛的运用(孙赵勇,任保平,2013)。

基于 LMDI 方法探究我国产业部门碳排放的影响因素是近年来的研究热点。Lan – Cui Liu,Ying Fan 等(2007)基于 1998 – 2005 我国 36 个产业部门碳排放的变化数据,运用时间序列的 LMDI 方法将碳排放因素分解为热能与电能、能源强度、产业结构变化、产业活跃度、终端能源变化等因素进行实证分析,发现化工原料和化工产品、非金属矿产和黑色金属冶炼及压延加工业这些产业部门占据了总产业二氧化碳排放增量的 59.31%,而对碳排放影响最大的因素主要为产业活跃度和能源强度。Min Zhao,Lirong Tan 等(2010)利用上海市 1996 – 2007 年产业部门碳排放数据进行实证分析后发现,各产业部门的产出是碳排放最大的驱动因素,而能源强度下降、能源结构和产业结构的调整则是产业部门碳排放量的主要抑制因素。W. W. Wang,M. Zhang 等(2011)对我国 1985 – 2009 年交通运输产业部门进行实证研究,发现在这期间我国交通运输部门碳排放年均增长率为 10.56%,其中高速公路运输是最大的碳排放来源,交通运输强度、交通服务比率是最主要的减排因素,而人均经济活动、交通模式转变效应则为最主要的碳排放驱动因素。Jin – Hua Xu,Tobias Fleiter 等(2012)基于 LMDI 方法对我国 1990 – 2009 年水泥工业行业的能源消耗和碳排放的变化情况进行了实证研究,发现水泥产量的增长是水泥产业最主要的能源消耗和碳排放的驱动因素。Shenggang Ren,Hongyuan Yin 等(2014)利用 LMDI 方法将我国制造业碳排放因素分解为产业结构、经济产出、能源结构、能源强度等因素,研究发现经济产出的增加对碳排放增加的影响最大,能源强度的下降对碳排放量也有较明显的抑制作用,而产业结构、能源结构等因素则影响较小。

这类研究探讨了我国总体产业与各个细分产业部门的碳排放影响因素,但很多的实证结果表明能源结构和产业结构对碳排放影响程度较小。实际上,由于 LMDI 方法是以历史数据对碳排放影响因素进行测算,就历史数据得出的结论,并不能说明产业结构的调整对中国碳排放的影响不重要,只能说明在截取的研究阶段这些变量变化不大,(赵捧莲、杨来科等,2012)。

2. 结构分解分析法

结构分解分析法的原理与指数分解分析法相近,它是一种基于投入产出模型的比较静态分析法,能够较为清晰地表述碳排放与经济变量之间的关系。指数分解分析法(IDA)通常用于特定产业部门的能源消耗与能源相关碳排放的驱动因素研究,而结构分解分析法(SDA)则更多是从应用于经济主体的投入产出分析拓展至能源消耗或碳排放的相关研究(Bin Su,B. W. Ang,2012)。

国外的学者利用 SDA 方法对各个经济体进行了相关研究。Isabela Butnar, Maria Llop(2011)利用 SDA 方法对西班牙 2000-2005 年服务业部门碳排放因素进行了分解分析,发现服务业部门碳排放的增加主要来自于非服务业部门对服务业最终需求的实现,而技术进步对碳排放的抑制作用被服务业最终需求增加所带来的碳排放增加抵消。Maurizio Cellura,Sonia Longo 等(2012)基于 SDA 方法对意大利 1999-2006 年的家庭能源消费进行了分析,发现环境生态效率与生产技术的提高带来的能源消耗与环境改善,最终被能源终端消费的提高所抵消,第三产业、电力天然气和蒸汽部门是能耗最大的部门,意大利应该注重低碳节能战略。Janis Brizga,Kuishuang Feng 等(2014)对波罗的海国家 1995-2009 年碳排放因素进行了研究,发现最终需求的增加是最主要的碳排放驱动因素,而碳强度的下降对碳排放增长有所抵消。

在对我国的能源与碳排放的相关研究中,张友国(2010)基于 SDA 方法分析了我国 1987-2007 年经济发展方式变化对碳排放强度的影响,结果表明经济发展方式的变化促进了我国碳排放强度的下降,但三次产业结构、三次产业内结构、制造业内结构等因素的变化却导致碳排放强度上升。Yafei Wang,Hongyan Zhao 等(2013)基于投入产出的 SDA 方法对北京市 1997-2010 年碳排放的驱动因素进行了分析,发现北京市碳排放主要由产品结构、人口增长所驱动,而碳排放强度与人均最终需求的下降则一定程度上对碳排放有抑制作用。Lin Zeng,Ming Xu 等(2014)利用 SDA 方法将我国能源强度变化分解为能源结构、部门能源效率、生产结构、最终需求结构以及最终需求类别等因素,对我国 1997-2007 年能源强度变化进行分析,研究发现部门能源效率对能源强度下降影响最大,而最终需求结构与能源结构对能源强度变化不明显。

结构分解分析法(SDA)的缺陷与指数分解分析法(IDA)类似,所截取的历史数据有时难以反映所分解的因素间真实的影响关系。

3. IPAT 模型及其变形形式

IPAT 及其变形形式主要指 STIRPAT 模型的应用。IPAT 模型最初由美国生态学家 Ehrlich 和 Holdren(1971)提出,用以反映人口对环境压力的影响,即 I = PAT。其中 I 为环境影响,P 为人口规模,A 为人均财富,T 为技术水平。由于该模型无法反映各因素对于碳排放的非比例影响,为了克服 IPAT 方程的不足,Diet 和 Rosa(1997)在 IPAT 模型的基础上建立了 STIRPAT 模型的一般形式,即 I_i =

$aP_i^b A_i^c T_i^d e_i$,其中 I、P、A、T 的含义与 IPAT 模型中相同,下标 i 表示时间,a 为模型的比例常数,b、c、d 代表 P、A、T 三个变量的弹性系数,e_i 为随机误差。

在 Diet 和 Rosa 的研究基础之上,目前国内外的学者将 STIRPAT 模型大量运用于碳排放的相关研究之中。Ying Fana, Lan-Cui Liu 等(2006)基于 STIRPAT 模型对 1975-2000 年不同收入水平的国家的碳排放量进行实证分析,发现经济增长是碳排放的最主要影响因素。Shoufu Lina, Dingtao Zhao 等(2009)选取人口规模、城市化率、人均 GDP、工业化水平、能源强度等指标利用 STIRPAT 模型对我国 1978-2006 年碳排放影响因素进行了分析,发现人口规模是最大的影响因素,因此计划生育政策有效地抑制了我国碳排放量。朱勤等(2010)选用碳排放强度作为技术指标,分析我国人口、消费、技术因素对碳排放的影响,发现居民消费水平与人口结构变化对碳排放具有较高影响力。Huanan Lia, Hailin Mu 等(2011)选取了人均 GDP、产业结构、人口规模、城市化水平和技术水平对我国 1990-2008 年碳排放影响因素进行实证分析,发现人均 GDP、产业结构、人口规模等是我国碳排放的主要影响因素。何小钢等(2012)选用研发投资强度、外资比重 FDI、能源消费结构等指标,对我国工业部门碳排放进行了研究,发现投资规模与碳排放具有较强正向关系,而研发强度则并不是影响排放的主要因素。Ping Wang, Wanshui Wu 等(2013)基于人口、经济水平、技术水平、城市化水平、工业化水平、能源消费结构、对外贸易指数等指标考察了我国广东省碳排放影响因素,发现人口规模、城市化水平、人均 GDP 等因素对广东省碳排放增长影响较大。Liddle(2013)选用城市密度、人口密度、能源价格等指标对英国私人交通部门的碳排放进行了研究,发现城市密度与私人交通部门的碳排放呈负相关,提高能源利用率和能源价格,有助于降低碳排放。Bitian Fu 等(2015)选用城市化率、第二产业比重、能源强度等指标研究碳排放的影响因素,发现人口增长、产业结构和人均财富对碳排放的影响最大。

从基于 STIRPAT 模型的相关研究可以看出,人口规模、人均 GDP、产业结构、能源强度等因素对碳排放具有较为明显的影响。但与结构分解分析法(SDA)和指数分解分析法(IDA)相比,STIRPAT 模型在产业结构对碳排放的影响方面具有更好的解释能力。

4. 其他研究方法

关于碳排放影响因素的研究方法还有很多,包括库茨涅兹 EKC 模型、灰色关联度分析法、情景分析法等。

库茨涅兹曲线(EKC 模型)主要探讨的是经济增长与污染排放之间存在倒 U

形曲线关系。张红凤等（2009）基于 EKC 模型对山东省污染排放进行实证分析后发现，山东省的环境规制相较全国更为严格，而通过严格的环境规制可以实现较低污染水平下越过倒 U 形曲线的拐点。朱平辉等（2010）基于空间计量方法对我国工业污染排放进行研究，发现人均工业废水排放与人均 GDP 之间存在一个拐点的倒 N 形关系。Yabo Zhao，Shaojian Wang 等（2016）利用改进的 EKC 模型对我国长三角地区 1980 - 2013 年间的城市化与生态环境的关系进行研究，验证了长三角地区城市化与生态环境呈倒 U 形曲线。

灰色关联度分析法是一种以关联度作为衡量因素间关系密切程度，分析系统特征序列和相关因素行为序列曲线的几何相似程度，从而判断其联系是否紧密的方法。例如周子英等（2011）通过对我国 2000 - 2008 年能源生产结构进行灰色关联度分析，发现原煤、原油、天然气等与总能源关联度较高，这种能源结构不利于建设低碳经济。李健等（2012）运用灰色关联度方法对我国 2001 - 2008 年碳排放总量、三次产业结构、碳排放强度等进行分析，发现第二产业是影响地区碳排放强度的主要因素，第三产业对地区排放强度的降低影响不明显。张毅等（2014）基于灰色关联度分析法对我国交通运输业能源强度与三次产业结构关系进行探讨，结果表明交通运输业与第三产业关联最大。

情景分析法通过对碳排放影响因素的各参数设定不同数值，以对未来的碳排放量进行估计，是一种基于实际的预测方法。例如张陶新（2012）对我国 2020 - 2030 年的城市道路交通碳排放进行预测和情景分析，朱婧等（2015）对济源市在能源与碳排放约束下 2030 年低碳发展的预测等。

（二）产业结构调整与碳排放关系的研究

1. 产业结构对碳排放的影响

产业结构变动作为经济发展的必然结果和重要标志，对碳排放增加或减少有重要影响。Zhang Xiaoqing，Ren Jianlan（2011）对山东省产业结构与碳排放之间的关系进行了实证研究，通过协整检验发现山东省产业结构与碳排放存在长期稳定的均衡关系，格兰杰因果检验表明产业结构是碳排放变化的原因，但碳排放并非产业结构变化的原因。此外通过对碳排放的分解，得出经济总量的变化是碳排放增长的主要促进因素，而产业结构变化对碳排放具有抑制作用，虽然技术进步是减排的主要因素，但相较经济增长而言影响有限。Xiaoyan Zhou，Jie Zhang 等（2013）基于我国 1995 - 2009 年省级面板数据考察了产业升级与碳排放的关系，发现产业结构的有效调整会降低碳排放量，而技术进步则是通过产业结构的升级优化来实现减排作用，因此通过促进技术进步来实现产业结构升级，同时选择地利用外商直接投资和严格的环境准入条件,可以有效地降低碳排放。Guozhu Mao,Xin Dai 等(2013)通过测算工业影响系数与工业碳排放系数,建立系统动力学模型模拟了产业结构与碳排放之间的优化调整关系。Xin Tian,Miao Chang 等(2014)通过对我国以及九个典型区域产业结构调整与碳排放模式的分析,认为三次产业结构内部调整高度相关,但工业结构调整与经济发展阶段没有很好的协调,建筑业、服务业产业结构变化是地区碳排放增长的主要来源,而提高资源消耗型制造业的资源投入效率,以及进口碳密集型产品出口低碳高附加值产品有利于降低地区的碳排放。Yongbin Zhu,Yajuan Shi 等(2014)通过构建跨部门跨期动态优化模型,研究不同产业结构的演进轨迹,发现不同产业的结构变化对碳排放具有显著影响。Zhi-Fu Mi,Su-Yan Pan 等(2015)基于投入产出模型估算了北京市产业结构对能源消耗与二氧化碳排放的潜能,发现产业结构调整有很大的节能效果和碳减排潜力,建议北京发展低能源密集型和低碳密集型产业。Lei Chen,Linyu Xu 等(2016)基于碳排放与水资源的约束,通过 LMDI 方法与情景分析法相结合对我国 2020 年碳排放进行预测,发现经济增长是产业碳排放主要的驱动因素,而产业结构对产业碳排放具有最大的抑制作用。Shuai Shao,Lili Yang 等(2016)利用扩展的 LMDI 模型对上海市能源产业部门碳排放驱动因素进行分析,发现产出的增加是能源产业碳排放增长的主要因素,而产业结构调整则具有最大的抑制作用。

通过文献研究发现,产业结构调整是碳排放降低的原因,但并非结果;技术进步可以通过产业升级的途径来实现减排目标;通过发展低碳密集型产业、高附加值产业,减少高碳密集型产业,将有效地降低碳排放。

2. 碳减排对产业结构的影响

碳减排对产业结构的影响主要是基于低碳经济的碳排放约束下,为降低碳排放而进行产业结构的优化调整。现有的文献主要从环境规制倒逼产业结构调整、低碳排放约束下产业结构的优化调整等角度来进行研究。

何建坤(2013)通过对发达国家碳排放达峰值的规律分析,认为我国碳排放峰值在 2030 年前后,基于碳排放达峰值的条件,我国应该加快能源消费构成的低碳化,大幅提高新能源与可再生能源比重,明确中长期能源战略目标。原毅军、谢荣辉(2014)运用门槛回归模型验证了正式环境规制能够有效地倒逼产业结构进行调整,而非正式规制指标总体与产业结构调整正相关,而外商直接投资与产业规模都不利于产业结构调整。张华、魏晓平(2014)利用我国 2000-2011 年省级面板数据,运用两步 GMM 法实证分析了我国环境规制对碳排放影响的双重效应,研究结果表明环境规制对碳排放的直接影响轨迹为倒U形曲线,现阶段环境规制对碳排放具有遏制效果,并且从能源消费结构、产业结构、技术创新和FDI四条途径影响碳排放。钟茂初等(2015)基于我国省级面板数据实证分析发现,环境规制与地区产业转移、结构升级均呈U形关系,只有越过环境规制的门槛值,环境规制才能促进产业结构调整。Ning Chang(2015)基于我国2007年数据通过连锁分析和多目标规划方法,对我国二氧化碳约束条件下,产业结构的优化进行了分析,认为我国应该通过将产业集团视作连接点来改变产业结构。张云等(2015)基于我国碳减排与经济增长的目标,构建多目标规划模型,模拟测算出不同增长率下产业结构的低碳化结果,认为要控制高碳行业增长,同时保持经济一定的增长速度。其他学者如郭广涛(2008)牛鸿蕾(2012)等学者也基于低碳目标与投入产出模型对产业结构进行了模拟测算。

通过文献研究发行,碳减排主要以环境规制的方式对产业结构进行倒逼调整,环境规制越过门槛值后会驱动污染企业转移以及产业升级,从而促进产业结构的调整。而基于碳减排为约束的产业结构模拟优化预测,则能反过来为制定有针对性的产业发展政策提供指导。

综上所述,现有的文献对于碳排放的影响因素已有较为丰硕的研究成果,而基于各类方法研究结论基本一致,即经济增长、人口增加、能源消耗、产业结构等因素对碳排放具有不同程度的影响,通过改善能源结构、产业结构、促进技术进步等途径可以有效降低碳排放;而关于产业结构与碳排放之间关系的研究中,环境规制将会倒逼产业结构低碳调整并促进低碳技术进步,而通过产业结构的调整升级,发展低碳密集型产业、高附加值产业等方式,则能进一步促进碳排放的降低。以上相关理论方法为进一步研究上海市产业结构与碳排放的问题提供了重要借鉴。

现有的文献研究也存在一定的局限性,主要表现在以下几方面。

(1)现有的文献无论是运用指数分解分析法(IDA)、结构分解分析法(SDA)还是STIRPAT模型分析,都是对多个碳排放影响因素的全面分析,而鲜有针对某一特定的影响因素进行专门分析,因而所得结论难以深入具体。因此有必要缩小影响因素研究范围,选取某一因素作为切入点进行细化研究。

(2)现有实证研究基本都认为经济增长是碳排放的主要驱动因素,但在进一步的分析与建议中往往忽略经济增长对碳排放的影响,而是从能源结构、技术进步等其他角度来考量低碳发展。实际上,经济发展与低碳减排既互相关联又互相制约,有必要把这两个因素放在同一个框架下进行综合考虑。

(3)由于数据获得的限制,现有文献在涉及基于投入产出表的产业结构预测时,仍然以2007年投入产出表为基期,无法反映最新的产业结构关系以获得更贴近实际的预测,有必要使用最新的(2012年)投入产出表数据进行相关研究。

三、上海市产业碳排放演化态势

（一）上海市能源消费情况

碳排放量与能源消费情况息息相关。《上海市统计年鉴》报告了上海市历年来的能源消费总量及终端能源消费量的数据。其中,能源消费总量数据包括了终端能源消费量、加工转换投入产出量以及损失量三部分。鉴于该能源消费总量数据还包括了损失量以及加工转换投入产出量,较为客观全面,故而此处利用该能源消费总量数据对上海市能源消费情况进行分析。

从能源消费总量来看,上海市的能源消费总量从1995年的4392.48万吨标准煤,增长到2014年的11084.63万吨标准煤,增长率为143.47%,年均增长率为5.05%,保持了较高的增长水平(图4.3.1)。而同期全国能源消费量的增长率为246.93%,年均增长率为6.51%,表明近年来上海市能源消费增速低于全国平均水平。

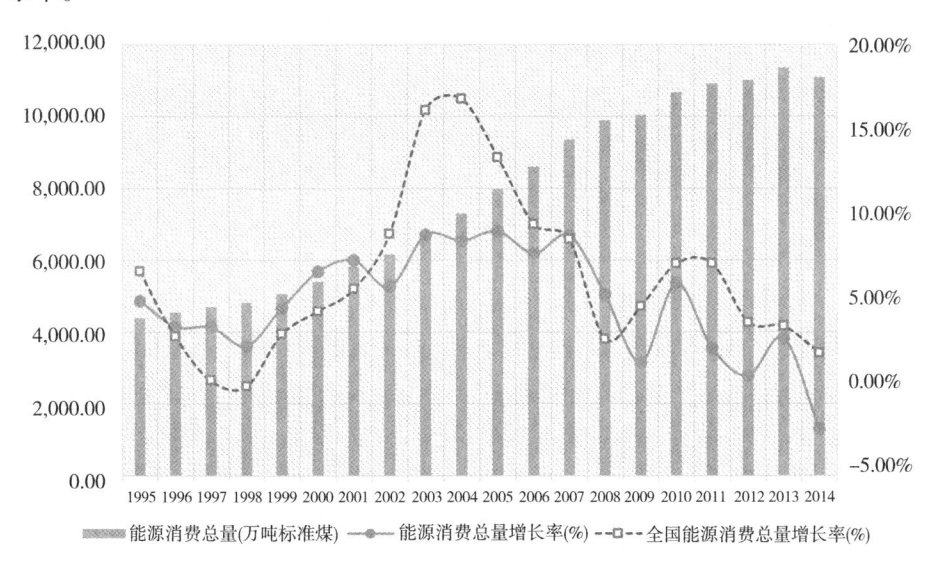

图4.3.1 1978－2014年上海市能源消费量变化

数据来源:根据历年上海市统计年鉴整理

从能源消费增长情况来看,2005年后上海市能源消费总量和能源终端消费量的增长率皆呈现出下降趋势,并且在2014年首次出现了负增长。总体能源消费在经历了一段较长时间的增长之后,近年来保持在一个较为稳定的水平。

从能源利用效率来看,作为衡量能源利用效率的指标,上海市单位生产总值能耗则呈现下降趋势。上海每万元国内生产总值能耗从1995年的1.76吨标准煤下降到2014年的0.48吨标准煤,这表明随着技术进步与能源消费结构的调整,上海市在民国经济发展过程中的能源利用效率在不断上升(图4.3.2)。而与全国单位生产总值能耗进行对比后,我们发现上海市单位生产总值能耗一直低于全国水平,这与上海市产业结构先于全国进入"三二一"模式、较多的外商投资以及较为先进的低碳生产技术不无关系。

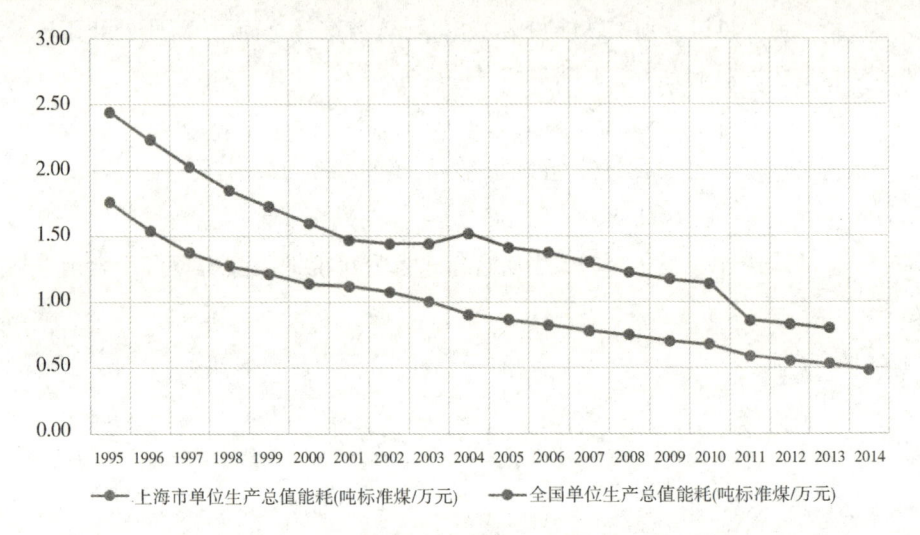

图4.3.2　1995–2014年上海市单位生产总值能耗变化

(二) 上海市碳排放演进历程

1. 测算方法

本研究将作为温室气体主要部分的二氧化碳(CO_2)作为主要研究对象,其中90%以上的CO_2的排放是由化石能源消费活动产生的(牛鸿蕾,江可申,2013)。目前,我国还没有国家层面以及省域层面的碳排放量的官方统计数据,我们需要对上海市碳排放量进行具体测算得到。

联合国政府间气候变化专门委员会(IPCC)应《联合国气候变化框架公约》的要求,编制了《2006年IPCC国家温室气体清单指南》(简称2006指南),用来指导各个缔约国估算温室气体排放量。《2006指南》中介绍了估算固定源和移动源化石燃料燃烧排放CO_2的三种方法,其中"方法1"为排放因子法,在知道各种能源的消耗量以及对应的缺省因子就可以计算出能源消耗产生的 CO_2 排放量。根据数据的可得性以及实际测算的可操作性,本研究采用 IPCC 估算 CO_2,具体的公式如下:

$$I_t = \sum_{r=1}^{n} E_{tr} \times \delta_r \times \frac{44}{22} \qquad (4-3-1)$$

$$\delta_r = NCV_r \times CC_r \times COF_r \qquad (4-3-2)$$

其中,I_t 为第 t 年估算的 CO_2 排放量,E_{tr} 为第 t 年 r 类能源消耗量,δ_r 为第 r 类能源的碳排放系数,NCV_r 为第 r 类能源平均低位发热值(即净发热值),CC_r 为第 r 类能源碳含量,COF_r 为第 r 类能源碳氧化因子。

若从行业能耗的角度出发,公式可以为:

$$C_{jt} = \sum_{r=1}^{n} e_{jtr} \times \delta_r \times \frac{44}{22} \qquad (4-3-3)$$

其中,C_{jt} 为第 j 类行业第 t 年的 CO_2 排放量,e_{jtr} 为第 j 类行业第 t 年第 r 类化石能源消费总量;在不考虑生活部门的碳排放的情况下,我们依据《中国能源统计年鉴》中上海市能源平衡表(实物量)的分法,将生产部门划分为 6 类行业,即:农林牧渔业、工业、建筑业、交通运输仓储和邮政业、批发零售住宿餐饮行业及其他行业。

2. 数据说明

由于《上海统计年鉴》中对于上海市终端能源消费的统计只涉及部分的化石能源,未涵盖原油、天然气等常规能源类别,《中国能源统计年鉴》中有全国以及分地区的能源平衡表(实物量),涵盖了较为全面的各种能源终端消费量。因此本文选取 2000—2014 年《中国能源统计年鉴》中的上海市能源平衡表(实物量)进行计算。这里进行统计的包括 9 类能源(即 n = 9),分别指原煤、焦炭、原油、汽油、煤油、柴油、燃料油、其他石油制品、天然气。电力消费由于不直接产生 CO_2,不在此列。此外,为避免对化石燃料的重复计算,此处借鉴宫再静、梁大鹏(2015)等学者的计算方法,在不同类别能源的终端消费量中扣除用于原材料的能源消耗。9 类能源的相关指标和系数,见表 4.3.1。

表 4.3.1　9 类能源相关指标及系数

燃料名称	平均低位发热量 (KJ/kg,km³)	缺省碳含量 (tc/TJ)	碳排放系数 (kgc/kg,km³)	碳氧化因子
原煤	20908.00	25.80	0.54	1.00
焦炭	28435.00	29.20	0.83	1.00

续表

燃料名称	平均低位发热量 （KJ/kg, km³）	缺省碳含量 （tc/TJ）	碳排放系数 （kgc/kg, km³）	碳氧化因子
原油	41816.00	20.00	0.84	1.00
汽油	43070.00	18.90	0.81	1.00
煤油	43070.00	19.50	0.84	1.00
柴油	42652.00	20.20	0.86	1.00
燃料油	41816.00	21.10	0.88	1.00
天然气	38931.00	15.30	0.60	1.00
其他石油制品	41816.00	20.00	0.84	1.00

资料来源于《2006 IPCC Guidelines for National Greenhouse Gas Inventories》与《中国能源统计年鉴》；除天然气的平均低位发热量单位为 KJ/km³，其余单位均为 KJ/kg；缺省碳含量单位为 tc/TJ，其中 1TJ=109KJ，1tc=103kgc；

碳排放强度指单位 GDP 的 CO_2 排放量，反映了经济发展过程中的碳排放效率和碳资源利用率，一定程度上也反映了一国或一地区内低碳技术的发展水平。具体公式如下：

$$CI_t = \frac{I_t}{GDP_t} \quad (4-3-4)$$

其中，CI_t 表示第 t 年碳强度，I_t 表示第 t 年 CO_2 排放量，GDP_t 表示第 t 年国民生产总值。此处上海市 GDP 数值来源于《上海统计年鉴》，并以 2000 年为基期生成各年实际 GDP 数值。

3. 测算结果

根据上一节的测算方法，我们测算出 2000 年至 2014 年上海市碳排量的具体数据，如图 4.3.3 所示：

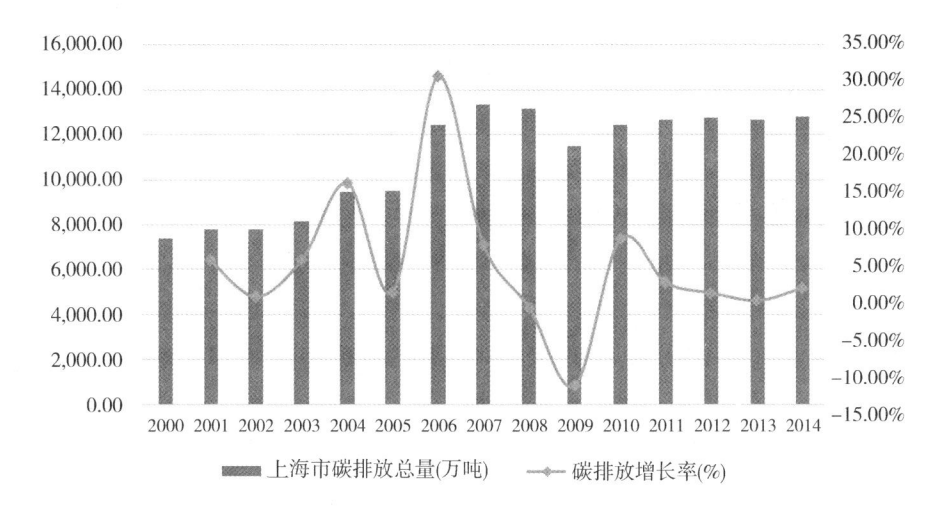

图 4.3.3　2000－2014 年上海市碳排放量情况变化

从碳排放量总体来看,上海市碳排放量从 2000 年起逐年上升,从 2000 的 7411.48 万吨上升到 2007 年的最高值 13344.91 万吨,此后在 2008 年、2009 年出现下滑。2009 年之后,上海市的碳排放量稳中有升,在 2014 年回升到 12820.10 万吨的水平。从增长率角度看,2008 之前虽然波动较大,但增长率仍基本维持在正增长,并且在 2006 年出现过 30.64% 的增长率极值。而此后在 2008 年、2009 年时则出现了负增长,在其后保持在零增长左右的水平。究其原因主要是在进入 21 世纪的前几年中,我国经济继续保持粗放式发展,上海市二氧化碳排放量随着经济体量的增长而不断增大;而 2008 年的金融危机使得经济发展放缓,相应的碳排放量出现了下降;随后政府经济刺激政策的推出,2010 年二氧化碳排放量的增长率出现显著的提高;随着上海市节能减排意识的增长,以及相关减排政策的推进,2011 年后上海市碳排放量得到了有效的控制,保持在较为稳定的水平。

从碳强度的视角来看,上海市近年来碳强度总体呈现出下降趋势。如图 4.3.4 所示,2000 年上海市碳排放强度 1.55 吨/万元,到 2014 年下降为 0.67 吨/万元,整体下降 56.79%。从上海市单位 GDP 的碳排放量不断下降可以看出,上海市能源利用率以及低碳技术在近年来得到了提升。

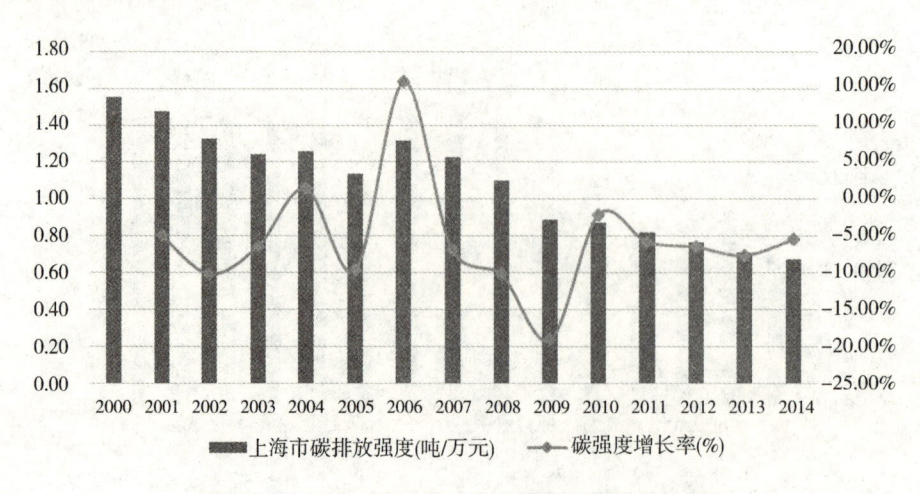

图 4.3.4　2000–2014 年上海市碳排放强度情况变化

从行业分类来看，上海市各行业碳排量近年来出现了很大的变化。如表 4.3.2 所示，首先，2000 年至 2014 年上海市生活部门碳排放量的比重在不断上升，从 2000 年的 6.17% 上升至 2014 年的 9.90%，相应的生产部门碳排放量比重则略有下降。生活部门碳排放量的增加受到人口规模、居民生活习惯等多方面的影响。根据历年《上海统计年鉴》的数据显示，2000 年至 2014 年，上海市常住人口从 1608.60 万人增长至 2425.68 万人，而民用车辆拥有量从 2000 年的 49.19 万辆增长至 2014 年的 255.03 万辆，更多的生活活动对碳排放的增加具有很大影响。

其次，生产部门碳排放的绝对量依然在不断上升。生产部门碳排放量从 2000 年的 6953.86 万吨上升至 2014 年的 11515.16 万吨，增长了 65.59%。这其中，工业部门作为最大的碳排放部门，近年来碳排放比重一直处于下降态势，2014 年工业部门碳排放量占比为 41.56%，较 2000 年下降 26.18 个百分点，这与上海市近年来对高污染、高排放产业进行的转移与升级政策不无关系；建筑业碳排放量经过一段时间的增长，近年来呈现出回落的态势，上海市在持续较长时间的基础设施建设与房地产开发项目建设后，近年来相关项目数量开始下降，从而导致建筑业的碳排放的减少；交通运输仓储和邮政业碳排放量增长势头较猛，由 2000 年的 1231.46 万吨增长至 2014 年的 4160.01 万吨，增长了 237.81%，这主要得益于日益完善的交通基础设置，以及近年来第三方物流行业的兴起壮大；此外，批发零售业住宿餐饮业和其他行业的碳排放量也在不断增长，从 2000 年的 389.21 万吨增长到 2014 年的 1745.12 万吨，增长了 348.37% 成为碳排放量增长最快的行业。服务业一直是产业结构调整以及产业转型的主攻方向，而其快速发展带来的碳排放快速增长的趋势，将在接下来的发展中得到重视（表 4.3.2）。

表 4.3.2　2000－2014 年上海市分行业碳排放情况

年份		2000	2005	2010	2011	2012	2013	2014
各部门碳排放总量		7411.39	9615.35	12435.34	12677.87	12741.70	12671.69	12780.58
生活部门	碳排放量	457.53	635.95	936.70	1,020.98	1,131.28	1,219.41	1,265.42
	比重	6.17%	6.61%	7.53%	8.05%	8.88%	9.62%	9.90%
生产部门	碳排放量	6953.86	8979.40	11498.64	11656.89	11610.42	11452.28	11515.16
	比重	93.83%	93.39%	92.47%	91.95%	91.12%	90.38%	90.10%
农林牧渔业	碳排放量	163.33	171.13	95.07	97.30	102.35	108.56	64.16
	比重	2.20%	1.78%	0.76%	0.77%	0.80%	0.86%	0.50%
工业	碳排放量	5020.62	4926.64	5404.38	5661.68	5390.15	5260.84	5312.00
	比重	67.74%	51.24%	43.46%	44.66%	42.30%	41.52%	41.56%
建筑业	碳排放量	149.24	300.79	306.57	289.32	275.26	255.85	233.87
	比重	2.01%	3.13%	2.47%	2.28%	2.16%	2.02%	1.83%
交通运输仓储和邮政业	碳排放量	1231.46	2921.64	4278.14	4111.86	4191.51	4170.73	4160.01
	比重	16.62%	30.39%	34.40%	32.43%	32.90%	32.91%	32.55%
批发零售业住宿餐饮业	碳排放量	104.81	309.59	574.87	590.33	631.94	631.62	651.77
	比重	1.41%	3.22%	4.62%	4.66%	4.96%	4.98%	5.10%
其他产业	碳排放量	284.41	349.60	839.61	906.40	1019.21	1024.67	1093.35
	比重	3.84%	3.64%	6.75%	7.15%	8.00%	8.09%	8.55%

注：行业分类以《中国能源统计年鉴》中地区平衡表中的行业分类为基础，碳排放量单位为万吨。

（三）上海市产业碳排放量变化的总体比较

以上我们对上海市近年来产业结构演进以及碳排放情况进行了介绍。此处，我们将 2000 年至 2014 年三次产业比重与同期三次产业碳排放量进行对比（如图 4.3.5），通过对比可以发现产业结构变化与碳排放之间具有一定的关联性：

（1）从总体上来看，三次产业结构的变动与三次产业碳排放的波动趋势保持一致。2000 年至 2014 年，上海市经济总量从 4771.17 亿元上升至 23567.70 亿元，增幅达到 393.96%，其中第二产业碳排放与产业结构比重呈现稳中有降态势，第三产业碳排放与第三产业比重则稳步上升。随着上海市经济不断发展，三次产业结构出现了变化，第一产业、第二产业比重不断下降，第三产业比重不断上升，并已超过了第二产业。从具体产业部门看，第二产业比重下降，伴随着的是其对应的产业部门,尤其是占主导的工业部门近年来碳排放的趋缓;第三产业的快速发展,使得交通运输仓储和邮政业、批发零售业住宿餐饮和其他行业的碳排放的增长也较为迅速。而与此对应的是,上海市能源消耗增长速度放缓,生产部门总体碳排放量减缓。可以看出,第二产业比重的下降可能有助于生产部门碳排放总量的减少,而第三产业服务业的比重提高虽然会增加相应的碳排放量,但总体上也将有助于碳排放总量的减少。

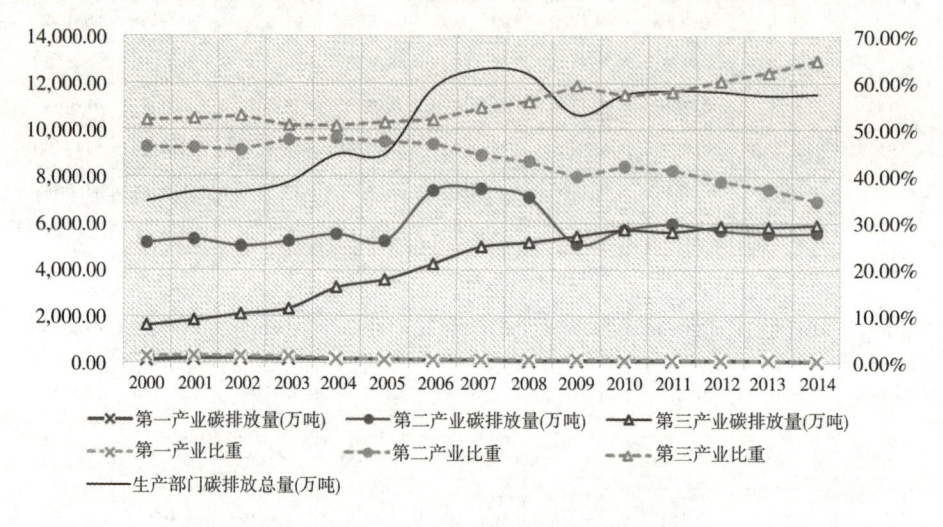

图 4.3.5 2000－2014 年上海市产业碳排放情况对比

(2)在上海市经济发展、产业结构演进的过程中,我们发现代表着能源利用率以及低碳技术水平的单位 GDP 能耗、碳排放强度在不断地下降。可以看出,伴随着上海市产业转移以及产业结构升级的过程,技术水平的不断进步可能也是有助于降低碳排放的因素之一。

(3)对比产业结构演进与碳排放历程的图表,容易发现在 2008 年金融危机前后无论是三次产业结构还是碳排放量都出现了一定程度的波动。可以看出,国际经济环境在影响着上海市经济发展的同时,也间接地影响了上海市的碳排放情况。

四、上海产业结构变动对碳排放的影响

(一)模型设定、数据来源及处理

1. 理论模型设定

STIRPAT 模型的一般形式为 $I_i = aP_i^b A_i^c T_i^d e_i$,其中 I、P、A、T 的含义与 IPAT 模型

中相同,下标 i 表示时间,a 为模型的比例常数,b、c、d 代表 P、A、T 三个变量的弹性系数,e_i 为随机误差。对 STIRPAT 模型进行对数化处理好,得到:

$$\ln I_i = \ln a + b(\ln P_i) + c \ln(A_i) + d \ln(T_i) + \ln e_i \quad (4-4-1)$$

Grossman 和 Krueger(1991)曾提出,经济增长对碳排放的影响是由规模效应、技术效应、结构效应来实现的。因此,本研究在模型原有的人口规模、人均财富指标上,借鉴前人的相关研究,分别选取三次产业结构比重作为结构指标,能源强度作为技术指标,考虑到碳排放受到政府产业政策和国际经济环境的影响,选取政府环境保护投资额作为政府规制指标,外商直接投资作为国际经济环境指标。拓展之后的 STIRPAT 模型表达式为:

$$\ln I_i = \ln a + b(\ln P_i) + c \ln(A_i) + d_1 \ln(S^1_i) + d_2 \ln(S^2_i) + d_3 \ln(S^3_i) + f \ln(E_i) + g \ln(M_i) + k \ln(FDI_i) + \ln e_i \quad (4-4-2)$$

其中,I 为碳排放量,单位是万吨,P 是人口规模,单位是万人,A 是人均实际 GDP,S^1 是第一产业比重,S^2 是第二产业比重,S^3 是第三产业比重,单位是%,E 为能源强度,单位是万吨标准煤/亿元,M 为政府环境保护投资额,单位是亿元,FDI 是外商直接投资,单位是亿美元。b、c、d1、d2、d3、f、g、k 为各指标的弹性系数。

2. 数据来源及处理

(1)碳排放量的测算。前面第三部分内容已经对碳排放测算方法进行了介绍,并对上海市 2000—2014 年各产业部门的碳排放量进行了测算。

(2)人口规模及人均实际 GDP。人口规模来自于《上海统计年鉴》中的常住人口数量。人均实际 GDP 由各年度名义 GDP,以 2000 年为基期换算而成。

(3)产业结构变量。为了更清晰地考察三次产业结构对碳排放的影响,本研究引入第一产业比重、第二产业比重、第三产业比重三个变量,根据 2000—2014 年《上海统计年鉴》中的三次产业增加值整理获得。

(4)能源强度。能源强度是创造单位 GDP 所消耗的能量,其作为 STIRPAT 模型中的技术指标,被陈志建(2012)、张宏艳(2016)等学者广泛采用。其计算公式为:

$$能源强度 = \frac{能源消费总量}{实际 GDP} \quad (4-4-3)$$

能源消费总量数据来自《上海统计年鉴》,实际 GDP 数据以 2000 年为基期,由各年名义 GDP 换算而成。

(5)政府环境保护投资。政府规制选用的指标为政府环境保护投资的数额,该数值越大则说明政府对环境保护越为重视,数据来自《上海统计年鉴》。

(6)外商直接投资。上海市经济发展国际化程度较高,受国际经济环境影响较大。考虑到其外向型经济的特征,此处将外商直接投资 FDI 也纳入模型之中。数据来源于历年《上海统计年鉴》中外商直接投资的实际吸收外资数据。

(二)回归分析过程

本节将对对数化处理后的 STIRPAT 模型进行多元线性行回归分析,以求得各变量的弹性系数。将 lnI 作为因变量,其余变量作为自变量,运用 SPSS 21 进行多元线性回归。回归结果如表 4.4.1 至表 4.4.3 所示。首先进行拟合优度检验,如表 4.4.1 所示。

表 4.4.1　方程的拟合优度

R^2	调整 R^2	标准估计的误差	R^2 更改	F 更改	Sig.
0.980	0.908	0.068	0.960	18.235	0.001

方程拟合集成度为 0.980,调整可决系数 R^2 为 0.908,即自变量可解释 90.8% 的因变量变化情况,其 F 值为 18.235,在显著性水平为 0.05 的情况下,Sig. 值为 0.001 < 0.05,说明方程拟合非常好。

表 4.4.2　方差分析

	平方和	df	均方	F	Sig.
回归	0.673	8	0.084	18.235	0.001b
残差	0.028	6	0.005		
总计	0.701	14			

a. 因变量:lnI

b. 预测变量:(常量),lnFDI,lnS2,lnS1,lnP,lnE,lnM,lnA,lnS3。

从表 4.4.2 可知,在显著性水平 0.05 的情况下,对方程进行方差分析,Anova 对应的 F 值为 18.235,方程总体显著。

表 4.4.3　回归结果

	非标准化系数 B	标准误差	标准系数 试用版	t	Sig.	共线性统计量 容差	VIF
（常量）	-42.311	84.442		-0.501	0.634		
lnP	-4.927	5.690	-3.179	-0.866	0.420	0.000	2047.035
lnA	2.773	1.360	3.801	2.038	0.088	0.002	528.356
lnS1	0.397	0.354	0.712	1.122	0.305	0.016	61.087
lnS2	9.427	13.666	4.250	0.690	0.516	0.000	5764.936
lnS3	11.751	17.601	4.124	0.668	0.529	0.000	5795.936
lnE	-0.094	2.853	-0.088	-0.033	0.975	0.001	1081.147
lnM	0.405	0.826	0.987	0.491	0.641	0.002	614.487
lnFDI	-0.062	0.293	-0.141	-0.210	0.840	0.015	68.125

检验结果表明,在 0.05 的显著性水平下,自变量中没有一个指标通过 t 检验,从共线性诊断的容差可以看出,所有的容差均小于 0.05。此外,还可以从方差膨胀因子 VIF 来判断多重共线性。一般情况下,当一个回归方程存在多重共线性时,如果有若干个自变量所对应的方差扩大因子的值大于 10,该回归方程的多重共线性就可能是由这些方差扩大因子大于 10 的变量造成的,表明这些自变量之间存在一定程度的多重线性。因而,我们需要进一步对自变量的多重共线性进行诊断。对自变量做相关分析的结果如表 4.4.4 所示。

表 4.4.4　相关分析

	lnP	lnA	lnS1	lnS2	lnS3	lnE	lnM	lnFDI
lnP	1	0.994**	-0.968**	-0.840**	0.880**	-0.975**	0.995**	0.979**
lnA		1	-0.980**	-0.845**	0.879**	-0.981**	0.997**	0.981**
lnS1			1	0.773**	-0.810**	0.945**	-0.982**	-0.946**
lnS2				1	-0.995**	0.916**	-0.829**	-0.855**
lnS3					1	-0.935**	0.868**	0.883**
lnE						1	-0.971**	-0.982**
lnM							1	0.974**
lnFDI							**	1

**．表示在 0.01 水平(双侧)上显著相关。

从表 4.4.4 中可以看出，所有自变量在 0.01 水平（双侧）上显著相关，进一步认为自变量之间存在多重共线性。

通过以上对自变量和回归方程的方差膨胀因子分析以及相关性分析，我们确定回归方程存在多重共线性。通过前人的文献研究，这是 STIRPAT 模型在回归常见的问题，此时不适用普通最小二乘估计对方程进行无偏估计。常用的解决方法包括主成分分析、偏最小二乘回归、岭回归等方法。此处，本研究采用朱勤等（2010）、郭运功（2010）、丁唯佳（2012）、焦文献（2012）、黄蕊等（2016）等众多学者使用的岭回归法进行进一步的分析。岭回归法又叫岭回归估计（ridge regression estimate），是 1962 年由 A. E. Hoed 提出的一种改进最小二乘法的有偏估计的方法，可解决最小二乘法在求解系数向量时遇到的奇异矩阵无法求逆的问题。其主要思想是在自变量标准化矩阵的主对角线上，加入一个正常数因子 k，使得回归系数的估计略有偏差，但估计的稳定性更强。对于多元线性回归模型的矩阵形式：

$$y = X\beta + \varepsilon \qquad (4-4-4)$$

其中，X 为回归模型的设定矩阵，β 为回归方程的非标准化系数矩阵，ε 是常数矩阵。通过普通最小二乘法估计 β 的计算公式是：

$$\beta = (X'X)^{-1}X'y \qquad (4-4-5)$$

当自变量之间存在多重共线性时，导致 $X'X$ 是奇异的，此时其行列式的值接近于零，即 $|X'X| \approx 0$。岭回归估计方法实质上是为 $X'X$ 加上一个正常数矩阵 kI（$k > 0$），使 $X'X + kI$ 的奇异程度小于 $X'X$ 的奇异程度。考虑到变量的量纲问题，此处首先对数据进行标准化，得到标准化的数据。为了方便计算，标准化后的设计矩阵仍用 X 表示，则 β 的岭回归估计公式是：

$$\beta = (X'X + kI)^{-1}X'y \qquad (4-4-6)$$

其中，k 称为岭参数。当 $k = 0$ 时，岭回归估计 $\hat{\beta}(0)$ 就是普通的最小二乘估计。由于假设 X 已经进行标准化，则 $X'X$ 就是自变量样本的相关阵。$\hat{\beta}(k)$ 作为 β 的岭回归估计比最小二乘法估计 $\hat{\beta}$ 稳定性更强，可以很大程度上消除原回归方程的多重共线性所带来的误差。运用 SPSS21 对表 23 中的数据进行的岭回归估计，由于数据冗长，只选取部分结果如表 4.4.5 所示。

表 4.4.5 岭回归估计结果

K	RSQ	lnP	lnA	lnS1	lnS2	lnS3	lnE	lnM	lnFDI
0	0.961	-3.179	0.801	0.712	4.250	4.124	-0.088	0.987	-0.141
0.05	0.904	0.291	0.409	-0.226	0.252	-0.065	0.102	0.419	-0.078
0.1	0.892	0.257	0.309	-0.250	0.210	-0.794	0.225	0.333	0.009
0.15	0.883	0.235	0.358	-0.248	0.180	-0.764	-0.011	0.291	0.463
0.2	0.875	0.219	0.244	-0.241	0.157	-0.069	-0.030	0.265	0.066
0.25	0.889	0.207	0.227	-0.233	0.137	-0.609	-0.043	0.247	0.078
0.3	0.862	0.198	0.241	-0.225	0.121	-0.053	-0.051	0.232	0.086
0.35	0.856	0.190	0.204	-0.217	0.011	-0.045	-0.057	0.221	0.091
0.4	0.851	0.183	0.196	-0.211	0.095	-0.038	-0.062	0.211	0.094
0.45	0.846	0.177	0.188	-0.204	0.084	-0.032	-0.054	0.203	0.097
0.5	0.841	0.172	0.182	-0.199	0.075	-0.026	-0.068	0.196	0.098
0.55	0.836	0.168	0.177	-0.193	0.066	-0.021	-0.071	0.190	0.099
0.6	0.832	0.164	0.172	-0.188	0.059	-0.016	-0.072	0.184	0.100
0.65	0.828	0.160	0.168	-0.184	0.052	-0.011	-0.074	0.179	0.101
0.7	0.824	0.157	0.164	-0.180	0.046	-0.007	-0.072	0.175	0.101
0.75	0.820	0.154	0.160	0.176	0.041	-0.004	-0.076	0.171	0.101
0.8	0.816	0.151	0.157	-0.172	0.036	0.000	-0.077	0.167	0.101
0.85	0.813	0.148	0.154	-0.169	0.031	0.003	-0.078	0.163	0.101
0.9	0.809	0.145	0.151	-0.166	0.027	0.005	-0.078	0.160	0.101
0.95	0.806	0.143	0.149	-0.163	0.023	0.008	-0.079	0.157	0.100
1	0.803	0.141	0.146	-0.160	0.019	0.010	-0.079	0.154	0.100

第一列是岭参数 k,k 取值区间为 0~1,步长为 0.01。第二列为决定系数。第三列到第十列为各自量标准化岭回归系数 $\beta(k)$。其中第一行 K=0 的数值就是普通最小二乘估计在不排队任何变量情况下的标准化回归系数。

从表 4.4.5 可得,在 k=0.15 时,回归系数开始趋于稳定,即可得到相应的回归方程为相应的可决系数为 0.883,虽然没有原方程的 0.908 高,但方程中 lnS1、lnS3 和 lnE 三个变量的系数均为负,其他为正,符合经济学常识。也就是说,岭回归通过丢弃少量的信息,换来了方程系数的合理估计。

图 4.4.1 为将不同 k 值时各变量的回归系数连成的曲线,该曲线被形象地称

为岭迹(Ridge Trace),这就是岭回归名称的由来。可见当 k 到达 0.15 附近时,八条岭迹都开始变得平稳,这和前面的结论相一致。

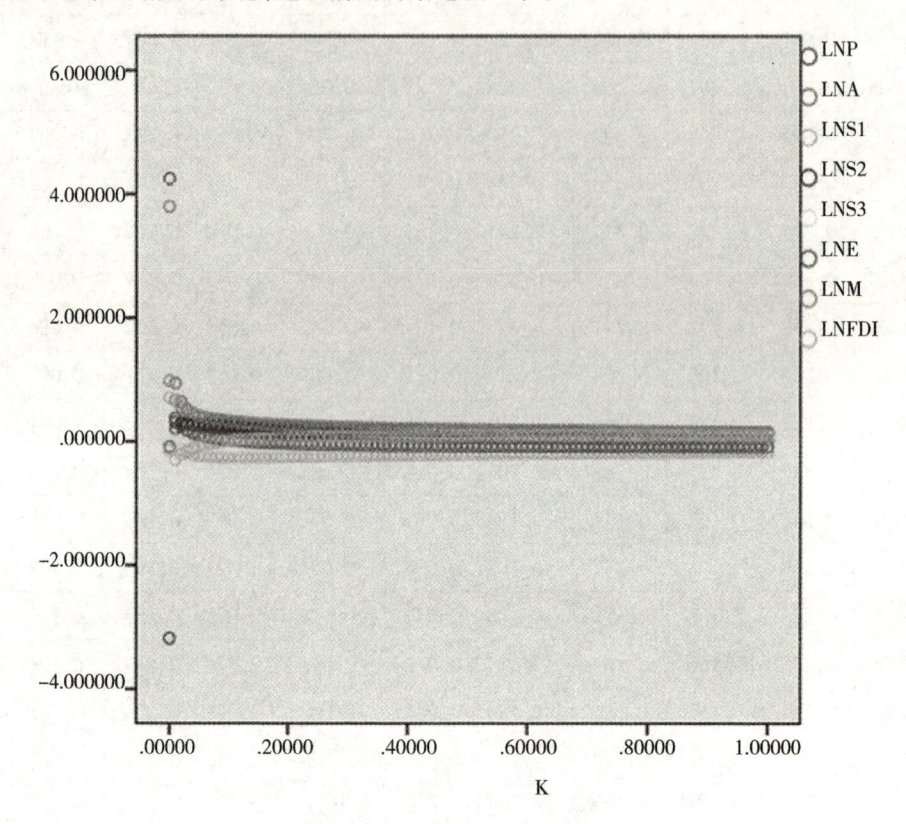

图 4.4.1　各自变量的岭迹图

图 4.4.2 为不同 k 值时决定系数的下降情况。为了便于观察,笔者在 k = 0.15 处添加了一条参考线,可见决定系数一开始明显下降,但当 k 超过 0.15 后,决定系数一直处于缓慢下降中,没有出现明显的波动。图 14 反映出的信息也支持前面做出的结论。

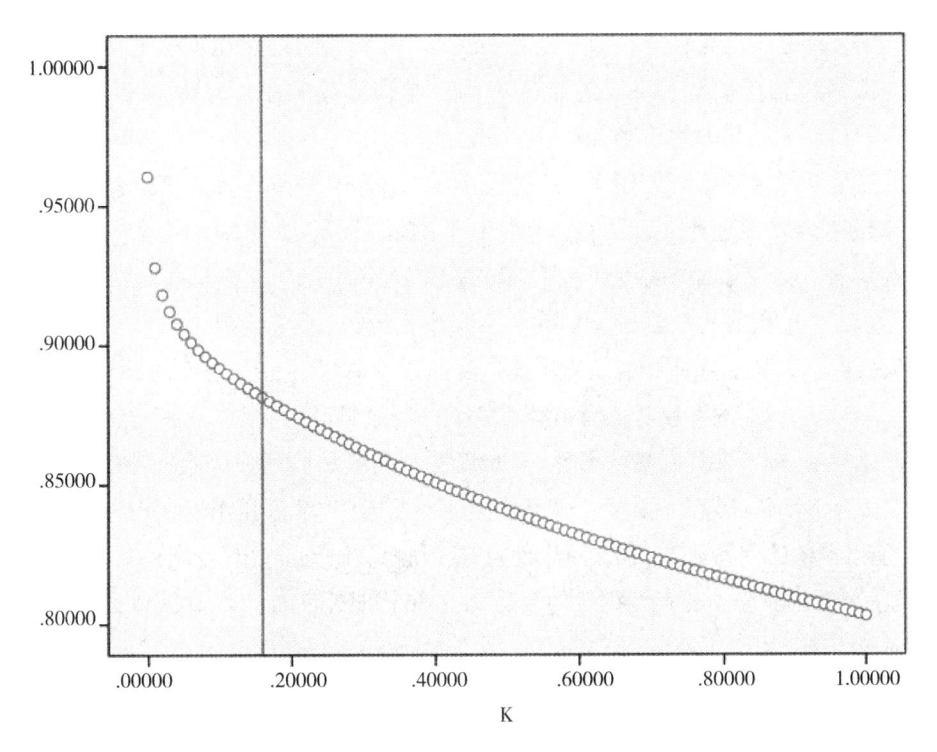

图 4.4.2　可决系数 R2 与 k 值的线图

(三) 实证结果

从 STIRPAT 模型回归结果来看,人口规模、人均实际 GDP、第二产业比重、政府环境保护投资和外商直接投资的弹性系数为正,说明人口规模、人均实际 GDP、第二产业比重、政府环境保护投资和外商直接投资与碳排放量呈正相关关系。而第一产业比重、第三产业比重、能源强度则与碳排放量呈反向关系。根据所得弹性系数,各指标对碳排放影响程度从大到小排序依次为:第三产业比重(-0.764)、外商直接投资(0.463)、人均实际 GDP(0.358)、政府环境保护投资(0.291)、第一产业比重(-0.248)、人口规模(0.235)、第二产业比重(0.180)、能源强度(-0.011)。

(1) 在产业结构中,第一产业比重、第三产业比重与碳排放量呈反向关系,第二产业比重与碳排放量呈正向关系,这与第三章中观测得到的结论一致。

其中,第一产业比重与碳排放量关系系数为 -0.24,即第一产业比重每上升 1%,二氧化碳排放量减少 0.24%。第一产业主要以农林牧渔业为主,其生产方式对化石燃料较低的消耗决定了第一产业对环境的压力较为有限,同时农业与林业的发展在很大程度上增加了植被的数量,有益于二氧化碳的吸收。

第二产业比重与碳排放量关系系数为 0.18，即第二产业比重每上升 1%，二氧化碳排放量增加 0.18%。第二产业比重与碳排放正相关，这与 Bitian Fu 等 (2015) 的研究结果一致。第二产业中，工业生产部门一直都是化石燃料消耗、碳排放的主要部门，随着上海市产业"腾笼换鸟"、产业转移升级政策的推进，一些高污染、高排放的工业产业以及制造业的生产、加工环节正在不断地向外转移，这也是近年来工业部门碳排放比重不断下降的原因之一。

第三产业比重的系数为 -0.764，表示第三产业比重每上升 1%，二氧化碳排放量减少 0.76%。在所得的三次产业指标的系数中，第三产业比重的关系系数最大，表明第三产业的发展对上海市碳排放的抑制效果最为明显。第三产业主要以服务业为主，近年来具有高技术性、高知识性和高附加值的现代服务业的快速发展成为经济增长的新热点，这一类低碳密集型产业大量依托于现代电子信息技术，能以较低的交易成本、能源消耗投入，换取较高的产品产出。

(2) 碳排放与外商直接投资的系数为 0.463，即外商直接投资每增长 1%，碳排放量增长 0.46%。碳排放与外商直接投资正相关，与何小钢等 (2012)、原毅军，谢荣辉 (2014) 等的研究结论一致。上海作为国际经济、金融中心，拥有数量庞大的外资企业、跨国公司。2000 年至 2014 年，上海市外商直接投资从 31.60 亿美元增长至 181.66 亿美元，增长了 474.87%。大量的外国企业在上海设立公司进行生产经营，带动了上海的经济发展的同时，也增加了上海市的能源消耗与碳排放量。

(3) 碳排放对人均实际 GDP 的系数为 0.358，即人均实际 GDP 每增长 1%，碳排放量增长 0.36%。人均财富指标对碳排放具有正向影响，这与 Huanan Lia, Hailin Mu 等 (2011)、Bitian Fu 等 (2015) 研究结论一致。2000 年至 2014 年上海市人均实际 GDP 由 3 万元/人增长至 7.47 万元/人，增长了 148.54%。人均实际 GDP 的增加带来的是人均财富的增加，以及居民消费能力的提高。居民消费能力的提高增加对能源的直接消费以及间接消费，例如居民对汽车等耐用品的消费增加，将直接带来碳排放的增加，同时带动汽车厂商的生产，间接提升二氧化碳的排放量。

(4) 碳排放对政府环境保护投资的系数为 0.291，即环境规制费用每增长 1%，碳排放量增长 0.29%，这与我们所认知的并不相同。可能的原因是，环境规制作为一种政府行为，从实施到产生特定效果之间存在一定时滞性。沈能 (2012) 在研究环境效率与最优规制强度时就发现，环境规制对污染密集型行业的影响存在滞后性。李平 (2013) 在研究环境规制与技术创新之间的关系时也发现，环境规制在当期阻碍技术创新,在滞后期促进创新。可见环境规制的效果并不能在当期显现,在短期甚至可能由于企业对政策实施的提前预判而加快生产、环境保护基础设施建设等而提高碳排放量。因此,政府为促进碳排放量的降低应该制定长期稳定的环境规制政策。

(5)碳排放对人口规模的系数为0.235,即人口数量每增长1%,碳排放量增长0.24%。人口规模的增加将带动碳排放量的增长,这与 Huanan Lia,Hailin Mu 等(2011)、Ping Wang,Wanshui Wu 等(2013)等学者的研究结论一致。2000年至2014年,上海市常住人口数量从1608.60万人上升至2425.68万人,增长了50.79%。人口增加带来了更多的生产活动和生活活动的能源消耗,带动了生产部门和生活部门的碳排放的增长。

(6)能源强度对碳排放影响并不太显著,而且呈负相关为 -0.011,这与技术进步导致能源强度下降,进而降低碳排放的常识认知不相符。实际上,2000年~2014年上海市实际GDP增长300.31%,而同期上海市能源强度则从1.13万吨标准煤/亿元下降至0.58万吨标准煤/亿元,降幅仅为48.85%。可能的原因是短期内技术进步并不明显,而代表技术进步的能源强度的下降导致的碳排放量下降,被更多的其他因素引起的碳排放量增长所抵消。Xiaoqing Zhang(2011)认为技术进步虽然是减排的主要因素,但与经济增长的作用相比影响十分有限。Isabela Butnar,Maria Llop(2011)、Janis Brizga,Kuishuang Feng(2014)等的研究也得出相似的结论,尽管技术进步对碳排放有所抑制,但其所带来的碳排放抑制作用会被最终需求的增加所抵消。从弹性系数接近于0,只有 -0.011 也可以看出短期内能源强度对碳排放的影响相对较小。

五、上海市产业结构调整的模拟测算

利用统计数据来实证考察三次产业结构对碳排放的影响程度,是关注于"实际情况是什么"的问题;本部分将探讨"可能达到怎样的理想状态",即产业结构怎样调整才能达到优化的状态,这种优化状态需要既符合经济的持续增长,也要符合低碳转型方向。此外,产业结构在调整到优化的结构状态时,会对碳排放产生多大的影响,也是我们十分关注的问题,因此这是一个要满足多个目标的产业结构调整。考虑到对复杂经济体进行产业结构优化方法的合理性,本文采用牛鸿蕾和江可申(2013)所使用的多目标遗传算法 NSGA - Ⅱ对产业结构进行模拟测算。

（一）研究方法

1. 投入产出模型

投入产出模型最早由美国经济学家里昂惕夫（Leontief）于1936年提出。该方法认为系统进行各项活动的投入与产出之间具有一定的数量规律性，这就要求我们去研究和分析生产过程中各种初始要素和中间要素的投入与各部门产出之间的数量关系。投入产出法借助投入产出表，对各产业在生产、交换和分配上的关联关系进行分析，为经济预测服务（张艳辉，2008）。由于其具有很强的系统性、科学性和实用性，自提出以来被大量国家广泛使用。投入产出模型一般使用投入产出表（也称部门联系平衡表或产业关联表）来表示。从行来看，投入产出表包含中间使用、最终需求、进口和总产出四大部分；从列来看，包含中间投入、增加值和总投入三大部分（表4.5.1）。对于投入产出表中的各个产业部门而言，必须满足总量平衡、行平衡、列平衡等几个平衡关系。其中总量平衡指总投入必须等于总产出，行平衡指：中间使用＋最终使用＝进口＋总产出，列平衡指：中间投入＋增加值＝总投入。

表4.5.1 投入产出表基本结构

投入	产出	中间使用				最终需求		进口	总产出
		部门1	部门2	…	部门n	合计	消费、投资、出口	最终使用合计		
中间投入	部门1	x_{11}	x_{12}	…	x_{1n}	c_1	Y_1	f_1	m_1	x_1
	部门2	x_{21}	x_{22}	…	x_{2n}	c_2	Y_2	f_2	m_2	x_2
	…	…	…	…	…	…			…	…
	部门n	x_{n1}	x_{n2}	…	x_{nn}	c_n	Y_n	f_n	m_n	x_n
	合计	c_1	c_2	…	c_n	w	Y	f	m	x
增加值	工资 折旧 利润	N_1	N_2	…	N_n	N				
总投入		x_1	x_2	…	x_n	x				

投入产出模型中比较常用的系数包括直接消耗系数、完全消耗系数等。其中直接消耗系数又称为技术系数、中间投入系数，是指某部门生产单位产品对相关部门产品的直接消耗。其表达式为：

$$a_{ij} = \frac{x_{ij}}{X_j} \quad (i,j=1,2,\cdots,n) \qquad (4-5-1)$$

其中 a_{ij} 为直接消耗系数,x_{ij} 表示第 j 部门生产单位产品对第 i 部门产品的货物或服务的直接消耗量,X_j 表示第 j 部门的总投入。n 个部门间的直接消耗系数可以用矩阵形式表示如下:

$$A = \begin{bmatrix} a_{11} & \cdots & a_{1n} \\ \vdots & & \vdots \\ a_{n1} & \cdots & a_{nn} \end{bmatrix} \qquad (4-5-2)$$

而完全消耗系数则表示每增加一单位某一部门最终使用量,需要消耗其他部门产品的数量。其矩阵表达式为:

$$B = (I-A)^{-1} - I \qquad (4-5-3)$$

其中 B 为完全消耗系数矩阵,A 为直接消耗系数矩阵,I 为单位矩阵,$(I-A)^{-1}$ 称为里昂惕夫逆矩阵。

2. 多目标遗传算法

对于多目标优化的问题,传统的优化方法的基本思想是把多目标优化问题通过处理转化为单目标优化问题,然后再进行求解。主要包括如下几类:(1)评价函数法。如郭广涛(2008)、汤希峰(2009)、郑峥(2016)等通过线性加权法构造评价函数等途径将多目标转化为单目标再进行求解,通常只产生一个有效解。(2)交互规划法。例如,层次分析法等,由于需要决策者参与到求解过程,优化结果好坏依赖于主观判断,因此通常其解只能达到主观最优。(3)分层求解法。如王劭伯(1986)等通过对目标函数的重要程度进行排序,然后按序进行单目标优化求解,并将最终解作为多目标优化的最优解,而对优先层次选择不同,便会得到不同优性的解。

多目标遗传算法分为非 Pareto 的算法和基于 Pareto 的算法两种,在基于 Pareto 的算法中,带精英策略的非支配排序遗传算法(NSGA-Ⅱ)是在第一代非支配排序遗传算法(NSGA)基础上改进而来,被诸多学者证实最为有效(牛鸿蕾,江可申)。Srinivas 和 Deb 于 1994 年首次提出 NSGA 算法,此后 Deb 等人又在此基础上于 2000 年提出了 NSGA 的改进版本,即 NSGA-Ⅱ。因其收敛性与分布性良好,因而被本研究采用。

(二)多目标产业结构优化模型的建立与求解

1. 模型构建步骤

经济发展往往与经济低碳转型间存在相互矛盾、相互制约的关系,而同时既要满足经济发展发展的增速,又对碳排放量提出相应的限制,同时受制于维持社会整体稳定的就业水平、经济各部门合理的通入产出关系,这就需要构建多目标的优化模型;为了模拟测算在保证经济发展、维持就业稳定等条件下,产业结构优化对碳排放会有多大的碳排放效应,本研究将采用投入产出模型与线性规划模型相结合的方法,将经济发展最大化与碳排放量最小化作为目标函数,选定投入产出关系、经济增长区间、碳排放上限、就业人口下限作为约束条件,设定多目标优化模型。模型的主要关系如图4.5.1所示:

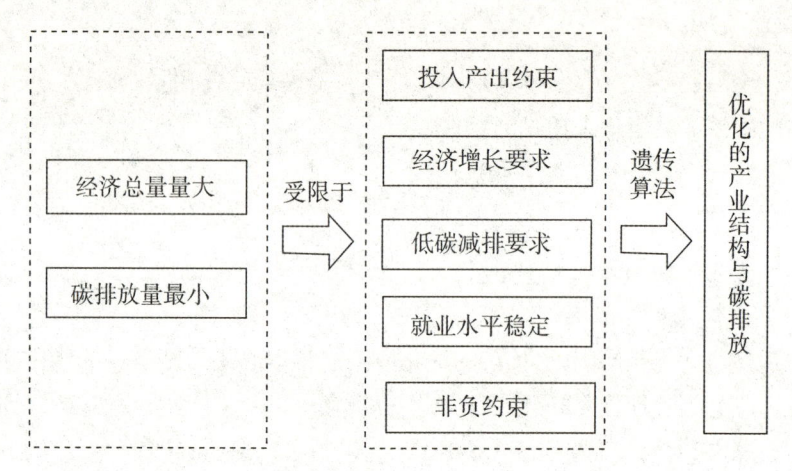

图 4.5.1　低碳转型的多目标产业结构优化模型

第一,提出假设条件

(1)由于考察点是产业结构调整,故本章考查范围为生产部门。假设生产部门可划分为6类行业(即 n=6,下同),终端石化能源消耗所产生的 CO_2 占到总排放量的大部分,其他排放源的碳排量作为外生变量。本研究基于《中国能源统计年鉴》中"地区能源平衡表"将生产部门划分为6类行业(即 i=1,2,…,6),依次为农林牧渔业、工业、建筑业、交通运输仓储邮政业、批发零售住宿餐饮业、其他行业。

(2)以经济、环境的和谐共进为目标,以可持续发展为基调,以产业结构调整为低碳化发展实现的手段。

(3)考虑到产业发展的惯性以及政策目标的实现,取其一定范围波动值作为优化区间,进行产业结构优化。

(4)产业结构调整的根本驱动力是社会总福利最大化,即经济增长与 CO_2 减排的共同要求。

(5)已知某一确定年份总投入或总产出,产业结构优化指为了实现经济目标而对各类行业的具体投入(或产出)量相对比重进行相对合理的最优配置。

第二,目标函数选定

(1)经济发展目标——产业增加值最大化

尽管保持较高的经济总量会给完成 CO_2 排放控制目标带来不可避免的困难与压力,但作为经济发展的重要任务,这是实现人民生活质量提高与国家经济实力增强的必要途径。

经济增长目标因经济总产出数据存在着不能很好地反映生产效益以及重复计算等缺点,本研究以产业增加值数据为指标反映经济发展规模,并设定其值最大化为优化目标之一:

$$Max f_1(x) = \sum_i^n v_i x_i \quad (i = 1,2,\cdots,6) \quad (4-5-5)$$

为便于求解,此处转化为最小化问题: $Min f_1(x) = - Max f_1(x) = -\sum_i^n v_i x_i$

式(4-5-5)中,x_i 定义为第 i 个部门的产出,是决策变量;v_i 定义为第 i 个部门的产业增加值系数,即增加值在总产出中所占的比重。

(2)低碳排放目标——碳排放量最小化

控制或降低碳排放量是低碳城市建设的基本目标,也是产业结构调整的主要方向。

$$Min f_2(x) = \sum_i^n c_i x_i \quad (i = 1,2,\cdots,6) \quad (4-5-6)$$

式(4-5-6)中,x_i 的定义同上,为第 i 个部门的产出,是决策变量;c_i 为第 i 个部门的 CO_2 排放系数,定义为各部门每万元总产出的 CO_2 排放量,即各部门的碳排放强度,反映该部门为社会创造价值的过程中所产生的碳排放量。

第三,约束条件的界定

经济发展与低碳排放的目标,受到很多现实因素的限制,需要放置到我国实际的经济发展背景下综合考虑。当前我国经济正处于由高速发展阶段转变为中高速发展的"新常态",在"十三五"开局之年,政府制定了新的经济与社会发展规划。由于2020年作为"十三五规划"的收官之年,也是我国达成第一个百年奋斗目标的关键一年。因此本文将以2020年为目标预测期,以最新的2012年上海市投入产出数据为基础,测算目标预测期的约束条件,以期对2020年优化之后的产业结构进行模拟预测。

(1) 一般均衡约束

一般均衡约束是指投入产出模型中的行平衡关系,即每个部门的产出和进口之和必须等于最终使用与其他部门的中间需求之和,且最优解的最终使用不应低于基期(投入产出表年份)的最终使用(Tser – yieth Chen,2001)。由于投入产出表五年编制一次,鉴于数据的可得性,本研究将选用2012年上海市投入产出表作为基期的数据。

$$F = (I - A + M)X \geqslant F_{2012} \qquad (4-5-7)$$

公式(4-5-7)中,F 为各部门的最终使用需求矩阵;I 为单位矩阵;A 为直接消耗系数矩阵;M 为进口系数对角阵;X 为 n 个部门的产出矩阵。

(2) 经济增长总量约束

新常态经济下,经济增速是"换挡"而不是"失速",我国经济发展仍需保持合理增长速度,因为发展仍是解决中国一切问题的关键。根据《中共中央关于制定国民经济和社会发展第十三个五年规划的建议》,要实现到2020年使国内生产总值和城乡居民人均收入达到2010年的两倍的目标,则我国2016年至2020年经济年均增长底线是6.5%以上。上海市作为中国经济发展中心,其增长速度不应该低于6.5%。

$$\sum_{i=1}^{6} v_i x_i \geqslant GDP_l \qquad (4-5-8)$$

其中 GDP_l 为预测期经济增长目标最低设定值。

(3) 低碳排放约束

在2009年哥本哈根气候会议上,中国承诺到2020年中国单位国内生产总值碳排放比2005年降低40%~45%。因此上海市可以取碳排放强度降低40%的作为2020年排放上限。根据计算,在2005年碳强度的基础上,2020年上海市碳强度下降40%后为0.62吨/万元,若取"十二五"期间上海市 GDP 平均增速7.8%作为预测期 GDP 的上限,则可获得预测期二氧化碳排放上限22753.13万吨。

$$\sum_{i=1}^{6} c_i x_i \leqslant C_t \qquad (4-5-9)$$

其中,C_t 为预测期碳排放总量的目标值上限。

(4) 就业总量约束

低碳城市建设应该综合考虑经济发展的同时,也应该考虑不同产业对就业人口吸收的效应。产业部门不仅是我们经济的生产部门,也是吸收劳动力的就业部门。产业结构的调整将会对各产业部门的从业人员造成较大影响,涉及国计民生与社会稳定。本研究对各产业部门从业人员下限进行了设定。

$$R_{job} \leqslant \sum_{i=1}^{6} l_i x_i \qquad (4-5-10)$$

R_{job}为预测期就业人口总数的最低值，l_i为行业就业人口系数，表示为x_i行业每单位产值所吸收的就业人数，以2012年行业产出和就业人数为基准计算得到。由于现有的政策规划中尚没有明确的就业目标，本部分内容通过统计2006—2013在职从业人员年度增长率的最小值1.01%来确定2020年就业人数的下限。

(5)非负约束

投入产出表各行业部门的产出是决策变量，变量的非负约束是决策变量现实意义的要求，所以得到模型非负约束为：$x_i \geqslant 0$。

通过测算，模型中的各个系数如表4.5.2所示：

表4.5.2　模型系数

部门	vi	ci	li
农林牧渔产品和服务	0.39722749	0.00003181	0.00001420
工业	0.20160489	0.00001530	0.00000096
建筑	0.16500034	0.00000600	0.00000212
交通运输仓储和邮政	0.17135741	0.00008022	0.00000449
批发零售住宿餐饮业	0.45707683	0.00000805	0.00000077
其他产业	0.42815951	0.00000566	0.00000186

从表4.5.2中可以看出，批发零售住宿餐饮业和其他产业部门是单位产出产业增加值较高的部门，而农林牧渔产品和服务、工业、交通运输仓储和邮政部门，则属于单位产出碳排放较大的高碳部门，农林牧渔产品和服务、交通运输仓储和邮政、建筑部门则为单位产出吸纳从业人员较多的部门。需要指出的是，本部分内容是基于2012年的投入产出关系进行的模拟预测，因此各部门产业增加值与产出的关系系数、碳排放量与产出的关系系数以及从业人员数量与产出间的关系系数都是基于2012年的经济发展、技术水平与劳动力就业水平。

2. 算法的选择与设计

遗传算法在求解过程中，不需要将多目标化为单目标，或者设置目标的优先级别，所得解之间没有优劣之分，可以根据实际需求从众选择方案。本文采用的非支配排序遗传算法计算复杂度较低、易于实现。Matlab中带有遗传算法工具箱，其gamultiobj函数就是一种基于NSGA-Ⅱ改进的一种多目标优化遗传算法，这大大简化使用 Matlab 进行多目标遗传算法的工作量。

该模型的 NSGA-Ⅱ遗传算法基本思路：

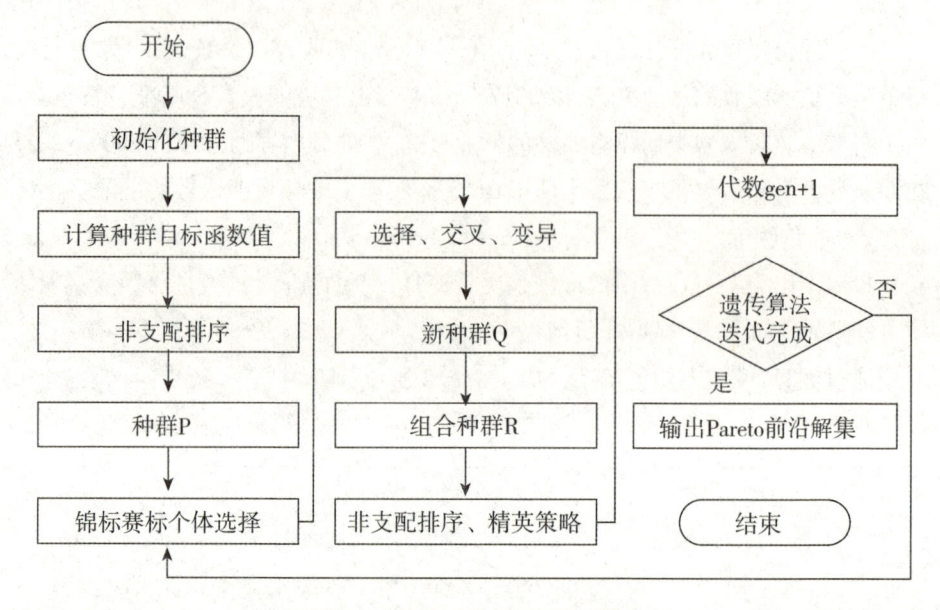

图 4.5.2　算法总体思路流程图

如图4.5.2所示，首先开始随机初始化开始种群P0。并对P0进行非支配排序，设 t=0；然后通过二进制锦标赛法从 Pt 选择个体，并进行交叉和变异操作，产生新一代种群 Qt；随后合并 Pt 和 Qt 产生出组合种群 $R_t = P_t \cup Q_t$；对 Rt 进行非支配排序，并通过排挤和精英保留策略选出 N 个个体，组成新一代种群 Pt+1；此后继续使用锦标赛法从 Pt+1 中选取的循环操作，直至满足结束条件。

其中参数的设定包括：(1)编码：有6个自变量，因此编码长度为6个基因，使用实数编码，每条染色体代表的是一组行业总产出的方案向量，染色体的基因为表示行业的序号，基因值表示行业总产出；(2)初始种群数：为保证产业结构优化配置的选择方案数量，种群规模选为100，并采用随机方式生成初始种群；(3)交叉、变异、迭代：设定变异率0.05，交叉率0.7，迭代次数500次。

（三）模拟结果分析

NSGA-Ⅱ遗传算法计算不区分目标函数的主次先后，也并非将多目标转化为单目标，而是直接通过遗传算法算出 Pareto 解集，获得一系列的目标函数值。为消除目标函数值的量纲差异，同时保留差异程度信息，可对目标值进行均值化处理，再制定规则来选择优化方案。此处令 $\bar{f_1}$、$\bar{f_2}$ 分别表示以求得的 Pareto 最优解集中的某个经济总量、碳排放的目标函数,设 $\bar{f}=\theta_1\bar{f}_1+\theta_2\bar{f}_2$。因为已经对目标函数统一为求最小值,此处只将以f最小值作为方案选择,θ_1、θ_2为两个目标值的权重,满足$\theta_1+\theta_2=1$。为满足不同目标偏向下对产业结构调整的碳排放效应影响,本研究将根据权重取值,确定以下三种方案:

(1)"增长偏向型方案",取$\theta_1=1,\theta_2=0$,以经济增长为重心。

(2)"低碳偏向型方案",取$\theta_1=0,\theta_2=1$,以低碳减排为重心。

(3)"均衡型方案",取$\theta_1=\frac{1}{2},\theta_2=\frac{1}{2}$,同时均衡经济增长和低碳减排目标。

经过 Matlab 2014b 的计算处理,通过对结果的整理,我们将三个方案的最终模拟预测结果以及 2012 年当年的实际数据进行对比,如下表 4.5.3 所示:

表 4.5.3　2012 年实际数据与模拟预测结果对比

	2012年数据		低碳偏向型方案		增长偏向型方案		均衡型方案	
	产值(万元)	比重	产值(万元)	比重	产值(万元)	比重	产值(万元)	比重
农林牧渔产品和服务	3217300	0.45%	9890108	0.93%	6713023	0.56%	8592232	0.77%
工业	352184119	49.45%	408315905	38.40%	471403694	39.15%	427010941	38.30%
建筑	45879300	6.44%	50217763	4.72%	66819715	5.55%	65923038	5.91%
交通运输仓储和邮政	52248454	7.34%	65600046	6.17%	73294846	6.09%	68601347	6.15%
批发零售住宿餐饮业	78549715	11.03%	168283536	15.83%	183944338	15.28%	169624358	15.21%
其他产业	180155304	25.29%	360918353	33.95%	402034431	33.39%	375254796	33.65%
总产出(万元)	712234193		1063225711		1204210047		1115006712	
GDP(万元)	201841764		337223242		377500341		350333514	
碳排放量(万吨)	11610		15523		17463		16195	
碳排放强度(吨/万元)	0.5752		0.4603		0.4626		0.4623	
从业人数(万人)	1116		1632		1805		1706	

需要说明的是,表4.5.3中所涉及的比重,为各部门产出与总产出之间的比重,并非本章第三部分内容中的产业增加值的比重,但同样也能反映产业结构变动。

由于经济增长与低碳减排的目标间存在冲突,经济增长的同时不可避免地导致碳排放量增加,进行低碳减排则难免会影响到经济的增长。在此两个目标下进行的产业结构调整,无疑是更偏向于从低产业附加值部门向高产业附加值部门、从高碳排放部门向低碳排放部门的转变,这从表4.5.3给出的不同模拟方案可以看出。

从整体上来看,三个方案各部门的产出与2012年基期相比,产值比重均从第二产业部门向第三产业部门转移。从具体部门来看,农林牧渔产品和服务部门三个模拟方案的产值比重都有所增加,而工业部门则出现了十个百分点以上的降幅,建筑、交通运输仓储和邮政部门也有1~2个百分点的小幅下降,批发零售住宿餐饮业部门增幅普遍在4个百分点,而增幅最大的是其他产业部门,普遍增幅在8个百分点以上。其他产业部门包含了大部分的第三产业,其中包括信息传输技术服务、金融、房地产、租赁与商务服务、文化体育娱乐等现代服务业,正是当前产业结构调整的主要方向。

从国民生产总值来看,上海市国民生产总值的持续增长,模拟结果中预测期2020年的GDP皆超过33,000亿元以上,实现了较2010年国民生产总值"翻一番"的目标。而从业人员数量也保持在稳定的增长水平。

从碳排放来看,更大的生产总值需要更多的能源消耗,模拟预测的2020年的碳排放量皆有所增长,三个方案模拟的碳排放量分别为15523万吨、17463万吨、16195万吨,年均碳排放增长率为3.70%、5.24%、4.25%。而相应的碳排放强度,则明显下降,从2012年的0.5752吨/万元下降到的0.46吨/万元。

从具体的模拟方案选择来看,"低碳偏向型方案"方案对建筑、交通运输仓储和邮政产业部门的比重下降的影响最大,分别下降了1.72个百分点和1.17个百分点,对农林牧渔产品和服务部门、其他产业部门比重提升的最快,分别上升了0.48个百分点和8.65个百分点,GDP达到33,722.32亿元,年均GDP增长率为6.63%,可以看出"低碳偏向型"方案更多通过降低高碳排放部门而降低碳排放,而大力发展低碳排放、高附加值的第三产业来维持经济增长;"增长偏向型"方案对交通运输仓储和邮政部门的比重下降影响最大,降低了1.25个百分点,而其工业部门比重下降、其他产业比重上升的幅度则为最小,GDP模拟值为37,750.03亿元,年均GDP增长率为8.14%;"均衡型"方案比较折中,除了对工业部门比重下降影响最大外,其他产业结构变动基本都处于"低碳偏向型"和"增长偏向型"

之间,GDP模拟值为35033.35亿元,年均GDP增长率为7.14%。

从以上分析来看,无论从GDP年均增长率与实际经济发展的比较,还是碳排放量的更优选择,"低碳偏向型"方案与"均衡型"方案都优于"增长偏向型"方案,更符合实际经济发展趋势。

六、本章小结

自改革开放以来,上海市三次产业结构总体已由"二三一"转变为"三二一"的良性发展方向,基本处于工业化后期阶段。与此同时,碳排放量在近年来增速降缓,碳排放强度整体呈现逐年下降趋势,可以看出,产业结构的调整已经对上海市的低碳减排产生了一定影响。从各部门碳排放变化来看,工业部门虽然产业增加值比重在逐年下降,但仍然是碳排放量最大的产业部门,而批发零售住宿餐饮业和其他产业部门,这些以服务业为主的部门近年来碳排放量则表现出显著的增长。产业结构调整对碳排放具有较为显著的影响。其中,第三产业的结构占比对碳排放影响最大,其次是第一产业和第二产业比重。第一产业与第三产业比重指标的弹性系数为负,提高第一产业和第三产业的比重由助于降低碳排放量,而第二产业比重的弹性系数为正,提高第二产业比重增加碳排放量。此外,从实证结果看出,外商直接投资、人均GDP和人口规模也对碳排放量有较为显著的正向影响。

基于投入产出模型、多目标遗传算法等方法以2020年为约束预测期,以上海市经济发展、低碳减排为目标,以投入产出关系、经济增长要求、碳强度降低要求、从业人员维持稳定等条件作为约束条件,对2020年上海市产业结构变化进行优化计算,并求出与之对应的国民生产总值与碳排放量。通过分析发现,上海市产业结构的调整对碳排放量具有显著的影响,合理的降低工业、建筑、交通运输仓储和邮政部门的产值比重,大幅提高批发零售住宿餐饮业以及其他产业部门的产值比重,并适度的提高农林牧渔产品和服务部门的产值比重,有助于保持经济增长的同时,实现低碳减排目标。

然而从长期来看,经济发展与低碳减排势必存在矛盾,低碳技术水平的进步与生产工艺、商业模式的创新才是最终解决经济发展与低碳减排之间矛盾的关键,应该持续的鼓励创新驱动的发展战略:第一,优化产业结构,推动现代服务业和战略性新兴产业发展。第二,调整能源消费结构,发展清洁能源与可再生能源。第三,加快低碳技术发展,提高资源和能源的利用效率。第四,深化低碳城市理念,完善低碳发展实践区的建设。第五,推进碳交易市场建设,完善碳排放初始分配制度。第六,提高气候变化应变能力,健全温室气体排放统计核算体系。

第五章　长三角城市产业转移化研究

产业转移是指由于资源供给或产品需求条件发生变化,某些产业从某一地区或国家转移到另一地区或国家的具有时间和空间维度的动态过程。产业转移是产业结构调整的主要表现形式和手段之一,近年来它成为区域经济发展的一个缩影,也正成为区域之间联动、协调发展的重要契机。本章运用上海长三角工商企业数据(1978 – 2015 年),探讨上海与长三角城市区域之间的产业转移特征、机制、模式、规律等问题。由于企业是产业迁移的行为主体,本章还以上海未来产业发展方向的"专精特新"的现代服务业和先进制造业的中小企业调查问卷为基础,研究上海企业的迁移意愿和影响因素及对政府的服务需求。长三角城市区域产业间的相互迁移流动,反映了核心城市上海与腹地区域之间的产业结构调整、产业发展演化的动态进程和演化态势。

一、引言

第二次世界大战后的全球经济的重要标志是不同地区的经济发展和差异动态变化,形成跨国跨区产业转移一次又一次浪潮。迄今为止,全球已发生过三次大规模的跨国跨区产业转移浪潮。第一次产业转移浪潮发生于 20 世纪 50 年代,主要是美欧国家向日本等国家转移制造业产业;第二次产业转移浪潮发生于 20 世纪 60 ~ 70 年代,主要是欧、美、日向亚洲四小龙进行产业转移;第三次产业转移浪潮发生于 20 世纪 80 年代,主要是欧、美、日和亚洲四小龙向中国等发展中国家或地区进行产业转移。其中,欧美日等发达国家或地区对中国的制造业产业转移,主要是转移到中国沿海地区,尤其是珠江三角洲地区、长江三角洲地区和环渤海地区为主。每一轮全球产业升级和产业转移都推动了资本、技术、劳动力等要素在空间流动和空间重新配置,也推动了产业承接地的产业结构演变和地区经济快速增长。

长三角通过率先对外开放,积极承接国外产业转移,经济实力和辐射带动力不断增强。长三角的产业转移历程大致分为以下三个阶段:第一阶段为1978年至1991年,承接国际产业转移探索阶段。尽管这一时期,国家对外开放的重点是珠三角地区,但长三角依托优越的区位优势,靠区域内生增长动力,形成了"苏南模式"与"温州模式"。第二阶段为1992年至2000年,承接国际产业转移高潮阶段。1992年邓小平南方谈话后,国家实施浦东开发开放战略,长三角对外开放程度大幅提高,上海外向型经济兴起,江浙地区兴办了国家级或省级高新技术开发区,一大批外资企业进入长三角,承接国际产业转移进入高潮。与此同时,长三角特别是上海市有意识地将本地工业向内地转移,实现产业的转型升级。第三阶段为2001年至今,2001年底,我国加入了世界贸易组织,长三角承接国际产业转移进入新一轮高潮。在这期间,江苏省推进"南北共建",国家在安徽设立皖江城市带承接产业转移示范区,推动承接国内外产业转移,长三角内部产业转移规模进一步扩大。

长三角都市圈区域内产业转移具有强大的内在动力和外在推力。从内部发展条件来看,江浙沪总体上列入国家优化功能区域,生态和资源约束压力加大,要素等成本上升,迫切需要通过产业转移实现"腾笼换鸟"和产业转型升级。从外部条件来看,国家积极引导产业有序转移,加快经济发展方式转变,成为长三角都市圈区域内产业转移的强大推力。长江经济带和"一带一路"战略将促进长三角都市圈内部产业转移与协同发展。《国务院关于依托黄金水道推动长江经济带发展的指导意见》中明确提出,要引导产业有序转移和分工协作,促进区域产业布局调整和集聚发展,推动区域产业协同合作和联动发展,促进长三角都市圈一体化的发展。随着国家推进实施长江经济带和"一带一路"建设战略,产业转移的外部环境和基础支撑条件进一步优化,有利于长三角围绕建设世界级城市群,进一步加强区域协作,全面参与国际化,提高产业协同发展水平。

世界科技革命和产业变革步伐加快,特别是互联网、云计算、大数据等新一代信息技术迅速发展,正孕育一批新技术、新业态、新模式,将带动国内外产业分工格局加快调整,先进制造业、战略性新兴产业在跨国公司主导下在世界范围内重新布局。我国将创新驱动战略摆在国家发展全局的核心位置,政府大力推动"互联网+"等计划,加快先进制造业与现代服务业尤其是信息技术的融合。在信息技术的推动和支撑下,产业转移与分工出现新的变化,一些生产环节通过信息网络实现定制生产、跨时空整合,现代服务业也呈现以服务外包为服务方式的虚拟化、网络化趋势。科技的发展与融合改变了长三角都市圈产业转移与协同发展的方式,既增加了长三角都市圈产业转移与协同发展的便利性,也对长三角都市圈产业协同发展提出了更高的要求。

十八届三中全会对全面深化改革做出了全面部署,要求到 2020 年在重要领域和关键环节改革上取得决定性成果,使市场在资源配置中起决定性作用。今后一个时期,全面深化改革将从系统谋划转向全面实施阶段,随着一些重点领域和关键环节改革举措的落实到位,市场在资源配置中的决定性作用将得到充分发挥,要素流动与配置更具效率,这将为产业转移提供强大的动力支撑,进而促进区域产业走向协同发展。面对资源约束趋紧、环境污染严重、生态系统退化的严峻形势,国家提出绿色化、新型工业化、城镇化、信息化、农业现代化协同发展的方针,并将绿色化放到更加突出的地位,正在持续推进大气、土壤、水体等污染防治,划定环境容量底线和生态红线。绿色发展及"五化协同"的提出,反映了新一届中央领导全新执政理念,是发挥政府合理引导作用的重要体现,将为产业转移与协同发展提供正确导向和前提保障。

面对资源环境约束趋于严峻,城市商务成本不断攀升,和谐低碳理念更加强化以及城市转型发展步伐加快等所带来的内部约束与困境,上海长三角等中国城市区域急需加快经济发展方式转变,抢占新技术革命的产业高地,同时通过产业的有序转移,拓展产业发展空间。因此,在对国内外相关理论与国外实践梳理的基础上,通过工商企业登记数据、问卷调查、专题调研等方法,探讨上海城市与长三角区域之间产业转移的现状、成因、趋势及演化态势等问题,可以为长三角和上海政府制定更好的产业发展政策服务。

二、产业转移相关研究梳理

(一)产业转移动因

刘易斯(W. Arthur Lewis,1984)系统研究了 20 世纪 60 年代非熟练劳动密集型产业由发达国家转移至发展中国家的主要原因。小岛清(Kiyaoshi Kojima,1987)在"边际产业转移"中用"比较成本原理"解释产业国际转移。弗农(R. Vernon,1966)认为,随着产品由新产品时期向成熟产品时期和标准化产品时期的转换,产品的特性会发生变化,将由知识技术密集型向资本或劳动密集转换。相应地,在该产品生产的不同阶段,对不同生产要素的重视程度也会发生变化,从而引起该产品的生产在要素丰裕程度不同国家之间转移。

"雁行模式"(Flying Geese Model)认为随着发达国家要素价格的上涨,其在劳动密集型产业上的比较优势将逐渐丧失,这些产业将转移到要素价格相对较低的发展中国家,发达国家随着劳动密集型产业的转出实现了产业的转型和升级,发展中国家通过承接产业转移也获得了发展的机会,因而这种产业转移模式能够实现发达国家和发展中国家的共赢。后来的许多经济学家对这一模式进行了拓展(Kasahara,2004)。傅强、魏琪(2013)研究认为跨国公司根据产品价值增值特性组织全球生产,促使产业转移的主体、内容、方式等方面呈现出新的特征。

随着中国区域发展战略重心从南到北(珠三角—长三角—环渤海)、从东到西(东部率先—中部崛起—西部开发),中国产业也开始出现转移,许多学者对其动因进行了解释。谭介辉(1998)产业的级差(技术级差)来进行解释。李国平和杨开忠(2000)认为要素成本在不同区域之间的相对变化是决定外资企业在华空间转移的主要因素之一,此外,地域政策也是产业空间转移的重要因素。王先庆(2005)认为由不同经济—地理空间存在的"成长差"与不同区域产业主体之间的相关"利益差"共同构成"产业差"是产业转移的基础。魏后凯(2003)提出企业为了追求更高的利润水平和竞争水平,将企业迁移到市场条件更优的区位,要克服从一个地区转移到另一个地区过程中经济、区位、政策以及劳动力供给等多方面的阻力,才能实现产业转移。魏玮(2010)提出,产业转移中影响企业区位决策的主要因素是劳动力成本和原材料丰裕度。政府所制定的政策和制度将决定企业产业转移的走向和进度(周江洪,2009)。

(二)产业转移模式

对产业转移模式的研究主要从以下三个角度:一是转移规模角度。包括集群转移(朱华友,2008)、整体转移(赵张耀,2005),部分转移。二是产业极差角度。包括梯度转移与反梯度转移(郭凡生,1986),中心辐射模式(马海霞,2001)。马海霞(2001)讨论了梯度推进模式和中心辐射模式,考虑到中国地区间经济的不平衡发展,将这两种模式结合起来创造出新的空间模式,其特点为在小区域内形成多个中心向外辐射,这符合我国当前区域传递空间模式的选择方向。三是从具体方式视角。陈建军(2002)研究了浙江和西部省区的资源优势和市场特点,认为二者间主要的产业分工模式应该是水平分工模式,浙江企业对外扩张的方式有:对外设加工点、设立研发机构、委托加工外包等。

符正平、曾素英(2008)探究了企业社会网络对集群产业转移中企业转移模式的影响,研究结果表明网络异质性和网络中心性越强,集群企业就越倾向于选择性转移,而非复制性转移;网络异质性越强,网络联系强度越弱,集群企业转移就越倾向于采取独立行动,而不是集体行动。徐洪水(2011)研究了中国东部地区产业转移的主要模式,将其归纳为成本导向型、市场扩张型、配套衔接型、多元化战略型和政府推动型五种模式。成本导向型是以降低成本为主要目标的产业转移模式；市场扩张型是以接近市场、开拓市场为目标；配套衔接型是当某个产业转移到目标区位后，其产品供应链的相关企业也会随其移入目标区位的一种产业转移模式；多元化战略型是企业出于市场多元化、经营领域多元化战略上的考虑而出现的一种产业转移模式；政府推动型则是在政府促进、政策影响下发生的一种产业转移模式。

三、上海产业向长三角区域转移发展态势

（一）上海向长三角产业转移总体概况

1. 产业转移数量分布特点

承接上海产业转移最多的城市，主要是苏州市、杭州市、南京市、无锡市和宁波市等长三角都市圈次核心城市。从上海产业转移地的选择来看，江苏的城市承接数量比浙江的城市多，从企业产业转移考虑的因素来看，首先还是距离远近，距离上海近的城市，其承接上海产业转移的数量就多，如苏州、无锡、南通等，因为，一般上海企业产业转移的地区选择大都经历"由近及远""由熟悉到陌生"的过程。其次，是考虑城市自身的产业结构、人文地理条件等。比如排名在前几位的城市，当地政府工作效率、劳动力素质、产业结构和投资环境与上海比较接近，这些都成为上海企业产业转移的优先考虑因素。

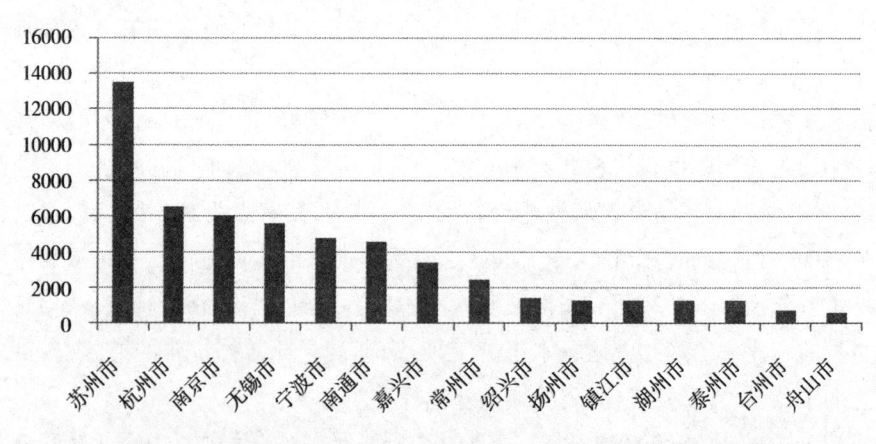

图 5.3.1　1990–2014 年上海向长三角 15 个城市转移的企业数情况

单位：户

2. 产业转移的行业分布特点

批发和零售业、制造业是上海向江浙两省产业转移的两大主要行业（表

5.3.1）。苏州由于离上海距离最近,上海转移到苏州的最多,约是其他城市的三倍。而制造业方面,得益于苏通大桥的开通以及沪通高铁的建设,南通与上海的通勤时间不断缩短,其区位优势也更加明显,再加上南通的发展战略有接轨上海领衔苏中的定位,其工业基础也较好,因此上海制造业企业向苏州和南通转移的数量最多。再从行业排名来看,每个城市的趋势基本是一致的,说明企业转移还是符合市场规律的。其中有两个城市制造业排名第一,一个城市制造业排名第二,相对在沪投资的行业情况制造业的排名更为靠前。上海产业结构以"三、二、一"为主,服务业企业更愿意留在本土,制造业企业向外转移的意愿比较大。

表5.3.1 1990－2014年上海对江浙部分城市产业转移行业分布情况

产业转移行业门类	苏州	南通	南京	无锡	杭州	宁波	总计
制造业	3998	1575	764	1209	559	1021	9126
批发和零售业	3062	1052	1754	1243	1629	1306	10046
租赁和商务服务业	2281	451	1211	923	1638	1048	7552
科学研究和技术服务业	1268	363	751	984	852	353	4571
房地产业	803	255	239	288	272	159	2016
信息传输、软件和信息技术服务业	529	97	474	316	625	180	2221
建筑业	441	188	232	135	140	88	1224
交通运输、仓储和邮政业	358	101	201	114	80	237	1091
住宿和餐饮业	209	26	88	87	145	65	620
居民服务、修理和其他服务业	193	97	107	81	245	79	802
金融业	116	32	49	49	78	49	373
农、林、牧、渔业	102	184	38	28	77	29	458
文化、体育和娱乐业	89	39	83	41	99	50	401
水利、环境和公共设施管理业	47	19	17	18	16	20	137
卫生和社会工作	27	7	14	14	23	10	95
电力、热力、燃气及水生产和供应业	22	26	15	17	15	14	109

续表

产业转移行业门类	苏州	南通	南京	无锡	杭州	宁波	总计
教育	7	5	2	17	23	2	56
其他	3	0	11	4	1	6	25
采矿业	0	1	3	0	1	1	6
总计	13555	4518	6053	5568	6518	4717	40929

3. 产业转移金额变化特点

上海在江浙投资额呈现出浮动上升趋势,尤其是2010年以来,投资额迅速上升。但从上海产业转移的企业数量和投资额方面,江苏都完全超过浙江,这说明江苏在吸引上海产业转移优势明显(图5.3.2)。上海企业向江浙两省产业转移的偏好较为明显,偏好江苏的更多。其主要影响因素主要有:首先是产业分工和梯度因素;其次是江浙两省承接地政府的对接积极性;三是承接地的土地成本。

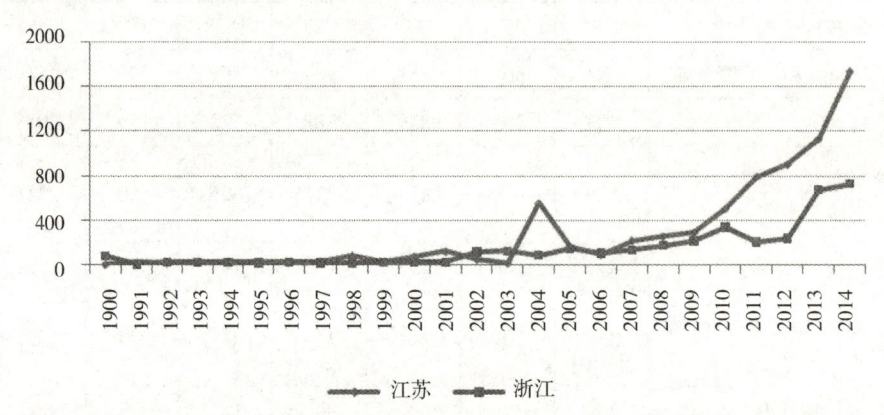

图 5.3.2 1990—2014年上海向江苏、浙江产业转移的投资额情况

(二)上海向江浙产业转移的总体概况

上海向江浙产业转移数量最多的行业就是制造业,上海向江浙两省制造业产业转移一直处于上升趋势(图5.3.3)。从1990年至2014年制造业企业产业转移的总数中,72.71%的制造业企业转移到了江苏省,而27.29%转移到浙江省。从时间轴来看,1990年至2007年,上海向江浙产业转移的制造业企业数量一直处于上升过程中,2008年开始受经济危机影响出现小幅回落,而到2010年后又不断回升。

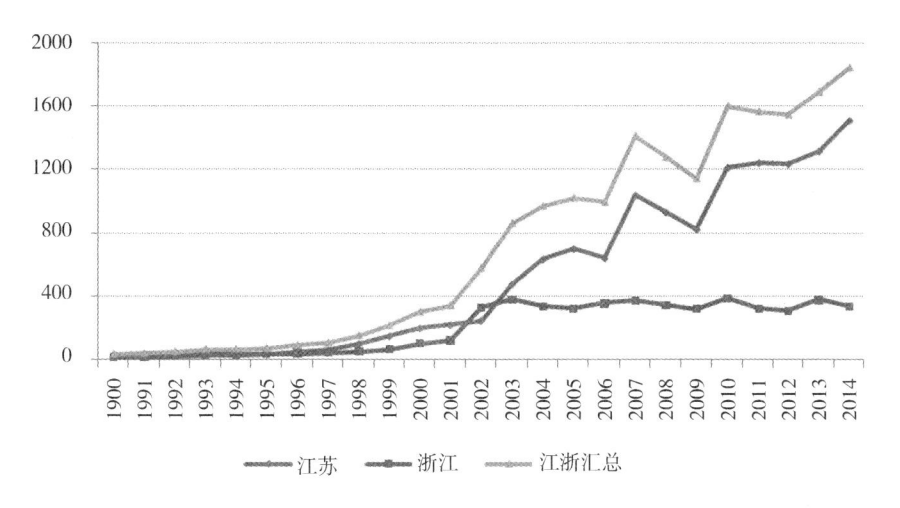

图 5.3.3　1990－2014 年上海转移到江浙制造业企业数量历年变化（单位:户）

（三）上海向江苏产业转移的态势

上海向江苏转移产业的规模比较大，且集中在制造业。上海对江苏省内制造业投资呈现以空间距离为标准的梯度递减趋势，区位距离上海越远，承接上海企业转移的数量及金额越少。从投资企业数量看，苏州、南通、无锡、常州、南京位居江苏各市前五位，产业转移企业数量分别为 2226 户、787 户、654 户、434 户和 413 户，五市合计占江苏产业转移制造业总量的 73.93%；从投资额看，苏州、南通、南京、无锡、扬州位居江苏各市前五位，产业转移金额分别为 497.92 亿元、225.15 亿元、192.04 亿元、177.55 亿元和 105.44 亿元，五市合计占江苏产业转移制造业总量的 78.39%。

受区域优势产业吸引，上海对江苏各市投资的制造业呈现差异化（表 5.3.2）。从制造业细分行业看，"十二五"以来上海对苏州投资主要集中在专用设备制造业、金属制品业和通用设备制造业，投资企业数量分别为 317 户、315 户和 263 户，三行业合计占苏州产业转移制造业总量的 40.21%。上海对无锡投资的前三行业与苏州一致，受地理位置相邻、产业发展联系紧密等因素影响，无锡对以上三产业亦具有优势。上海向南通产业转移的前三行业是通用设备制造业、专用设备制造业和纺织服装、服饰业，三行业合计占南通产业转移制造业总量的 30.88%，南通对纺织服装、服饰业具有优势。向南京产业转移的行业，排在前三的主要是专用设备制造业、计算机通信和其他电子设备制造业、电气机械和器材制造业，三行业合计占南京产业转移制造业总量的 38.50%，南京对计算机通信和其他电子设备制造业、电气机械和器材制造业具有优势。

表 5.3.2 "十二五"以来上海对江苏省制造业投资前 5 位城市（企业数量占比）

产业转移二位行业	苏州市	南通市	无锡市	常州市	南京市
专用设备制造业	14.24%	10.42%	13.15%	15.67%	16.71%
金属制品业	14.15%	7.75%	9.79%	6.91%	3.87%
通用设备制造业	11.81%	11.94%	19.11%	15.44%	8.72%
计算机、通信和其他电子设备制造业	8.54%	2.92%	5.96%	7.37%	11.14%
电气机械和器材制造业	7.14%	8.01%	8.10%	8.53%	10.65%
纺织服装、服饰业	6.15%	8.51%	3.67%	4.84%	4.84%
橡胶和塑料制品业	5.84%	2.92%	5.66%	4.15%	3.63%
化学原料和化学制品制造业	4.76%	8.13%	3.52%	5.53%	8.47%
汽车制造业	3.73%	3.30%	2.60%	3.69%	7.02%
纺织业	3.23%	7.75%	2.45%	4.15%	1.45%
非金属矿物制品业	3.05%	4.70%	4.59%	4.61%	3.39%

从投资额看，"十二五"以来上海对苏州产业转移投资主要集中在专用设备制造业(65.41 亿元)、造纸和纸制品业(59.65 亿元)、化学原料和化学制品制造业(54.42 亿元)、汽车制造业(49.79 亿元)、通用设备制造业(47.99 亿元)，其中造纸和纸制品业投资金额较大主要受大额投资影响，如金光纸业（中国）投资有限公司对金红叶纸业集团有限公司投资 55.35 亿元。上海对南通投资主要集中在通用设备制造业(33.13 亿元)、铁路船舶航空航天和其他运输设备制造业(27.07 亿元)、化学原料和化学制品制造业(21.91 亿元)、金属制品业(20.42 亿元)、专用设备制造业(17.67 亿元)。

（四）上海向浙江产业转移的态势

上海向浙江产业转移规模最大的是租赁和商务服务业。"十二五"以来，上海对浙江租赁商务服务业投资企业数量共计 3591 户，投资额 28.87 亿元。从各城市分布看，上海对浙江省内租赁商务服务业投资基本呈现以空间距离为标准的梯度递减趋势，区位距离上海越远，接近上海产业转移数量及金额越少，且经济发展水平较高的地区产业转移量较高。杭州、宁波产业转移租赁商务服务业数量分别位居浙江各市第一和第二位，分别为 1185 户和 1049 户，嘉兴、湖州、绍兴产业转移企业数量分别位居三至五为，数量分别为 634 户、189 户和 149 户。

从租赁商务服务业细分行业看，"十二五"以来上海对浙江投资高度集中在投资与资产管理业(主要为有限合伙类的股权投资基金),达到62.96%(图5.3.4)。杭州、宁波、嘉兴产业转移的该产业分别占各市租赁商务服务业的58.73%、74.45%和64.83%,这与各市出台的鼓励产业发展政策有密切关系。

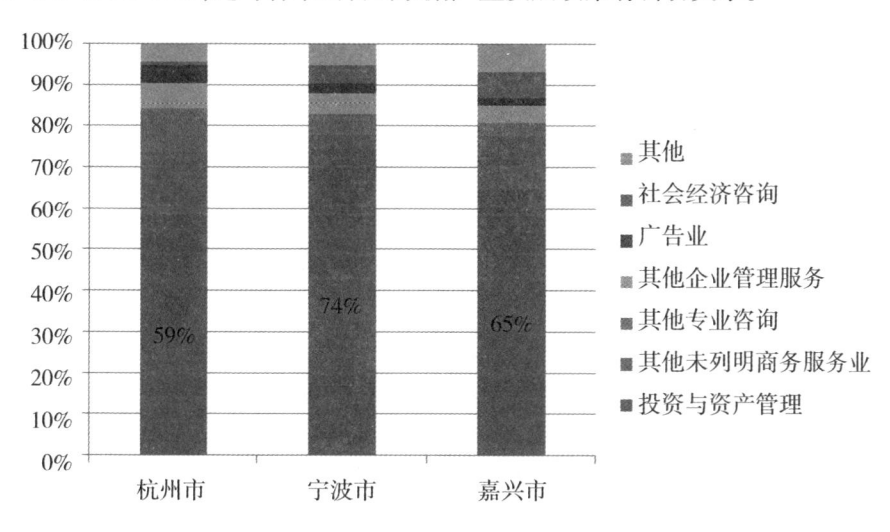

图5.3.4 "十二五"以来上海对浙江各市租赁商务服务业投资区域分布

四、江浙企业在上海产业投资态势

(一)投资数量变化特点

江浙来沪投资企业数量一直呈现不断上升趋势(图5.4.1)。将江苏省和浙江省迁入上海市的企业数按年份分,可以看出从1981—2000年,投资企业数一直保持缓慢增加态势,但随着2001年中国加入WTO,中国尤其是长三角开放度加大,江浙企业到上海投资数量不断呈现上升态势。

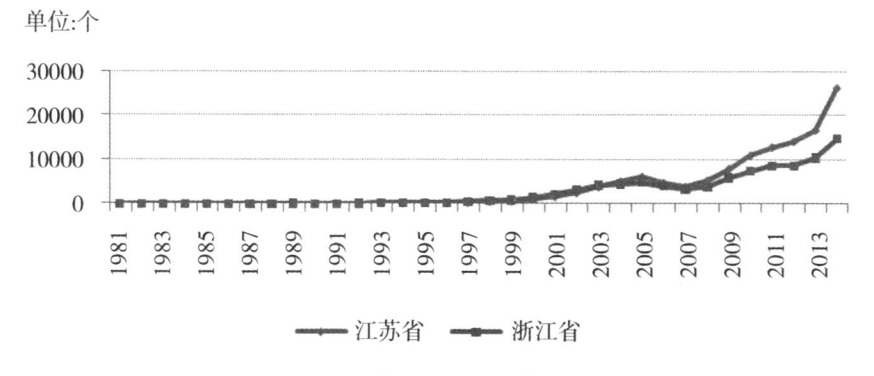

图5.4.1 1981—2014年江浙迁入上海的企业数变化情况

(二) 投资额变化特点

江浙来沪企业在上海投资呈现先平稳增长后波动增长的态势。浙江、江苏两省在沪在业投资额(注册资本)呈现出波动上升趋势,虽然江苏省每年投资的企业数比浙江省多,但浙江省的投资额总体高于江苏省(图5.4.2)。其中2003年以前,江浙在上海企业投资额一直呈现增长态势,2007和2012年则呈现出波动态势。但近年来,随着上海自贸区建设,江浙两省加大了对上海投资力度。

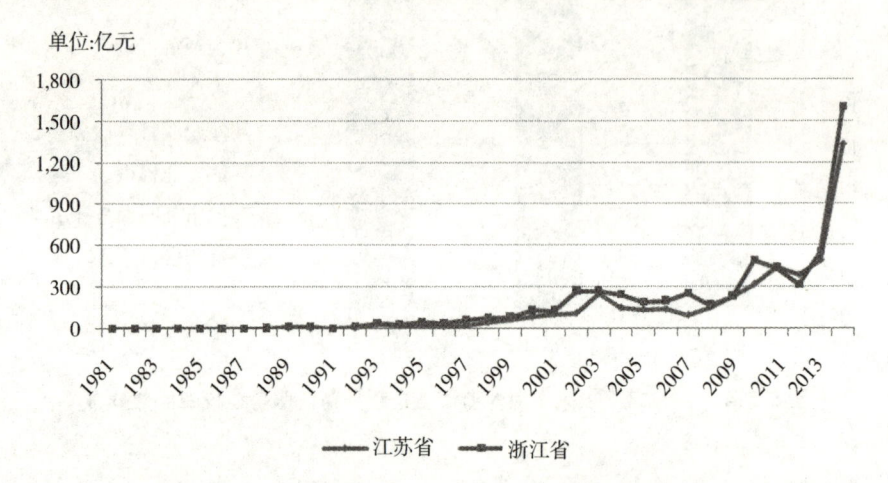

图5.4.2　1981-2014年江浙企业在上海投资额变化情况

(三) 投资行业特点

江苏省在上海投资的企业所属的行业排在第一位的是批发和零售业,其次是租赁和商务服务业、科学研究和技术服务业、建筑业、制造业,这五大行业企业数在所有企业数中的占比达到87.94%(表5.4.1)。此外,交通运输、信息传输等行业在上海的投资规模也逐渐扩大。

表5.4.1　1981-2014年江苏向上海转移企业所属行业分布情况

行业名称	企业数量(单位:户)	注册资金(单位:万元)
批发和零售业	51879	9795076.77
租赁和商务服务业	20494	15990620.73
科学研究和技术服务业	16776	4272299.96
建筑业	13491	3770897.02
制造业	9388	2416239.74

续表

行业名称	企业数量（单位:户）	注册资金（单位:万元）
交通运输、仓储和邮政业	5320	1345967.38
信息传输、软件和信息技术服务业	2768	957872.03
居民服务、修理和其他服务业	2412	190207.30
房地产业	1442	3636583.09
文化、体育和娱乐业	1375	269157.15
住宿和餐饮业	915	100066.66
水利、环境和公共设施管理业	538	531841.20
金融业	348	3316455.17
农、林、牧、渔业	163	27800.00
卫生和社会工作	57	16038.55
电力、热力、燃气及水生产和供应业	17	86822.55
教育	14	5450.00
采矿业	1	450.00

浙江省在上海投资的企业所属的行业，排在第一位的也是批发和零售业，其次是租赁和商务服务业、制造业、科学研究和技术服务业、建筑业，这五大行业企业数在所有企业数中的占比达到89.27%（表5.4.2）。这一比值与江苏省向上海转移的前五大行业占比的比值相近，且行业类别相同。

表5.4.2 1981-2014年浙江向上海转移企业所属行业分布情况

行业名称	企业数量（单位:户）	注册资金（单位:万元）
批发和零售业	41657	11161506.37
租赁和商务服务业	13882	24745584.42
制造业	12872	7094820.64
科学研究和技术服务业	9034	3493175.26
建筑业	4752	2742649.48
交通运输、仓储和邮政业	1858	831217.69
住宿和餐饮业	1707	243717.95

续表

行业名称	企业数量（单位：户）	注册资金（单位：万元）
信息传输、软件和信息技术服务业	1614	824116.21
居民服务、修理和其他服务业	1479	171739.86
房地产业	1342	4533569.16
文化、体育和娱乐业	927	291356.92
金融业	430	2902158.00
水利、环境和公共设施管理业	306	115360.16
农、林、牧、渔业	147	40073.97
卫生和社会工作	40	32279.00
电力、热力、燃气及水生产和供应业	19	15066.38
教育	11	2740.00

江苏省和浙江省在上海投资的行业有极大的共性，前五位行业完全一致，且产业集中度较高，后续行业排名趋势也比较相似。江浙地区地理位置相近，资源禀赋差异并不大，基础条件的类似决定了产业发展的相对趋同。其次，从投资靠前的行业来看，除制造业和建筑业之外，其余为商贸服务、科技服务、信息服务、物流服务等生产性服务业。江浙在沪投资企业相似性，与上海鼓励先进制造业和生产性服务业发展的政策方向相符。

同时，在普遍共性之外也能看到江、浙地区的不同之处。比如制造业，江苏在上海投资的企业排在第五位，浙江排在了第三位。江苏省经济从 1979 年以来一直是以第二产业，尤其是制造业为主导，相较浙江省而言，第二产业在国民经济中的地位要更重一些。此外浙江省商业比较发达，土地成本也不便宜，向长三角都市圈转移的企业也更偏好苏北、安徽等地。江苏省的制造业发展环境较好，因此制造业企业向外转移的意愿相对要小一些。虽然江、浙、沪的产业关联度很高，但地区内部制造业也呈现一定的产业分工。上海市的资本、技术密集型产业的比较优势较江浙两省更为明显；江苏省比较优势在于资本密集型行业；浙江省的比较优势聚焦于劳动密集型行业。可以看到，长三角各地区有着极大的共性，但也有着基于各自特征的差异性。

（四）在沪投资区位特点

江浙来沪企业在上海城市空间的区位呈现差异化（表5.4.3）。江苏省和浙江省累计在上海投资的企业数为21.95万户(1981-2014年),其中来自江苏省的有12.74万户,来自浙江省的有9.21万户。从各行业在上海的主要注册区域来看,主要在浦东新区注册的企业行业有8个,主要是房地产业、金融业、教育业、软件和信息技术服务业、租赁和商务服务业等。建筑业、批发和零售业、科学研究和技术服务业主要在金山区和嘉定区。制造业在奉贤区的注册企业最多,有4982户,其次在嘉定区、松江区和浦东新区也有较多的制造业企业。农、林、牧、渔业主要分布在浦东新区、松江区和奉贤区。电力、热力、燃气及水生产和供应业主要分布在闵行区和崇明县。

表5.4.3 1981-2014年各行业在上海主要注册区域情况

行业	主要注册区县分布
采矿业	崇明县
电力、热力、燃气及水生产和供应业	闵行区、崇明县
房地产业	浦东新区
建筑业	嘉定区
交通运输、仓储和邮政业	金山区
教育	浦东新区
金融业	浦东新区
居民服务、修理和其他服务业	浦东新区
科学研究和技术服务业	金山区,嘉定区
农、林、牧、渔业	浦东新区
批发和零售业	金山区、嘉定区
水利、环境和公共设施管理业	金山区
卫生和社会工作	徐汇区、长宁区
文化、体育和娱乐业	嘉定区
信息传输、软件和信息技术服务业	浦东新区
制造业	奉贤区
住宿和餐饮业	浦东新区
租赁和商务服务业	浦东新区、嘉定区、金山区

江浙两省的企业在上海各区投资布局,实际上与上海政府对各区域产业发展定位吻合性很高。从转入区域的整体情况来看,除了卫生服务、公共服务有涉

徐汇区、长宁区这样的较为中心的区域,其余行业均分布在浦东新区以及金山、嘉定等郊区区县,而服务业则几乎全在浦东新区。郊区区县主要承接制造业的转移,这也与上海在杭州湾北岸地区发展先进制造业的战略是符合的。浦东新区是一个比较综合的区县,在陆家嘴、张江这样科技含量高、服务业发达的版块可以吸引企业研发、销售的核心环节以及总部入驻,在地广人稀的临港地区可以承接高端装备制造等产业。

不同来源地投资企业在投资区域偏好不同。江苏在上海投资偏向崇明县、嘉定区和杨浦区。此外,江苏对奉贤区投资数量较多,主要与行业分布相关,江苏与奉贤区均侧重制造业。安徽在上海的投资偏向奉贤区和金山区,且对两区的投资数量较高,位居各区县前两位,分别达 18.6% 和 17.65%,安徽向奉贤区投资较多的是批发零售业、租赁商务服务业和制造业;向金山区投资较多的是批发零售业、租赁商务服务业和交通运输仓储邮政业,安徽与上海奉贤区和金山区投资紧密与该区的优势产业发展相关。浙江在上海的投资偏向黄浦区、闸北区等中心城区和浦东新区,浙江向浦东新区投资较多的是批发零售业、租赁商务服务业和科研技术服务业。

五、上海市企业迁移意愿状况调查

(一)问卷设计

企业是产业迁移的行为主体。为了了解企业的迁移意愿和影响因素,我们以符合上海产业发展方向的"专、精、特、新"的企业为调查对象进行问卷调查。问卷设计包括企业的基本信息、发展状况、迁移意向及对政府的服务需求四部分内容,并考虑到制造业企业和服务业企业的发展状况、对政府的服务需求会存在差异,进行了分别设计,从而可以为更好地了解制造业和服务业企业迁移意愿和影响因素。

企业基本信息中涵盖了企业的成立时间、规模、企业性质、行业类型、原材料来源、产品销售地、营业利润情况等。不同的企业性质、行业分布、销售市场、营业状况都可能对企业转移产生作用。企业发展状况部分主要考察了企业目前的发展困境、成本构成、未来的发展战略等问题。企业对发展战略的选择可以反映出企业对当前形势的认识及判断,不同类型不同行业的企业对发展战略有何侧重,差异化的战略选择能够为企业迁移意向提供参考。企业迁移意向是问卷的主体部分,包括企业转移意愿、转移意向地、转移的原因、转移模式等,反映了企业自身对产业转移的想法。企业对政府的服务需求部分关心的是企业的直接需求,希望得到政府哪方面的扶持。问卷调查在上海市中小企业办的大力支持下,由前来参加培训课的企业负责人现场填写,保证了问卷结果的高质量和完整性。

(二)问卷回收与描述统计分析

本次问卷调查共回收 167 份,共 155 份有效问卷,有效问卷率为 92.8%。其中制造业被访企业共 73 户,占样本企业总数的 47.1%;服务业被访企业共 82 户,占样本企业总数的 52.9%。样本中成立最早的企业在 1970 年,也有 2013 年新成立的企业。所调查的企业分布在上海的 17 个区县,覆盖到了上海全市,其中浦东新区的参与企业数量最多,有 24 户(表 5.5.1)。

表 5.5.1 被调查企业的地区分布情况

所在区县	总计	制造业	服务业
浦东新区	24	14	10
嘉定区	16	7	9
青浦区	16	9	7
金山区	15	7	8
松江区	13	7	6
闵行区	10	2	8
杨浦区	10	7	3
奉贤区	9	5	4
宝山区	8	2	6
徐汇区	8	3	5
普陀区	6	2	4
静安区	5	2	3
长宁区	4	0	4
闸北区	4	2	2
虹口区	3	1	2
崇明县	2	2	0
黄浦区	2	1	1

从企业的类型来看,以私营企业最多,私营企业数达到 116 户,问卷占比达 74.8%;其次是港澳台及外商投资企业,累计企业数 23 户;之后分别为国有企业、集体企业和其他类型的企业,企业数分别为 9 户、4 户和 3 户。

企业的规模按从业人数来分,制造业和服务业关于不同规模的企业的划分标准不同。制造业被访企业的从业人数在1000人以上是大型企业,有3份;中型企业的从业人数在300—1000人以内,有18份;小型企业的从业人数在20-300人,有49份;微型企业的从业人数少于20人,有3份。服务业因包含的行业类型多样,各类行业在从业人数上的划分又有不同。结合国家对各服务业中小企业的划型标准统计,本次调查中大型服务业企业有14份,中型企业33份,小型企业32份,微型企业3份。本次参与问卷填写相当大比例为中小型企业,其中小型企业的占比最高,为52.3%,中小微企业的总占比为89.1%。

从企业的产品销售市场来看,业务范围包括上海的企业有115户,在长三角范围内有业务的是128户,数量相较于在上海有业务的企业多了13户,表示这13户企业的销售市场是在除上海之外长三角地区。业务范围扩大到东部地区的有118户,在中西部地区有业务往来的企业是100户。部分企业生产的产品远销欧、美、日等发达国家,东南亚、中东等发展中国家及港澳台地区。

表5.5.2 被调查企业的产品销售地情况

销售地	制造业企业	服务业企业	总计
上海	57	58	115
长三角	63	65	128
东部地区	62	56	118
中西部地区	52	48	100
欧盟、美国、日本等	28	18	46
东南亚、中东、非洲、拉美等	29	20	49
港澳台地区	14	11	25

从样本总体来看,最近三年的平均净利润增长率是负增长的企业共4家,且均为服务业企业。平均利润增长率介于0%-10%之间的企业数量是84户,占54.2%,介于10%-15%之间的企业数量是18户,占11.6%,在15%以上的企业数量有42户,占27.1%(表5.5.3)。被调查的企业总体经营状况比较稳定,有四分之一的企业经营状况较好,达到15%以上的净利润增长,也有一部分企业的经营状况不佳,出现负增长,超过一半占比的企业保持在0%-10%的水平增长。

表5.5.3 被调查企业近三年的平均净利润增长率情况

净利润增长率	制造业企业	服务业企业	总计
负增长	0	4	4
0–5%	18	24	42
6%–10%	18	24	42
11%–15%	13	5	18
15%以上	20	22	42

(三)企业发展面临的问题

企业发展中面临的内外部问题,会影响企业未来发展战略的制定,当另一区位的综合发展环境优于当前区位时,会促使企业进行区位调整。只有了解企业发展中存在的问题,企业管理者才能制定正确的对策,政府才能有针对性地制定和实施有效的扶持政策。问卷样本中的企业反映出的生存发展问题主要包括复合型人才匮乏、劳动力成本高、税收负担重、缺乏创新能力、融资困难、内部管理水平低、政府政策限制等等。因服务业和制造业具有不同的行业特征,各因素对不同行业的影响程度有差异。制造业企业和服务业企业按选择频数排列的前十项问题,可以看出两类行业的前两大问题都是人才匮乏和劳动力成本。除了表中列出来的,还有一些选择频数较少但确实存在的问题,比如来自电子商务的冲击、土地制约、能源原材料不足、知识产权保护力度不够等。

表5.5.4 制造业企业和服务业企业发展存在的问题

制造业企业	频数	服务业企业	频数
复合型人才匮乏	40	复合型人才匮乏	39
劳动力成本高	35	劳动力成本高	39
缺乏创新能力	19	税收负担重	19
税收负担重	17	内部管理水平较低	17
缺少公平竞争的市场环境	15	缺乏创新能力	14
厂房、地租成本高	15	融资难,资金不足	12
融资难,资金不足	12	经营租金成本高	11
内部管理水平较低	11	竞争优势不突出	9
固定资产投入成本高	9	专业化、现代化水平低	9
市场需求不足	8	市场准入限制	8

表5.5.4显示,接受问卷调查的企业在发展过程中,面临诸多亟待解决的问题,其中,比较突出的问题有以下几个方面。

1. 人才匮乏

样本中57.14%的制造业企业和57.35%的服务业企业存在人才供给不足的问题,体现在数量和结构上。制造业企业反映的匮乏型人才包括:市场开拓人员、领军型研发人员、有研发管理能力的技术人才、信息技术运用和软件开发人才。服务业企业反映的匮乏型人才包括:技术研发人员、复合型人才、营销人员、企划人员、高学历专业人员、高级物流管理人才、公关人员等。

市场竞争日趋激烈,企业的兴衰同员工息息相关,尤其是管理和技术骨干人员的主动精神和创新性。同大企业相比,中小企业在人力、财力等方面表现出很明显的劣势,企业规模小,在资金等方面的实力不足,很难吸引具有尖端技术的人才,也难以给予这些人才高薪。在这种劣势下,如果企业又没有明确的发展战略和发展规划、企业缺乏创新能力,没有意识进行人才储备,忽视员工的再教育和培训,不但会大大影响到人才的职业生涯规划,也会使企业在关键时刻无法从企业内部找到匹配的人才。人才流失、员工流动性高也是目前中小企业面临的难题。

2. 资金短缺、贷款难问题

中小企业目前资金的来源主要是金融机构贷款和企业自身资金的积累,而通过股票市场和债券市场直接融资所占比重过低,从总体来看企业的融资渠道单一。银行贷款属于间接融资,目前六个月以内的银行贷款利率是5.6%,一年至三年的银行贷款利率是6.15%,中小企业融资成本居高不下仍然是普遍现象。作为主要直接融资方式的发行股票、债券筹资方式,中小企业的选择率很低,仅占企业总数的4.35%。

表5.5.5 企业的资金来源

资金来源	制造业	服务业
金融机构贷款	38	42
发行股票、债券	2	4
民间借贷	4	8
风险投资资金	3	14
企业自身资金积累	55	49
企业内部集资	4	12

数据来源:上海中小企业发展状况及服务需求调查问卷整理所得

在138份中小企业样本中,有融资需求的企业是69户,占总样本数的50%。其中国有企业有3户,外商投资企业有9户,港澳台商有2户,数量最多的是私营企业有55户,占私营企业总数的51.4%。制造业企业在融资问题的选择上,41.94%选择的是融资成本较高,30.65%选择的是缺乏融资担保,22.58%选择的是融资渠道不畅、单一,剩下的4.84%是选择缺乏吸引投资的条件。

3. 生产要素成本上升、税收负担重

劳动力成本上升不仅对企业自身发展有影响,还会影响产品市场价格及一行业的竞争力。劳动力成本的劣势会在很大程度上抵消基础设施、劳动者素质、产业链配套、市场潜力等优势。导致劳动力价格上涨的因素有很多,主要是:一是物价水平上涨进而导致企业工资水平上涨。二是各省市的最低工资都在上调。根据规定从2014年4月1日起,上海的最低月薪调整为1820元,上调了200元,成为全国最高的月最低标准。三是社会保险费快速增长。上海市最低的社保缴费基数是3022元,占市职工月工资的60%。问卷中有17户制造业企业、19户服务业企业反映有税收负担重的问题,分别占制造业总数的24.29%和服务业企业总数的27.94%。值得注意的是,这36户企业中,有32户是私营企业,另外4家是外商投资企业。引起税费费用增加的一个重要原因是落实税费减免政府政策的强度不够。即一项税收政策原先的制定目标合理,但只有少数企业在实际落实中享受到了税收减免,这就造成了政策落实不足。

4. 管理水平低下、缺乏创新能力

总样本中20.29%的中小企业反映企业管理水平低下,其中11户制造业企业,17户服务业企业,且89.3%是私营企业。总样本中23.9%的企业反映缺乏创新能力,其中19户制造业企业,14户服务业企业,84.8%的企业属于私营企业。所有的企业类型中,私营企业存在的问题最多。

企业出现管理问题会有多种原因:首先在于企业的经营者,掌握的管理知识与经验不足,管理目标不明确,投机心切等;二是企业的发展与自身发展相矛盾,一味地扩张企业规模而忽视了内部组织架构、管理体系的调整,造成管理滞后;三是企业缺乏明确的战略发展方向。

5. 企业拟采取的应对策略

问卷中被调查企业的主要发展战略选择如表5.5.6所示,主要包括加强研发能力、提高企业管理水平、提供品牌知名度、扩大经营规模、降低经营成本、完善营销网络、增强融资能力。在选择数量上,服务业和制造业企业间的差距不大。从发展战略选择上也可以看出,其出发点是为了解决企业当前困境,与上文反映出的具体困境内容相呼应,会影响企业进行战略性迁移行为。

表 5.5.6　接受问卷调查企业拟采取发展策略

发展战略	服务业	制造业
加强研发能力	47	54
提高企业管理水平	41	44
提高品牌知名度	35	38
扩大经营规模	32	30
产品差异化	29	25
降低经营成本	23	30
提高职工素质	20	24
建立和完善营销网络	20	28
增强融资能力	17	10

(四)中小企业对政府的服务需求分析

企业选择的服务需求按需求量来看主要有:企业创新支持、政策支持、人才培养、资金支持、市场拓展、改善投资环境、公共信息平台建设。其中,中小企业选择最多的是创新支持、政策支持和人才培训。分行业来看,制造业中小企业偏重技术创新支持、税收优惠,服务业中小企业偏重产品创新支持和人才培训。制造业企业和服务业企业的需求基本相同,不同的是多数比例制造业企业还希望得到市场拓展支持,多数服务业企业还希望改善投资环境。

表 5.5.7　不同行业中小企业对政府的服务需求

制造业	频数	服务业	频数
技术创新支持	44	产品创新支持	39
税收优惠	41	人才培训	38
人才培训	34	税收优惠	34
市场拓展支持	29	融资和信贷支持	27
融资和信贷支持	27	土地资源支持	22
土地资源支持	22	改善投资环境	20

微型企业更偏重人才培训和政策支持,小型企业的更偏重创新支持和人才培训,中型企业更偏重政策支持和创新支持。从企业性质来看,国有企业偏重人才

培训,私营企业偏重企业创新支持、税收优惠、人才培训,外商投资企业偏重企业创新支持、税收优惠,集体企业和港澳台商企业的服务需求也主要为企业创新支持、人才培训、改善投资环境。中小企业提出的其他服务需求主要集中在保护知识产权、人才落户、子女教育问题等方面。

表5.5.8 不同规模企业对政府的服务需求

服务需求	中型企业	小型企业	微型企业
企业创新支持	28	52	3
政策支持	30	41	4
人才培训	26	42	4
融资和信贷支持	22	31	1
市场拓展扶持	14	26	2
公共信息平台	13	14	1
改善投资环境	9	13	0

表5.5.9 不同性质中小企业对政府的服务需求

服务需求	国有	集体	私营	外商投资	港澳台商
企业创新支持	3	1	66	11	2
税收优惠	3	0	60	10	2
人才培训	6	1	54	9	2
土地资源支持	1	0	33	8	2
融资和信贷支持	2	0	44	6	2
改善投资环境	1	1	16	3	1
健全法律法规	2	1	24	4	0
市场拓展扶持	1	1	33	7	0

在技术创新服务专项方面,所有被访样本都提出了各自的需求。其中在创新扶持方面,有104户企业希望得到技术、产品创新项目政策扶持服务,占被调查企业的75.36%。在产学研对接服务方面,有62户被访企业希望与国内院校、研究院进行产学研对接,占样本总数44.93%。有46户被访企业希望与跨国公司技术中心对接,在国内外寻找技术创新合作伙伴,有50户被访企业希望产业升级配套

项目政策扶持服务,有 14 家希望技术信息推送服务。在市场拓展专项方面,在产业链对接服务方面,有 63 户被访企业希望与本地大中型企业开展对接合作;超过三分之一的企业需要海外市场拓展咨询服务和国际市场考察政策扶持;另外,约三分之一的被调查企业表示需要展会方面的服务,比如上海(国际)中小企业精品展、中博会等等。

(五)企业对政府政策的满意度分析

为了考察企业对政府政策的满意度,问卷中将这一问题设置为 5 级打分法使定性指标量化,很不满意是 1 分,一般满意是 3 分,非常满意是 5 分。下面分别从不同行业和不同企业类型来看中小企业对政府政策的满意度。

服务业中小企业对各项政策的满意度均低于平均分 3 分,制造业中小企业对价格政策、融资政策和"走出去"发展政策的满意度低于 3 分,对其余政策的满意度也只略高于 3 分,说明服务业和制造业企业对政策的满意度均不高,政府在改善各项政策方面仍有很大的空间。服务业企业对各项政策的满意度均比制造业企业低,尤其是土地政策的满意度差最大,为 0.866。在以往的经济发展中,政府总是向工业企业倾斜要素资源配置政策,随着产业结构的调整和经济发展方式的转变,服务业转变为经济发展重点,而服务业的发展又受到一系列因素的制约,包括土地使用政策、能源价格和基础设施等。

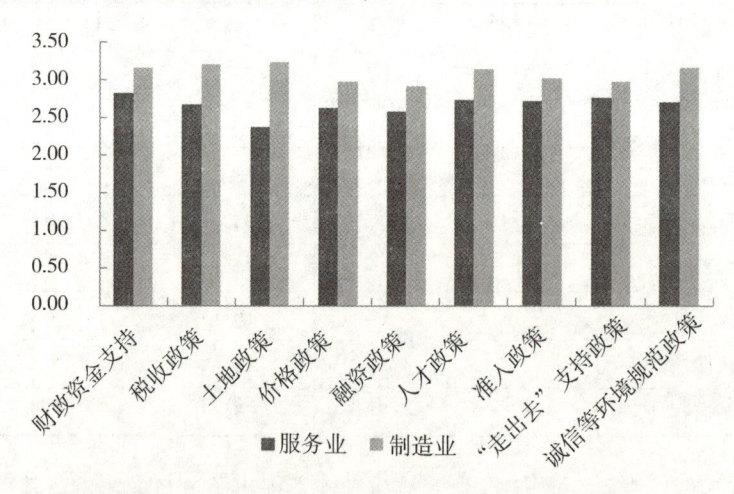

图 5.5.1 不同行业中小企业对政府政策的满意度比较

不同性质的企业对同一政策的满意程度不同,同一性质的企业对各项政策的满意程度不同。国有企业在税收政策、土地政策、财政资金支持方面的满意度较高,达到或接近 4 分的水平,对人才政策的满意度最低。私营企业对人才政策、环境规范政策、财政资金支持政策的满意度较高,对土地政策的满意度最低。外商投资企业对人才政策、市场准入政策的满意度最高,满意度最低的是融资政策。港澳台商的政策满意度差最明显,满意度最低的是财政资金支持政策和市场准入政策,比较满意的是人才政策和"走出去"支持政策。综合对不同行业和不同性质中小企业的政策满意度调查,反映了政府政策的实施对不同主体的效果不同,不能满足各类企业的需求。所以为了更好地满足企业的发展需求,必须要有针对性地制定各项政策。

表5.5.10　不同性质中小企业对政府政策的满意度

	国有企业	私营企业	外商投资企业	港澳台商
财政资金支持	3.71	3.84	3.71	3.00
税收政策	4.04	3.73	3.57	3.50
土地政策	3.88	3.48	3.50	3.50
价格政策	3.21	3.60	3.50	3.50
融资政策	3.17	3.58	3.43	3.50
人才政策	3.00	3.80	3.79	4.00
准入政策	3.33	3.73	3.79	3.00
"走出去"支持政策	3.17	3.72	3.64	4.00
诚信等环境规范政策	3.58	3.83	3.57	3.75

(六) 中小企业的迁移意愿分析

参与问卷调查的138户中小企业中,已经开始转移的企业有31户,还没有开始转移的企业有107户,占比达到77.5%。在还未转移的企业中,制造业企业和服务业企业约各占一半。可以说到目前为止,制造业企业和服务业企业对待产业转移的积极性并不高。未转移的企业中,1-2年内有转移意向的企业有25户,占调查样本数的18.1%,其中制造业企业10户,服务业企业15户;在2-5年内有转移意向的企业有26户,占调查样本数的18.8%,其中制造业企业17户,服务业企业9户;5年之后有转移意向的企业有24户,占调查样本数的17.4%,制造业和服务业企业各12户;在5年以上甚至更长时间不考虑转移的企业有32户,占调查样本数的23.2%。可以看出,随着时间的推移,在各种因素的影响下,不论是制造业企业或是服务业企业都越来越重视通过产业转移来实现企业更好的发展。

长三角地区仍然是企业转移的主要意向地。对企业的转移意向地进行统计之后发现,转移意向地为长三角地区的企业有 62 户,有效百分比为 62.2%,表明大部分被调查企业已经和即将进行的产业转移意向地都在长三角地区;而转移意向地在长三角之外,即选择转移出长三角地区的被调查企业只有 41 户,其中转移意向地为环渤海地区的企业有 18 户;转移意向地为珠三角地区的企业有 11 户;转移意向地为对口支援西部地区的企业有 12 户。

产业园区模式与投资新建模式是最主要的产业转移模式,选择项目外包模式进行产业转移的企业较少。结合服务业和制造业的行业特点,问卷中给出几种企业区际产业转移的模式,主要有产业园区模式、合资合作模式、并购模式、投资新建模式、项目外包模式。产业园区可以促进产业集聚,发挥集聚带来的外部经济正效应。合资合作模式是企业间为了实现某一发展目标而采取的合作经营方式。并购模式是指企业进行交易产权而获取另一企业的经营管理控制权来增强自身竞争优势的一种方式。投资新建子公司是利用企业内部的优势条件实现企业向外发展,是其中成本最高的一种投资方法,企业承担的风险也最大。从调查结果来看,选择转移模式为产业园区模式的企业有 50 户,为五种转移模式中被选择最多的模式;其次是投资新建模式,有 47 户被调查企业选择该种转移模式;之后依次为 28 户被调查企业选择合资合作模式、23 户被调查企业选择并购模式和 10 户被调查企业选择项目外包模式。

生产制造环节是制造业企业最可能向外转移的环节,而研发设计环节最不可能向外转移。调查结果显示,制造业企业选择向外转移的环节中,比例最大的是转移生产制造环节,为 52.17%;其次是转移售后服务环节,占 14.13%;营销环节的占比是 10.87%;物流配送环节转移的比例是 11.96%;转移采购和研发设计环节转移的占比分别均为 5.43%。随着对上海转变经济发展方式的推进,产业结构逐渐定位在产业链的高附加值环节,将产业链低端的生产加工环节移出,而研发属于产业价值链的最核心环节,国内外众多企业纷纷将研发中心搬迁至上海,上海正逐步成为国内研发机构最为集中的城市。

在影响企业迁移意愿的因素中,排在首位的是为了降低劳动力使用成本,其次频数较多的是扩大市场份额、降低土地使用成本、吸引人才、寻求更优区位、税收优惠等。从比较中可以看出,制造业中小企业向外迁移主要是为了降低生产成本,服务业中小企业向外迁移主要是为了降低劳动力使用成本和扩大市场份额。融资需求的选择数也比较少,同制造业相比,服务业企业更希望降低融资成本。在产业结构调整因素的选择上,仅 2 户制造业企业选择,从企业信息可知这 2 户企业主营业务分别是船舶内燃机和动物保健品。

表 5.5.11　企业向外迁移的原因

制造业	频数	服务业	频数
扩大市场份额	27	扩大市场份额	46
靠近原材料产地	9	靠近企业主体客户群	21
降低土地使用成本	28	降低土地使用成本	20
降低劳动力使用成本	33	降低劳动力使用成本	45
融资需求	5	融资需求	13
吸引人才	17	吸引人才	20
当地市场竞争状况	9	当地市场竞争状况	6
区位优势	20	区位优势	15
税收优惠政策	15	税收优惠政策	16
技术进步	5	技术进步	6
产品生命周期因素	4	产品生命周期因素	3
利用基础设施	7	利用基础设施	3
上海产业结构调整	2	上海产业结构调整	9

数据来源：上海中小企业发展状况及服务需求调查问卷数据

对于企业转移之后会有哪些担忧的问题，主要涉及担心政府机构的廉洁和办事效率、人才缺乏和员工素质问题、社会治安问题、当地的配套产业和基础设施是否跟得上、合作伙伴关系风险、企业退出问题。其中占比最高的是当地的配套服务是否能跟得上，占25.8%，其次是政府的廉洁和办事效率，占21.0%。

（七）企业转移模式

1. 不同行业的转移模式

服务业企业倾向于选择新建子公司，这样有利于母公司对子公司的控制并能防止商业机密的外泄，是高新技术企业的最佳选择。制造业企业更倾向于进入产业园，产业园区集中了产业链的上下游企业，共享公共基础设施，能够降低企业的交易费用，方便企业的业务拓展，利于提高企业对外的竞争力，因此更适合制造业企业。项目外包模式的选择率最低，以信息技术、业务流程为主体的服务外包产业是新形势下跨国公司产业转移的新模式，上海中小企业似乎并没有重视。

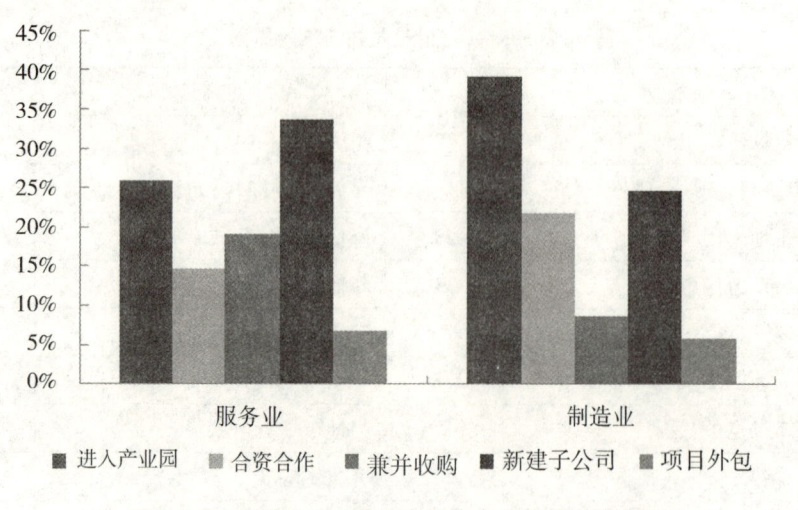

图 5.5.2 制造业企业和服务业企业的转移模式选择

2. 不同规模企业的转移模式

不同规模企业的模式选择不同。由于微型企业的样本量较少,图形的差别不够明显,但是可以直观地看出更倾向进入产业园和新建子公司两种模式。小型企业主要选择的是进入产业园,中型企业主要选择的是新建子公司。通过企业规模的比较可以看出,小规模、风险承受力低的小微企业偏好产业园区模式,借助产业集聚的正外部效应,加强企业与企业的合作,实现自身稳定的发展。竞争力较强的中型企业倾向于依靠自身的资源资金等优势条件新建子公司,同时,投资新建又是成本最高风险最大的一种模式。

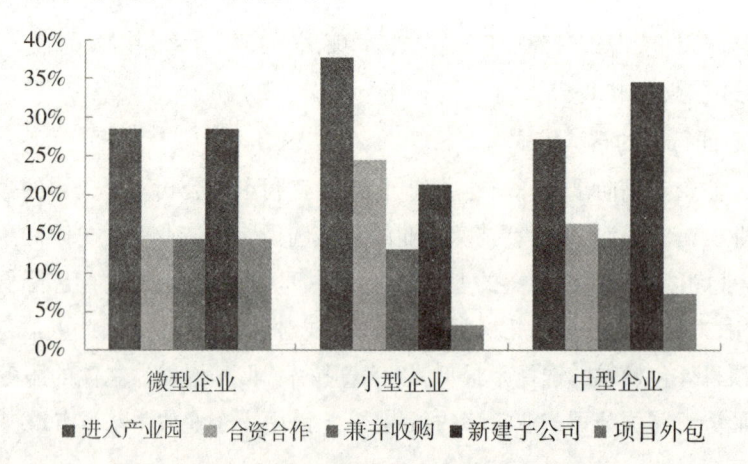

图 5.5.3 不同规模中小企业的转移模式选择

3. 不同性质企业的转移模式

不同性质企业的转移模式选择不同。国有及集体企业主要选择合资合作的模式,私营企业主要选择进入产业园和新建子公司模式,外商及港澳台企业主要选择新建子公司模式。由于国有集体企业的样本数量相对略少,反映的信息并不一定准确。私营中小企业在产品竞争力和抗风险能力上不具有优势,进入产业园区是最佳的选择模式。外资及港澳台商企业因其独特的企业文化,更倾向于投资新建确保对企业经营的控制权。

表5.5.12 不同性质中小企业的转移模式选择

	国有	集体	私营	外商投资	港澳台商
进入产业园	2	1	45	2	0
合资合作	3	2	19	3	1
兼并收购	1	0	22	0	0
新建子公司	1	0	36	7	2
项目外包	0	0	1	0	0

(八)上海企业迁移意向的影响因素

1. Logit 模型的建立

当用多个因素来解释由 0 - 1 表示的分类型变量时,由于不能直接分析自变量对因变量的作用,可以考虑应用 logit 回归模型,将分析转换为因变量取某个值的概率与自变量的关系。按因变量的取值个数,Logit 回归分为 Binary Logit Regression 和 Multinomial Logit Regression。Binary Logit Regression 是因变量的取值为 0 和 1,Multinomial Logit Regression 的因变量可以有 3 个或 3 个以上的值。

逻辑分布的概率分布函数是:$F(x) = e^x/(1 + e^x)$,

$F(x)$ 的值在 0 - 1 之间,呈单调上升 S 形曲线。记 $P(y = 1/x)$ 表示 y 在 x 变量条件下愿意转移的概率,则带入上述表达式有:

$$P(y = 1/x) = e^{\beta_1 + \beta_2 x}/(1 + e^{\beta_1 + \beta_2 x}) \qquad (5 - 6 - 1)$$

在因变量 y 和自变量 x 不能用一般线性回归方程表示时,将因变量进行 *logit* 转换,也称对数单位转移,即用:logit P = ln[P/(1 - P)]这个公式将 5 - 1 右边化简为线性回归表达式,则二项 *logit* 模型表达式为

$$ln[p_i/(1 - p_i)] = \beta_1 + \beta_2 * X + \mu_i \qquad (5 - 6 - 2)$$

或

$$p_i = prob(Y_i = 1 | X) = 1/[1 + e^{-(\beta_1 + \beta_2 * X)}] \qquad (5 - 6 - 3)$$

因 μ_i 不服从正态分布,因此 logit 模型不能采用 OLS 估计,需用最大似然估计法。

2. 变量的选取

企业的迁移决策是一种受多因素共同作用的行为,在对文献研究的基础上,本文从市场导向、企业自身因素、区位因素、政策导向四方面选择了 11 个指标来分析影响中小企业迁移的动因。这 11 个指标分别是扩大市场占有份额、降低土地使用成本、靠近原材料产地、降低劳动力雇佣成本、融资需求、吸引人才、区位优势、其他地区税收优惠政策、技术进步、上海产业结构调整要求迁出、利用基础设施。企业如果选择了某一指标,则赋值 1,未选则赋值 0。因变量指企业的迁移意愿,如果某企业有迁移意愿,则赋值 1;没有迁移意愿则赋值 0。本文使用 SPSS19.0 对因变量和自变量进行相关性和回归性分析。为了避免各变量之间存在多重共线性而影响后面的分析结果,先使用因子分析法对所有变量进行降维处理。KMO 样本测试和 Bartlett 球形检验结果显示,Bartlett 球形检验的近似卡方值为 184.194,KMO 估计值为 0.638,偏相关性较弱,根据 Kaiser 标准,原始变量适合做因子分析。

使用主成分分析法得到 5 个主成分因子,第一个因子有效解释了"降低土地使用成本""降低劳动力使用成本""吸引人才""税收优惠政策",第二个因子有效解释了"区位优势""利用基础设施",第三个因子有效解释了"扩大市场份额""引进技术"第四个因子有效解释了"上海产业结构调整要求迁出"、第五个因子有效解释了"靠近原材料产地"。变换后的 5 个主成分可以归类为要素成本因素、区位优势因素、市场扩张因素、政府政策因素、资源供给因素,用因子得分系数计算各主因子的数值。

表 5.5.13 因子载荷矩阵

变量	成分				
	1	2	3	4	5
扩大市场份额	-0.013	0.050	0.782	0.191	-0.030
靠近原材料产地	0.045	0.040	-0.035	-0.111	0.868
降低土地使用成本	0.715	0.106	-0.382	0.177	-0.112
降低劳动力使用成本	0.798	-0.052	-0.034	0.110	-0.086
融资需求	0.416	-0.313	0.242	0.425	0.274
吸引人才	0.610	0.158	0.356	-0.092	0.186

续表

变量	成分				
	1	2	3	4	5
区位优势	0.057	0.711	0.356	-0.054	-0.093
税收优惠政策	0.723	0.068	0.158	-0.138	0.050
引进技术	0.256	0.052	0.434	-0.245	-0.380
上海产业结构调整	-0.010	0.059	0.064	0.890	-0.113
利用基础设施	0.079	0.848	-0.138	0.065	0.108

提取方法:主成分。旋转法:具有 Kaiser 标准化的正交旋转法。旋转在7次迭代后收敛。

综合以上的分析,因变量为企业的迁移意愿,企业有迁移意愿取值为1,即 $y=1$;企业没迁移意愿取值0,即 $y=0$。影响受访企业迁移行为的影响因素为:要素成本因素 $X1$、区位优势因素 $X2$、市场扩张因素 $X3$、政府政策因素 $X4$、资源供给因素 $X5$。y 取值的概率为 p,构建模型表达式如下:

$$\ln[p_i/(1-p_i)] = \beta_0 + \beta_1 X_{i1} + \beta_2 X_{i2} + \beta_3 X_{i3} + \beta_4 X_{i4} + \beta_5 X_{i5} + \varepsilon$$

(5-6-4)

其中,p 为企业有转移意愿的概率,i 为企业的序号;β 是各影响因素的回归系数;X_{i1} 表示第 i 个样本的第一个影响因素,依此类推;ε 是随机项。

3. 实证结果分析

(1)近期转移意向的分析

首先考虑已经在转移或者正准备近2年开始转移的企业,其转移的动因或者说目标是什么。对样本企业进行筛选,2年内有转移意向的企业有56户,没有转移意愿的企业有82户。应用 SPSS19.0 进行检验,结果显示 Nagelkerke R 方检验值只有0.119,说明模型的拟合度不够理想,而且预测准确性只有61.1%。从回归模型结果来看,要素成本因素 X1 和市场扩张因素 X3 分别通过10%和5%的显著性检验,说明这2个因素对企业的转移意愿是正向影响。而 X2 和 X4 的参数估计值虽然为正,但没有通过显著性检验,而 X5 的参数估计值为负,同样没有通过显著性检验。

从回归结果可以得出,在近期有转移意向的企业主要是为了降低要素成本和扩张市场,包括降低土地使用成本、降低劳动力使用成本、降低融资成本、目标转移地的税收优惠政策可以降低应交税费、引进先进技术、扩大企业的市场份额等。

表 5.5.14　2 年内转移意愿的模型回归结果

变量	估计值	标准差	Wald	sig
X1	0.694	0.418	2.751	0.097*
X2	0.589	0.547	1.159	0.282
X3	0.913	0.425	4.624	0.032**
X4	0.99	0.643	2.371	0.124
X5	-0.924	0.759	1.485	0.223
常数项	-1.147	0.312	13.537	0.000***

注：*表示在 10% 水平上显著、**表示在 5% 水平上显著、***表示在 1% 水平上显著。

(2) 中期转移意向的分析

在样本中筛选出对中期做出转移意向选择的企业共 82 户，其中 26 户企业有转移意向，其余 56 户企业没有转移意向。带入回归模型分析得到表 5.5.21 和 5.5.22。该模型的拟合度较好，-2loglikelihood 的估计值为 77.942，HL 卡方值为 6.100（显著性为 0.412），模型预测的准确值达到 79.0%。

模型的回归结果列表可以看出要素成本 X1 在 1% 水平显著，区位优势因素 X2 在 5% 水平显著，且估计值为正，这 2 个因素对企业转移意愿是正向影响。说明在中期 2-5 年内企业进行转移主要考虑的因素是降低要素成本和转移目的地的区位优势。与 2 年内有转移意向企业选择的相同的影响因素是要素成本。减少企业的经营成本，追求经营资源边际效益最大，是实现企业经营利润最大化目标的根本所在。

表 5.5.15　2 至 5 年内转移意愿的模型回归结果

变量	估计值	标准差	Wald	sig
X1	1.835	0.652	7.920	0.005***
X2	2.410	0.973	6.127	0.013**
X3	0.820	0.683	1.440	0.230
X4	1.118	1.126	0.985	0.321
X5	1.136	1.117	1.034	0.309
常数项	-2.180	0.489	19.846	0.000***

注：*表示在 10% 水平上显著、**表示在 5% 水平上显著、***表示在 1% 水平上显著。

(3)长期转移意向的分析

考虑5年之后有意愿转移的企业是24户;样本中没有转移意愿,选择不转移的企业是32户。Logit模型回归结果如表5.5.23和5.5.24。从拟合度指标看出模型的拟合度比较好,-2loglikelihood值为33.462,Nagelkerke R方为0.720,HL卡方值是17.233(p统计值为0.004),模型预测的准确值达到89.3%。

在考察的5个自变量中,有3个因素的显著性通过检验,分别是要素成本因素X1(p统计值为0.001)、市场扩张因素X3(p统计值为0.008)、政府政策因素X4(p统计值为0.051)。同前2个阶段的影响因素相比,新增的企业考虑动因是政府政策因素。这3个变量的系数的估计值都是正数,对企业的转移意愿呈正影响关系。

表5.5.16 5年以上转移意愿的模型回归结果

变量	估计值	标准差	Wald	sig
$X1$	3.767	1.157	10.595	0.001***
$X2$	2.690	3.094	0.756	0.385
$X3$	3.827	1.450	6.968	0.008***
$X4$	9.546	4.888	3.813	0.051*
$X5$	-1.441	2.676	0.290	0.590
常数项	-2.462	0.645	14.560	0.000***

注:*表示在10%水平上显著、**表示在5%水平上显著、***表示在1%水平上显著。

通过将企业的区域转移意向分为近期、中期、长期三个阶段来考虑,可以得出以下结论:近期有向外迁移意向的企业考虑的转移动因是降低各要素成本和扩大企业的销售范围从而扩大企业产品的市场份额;中期有向外迁移意向的企业考虑的转移动因是一方面降低企业的各要素成本,另一方面是借助区位优势,企业直接投资在那些可以显现企业所有权优势的地区,利用当地的区位优势增强企业的竞争力,寻求更好的发展前景;长期才有向外迁移意向的企业考虑的转移动因,一方面包括降低企业的经营要素成本和扩大企业产品的市场占有率,另一方面考虑的是政府政策。

三个阶段的企业转移意向对成本因素的关注度最高,可见上海企业的转移属于成本节约型,以节约成本为主,扩大市场为辅,出于外部竞争和企业内部调整压力所采取的战略性转移。需要指出的是,在以上三个阶段的回归中,变量资源供给因素均不显著,表示企业向外转移的动因主要不是为了靠近原材料产地,一个原因可能是现在的交通运输越来越便捷,企业通过选择市场更好的区位所带来的效益弥补了运输成本。经统计,在138份中小企业的样本中有融资需求的企业共有69户,正好占调查企业总数的50%,但是将融资需求作为企业向外转移的企业只有14户,说明大部分企业并不会仅仅因为外地的融资环境好而对其展开投资转移活动。

六、上海有序进行产业转移的政策建议

(一)建立企业产业转移信息交流平台

上海企业面临着各种各样的驱动因素,使得他们产生向长三角拓展转移的意向,但是在意向转换成实际的转移行动过程中,信息的获得是至关重要的,上海市政府可搭建起信息平台,让企业获得全面及时的长三角产业发展规划、招商政策信息、成功的典型、存在的问题和解决途径等;让政府及时获得企业向长三角产业转移的意向及需求,以便制定有效的服务措施。

从数据载体来看,可以依托上海市企业服务互动平台,即"企业服务云","服务云"是企业服务体系建设运行的信息化载体,于2013年开通运行,是集信息发布、政策法规、信息查询、融资担保、科技创新、创业辅导、法律服务、管理咨询、市场开拓、人才交流、精品展示、网上申报、诉求申请和协同服务等功能为一体的宝库。通过"服务云"可以:一是梳理并及时发布长三角承接上海产业转移需求和意向。与长三角各城市建立信息互通渠道,并且主动调研并及时反映长三角省市经济、产业发展趋势和规划,在"服务云"上及时发布长三角相关城市承接产业转移的需求,对此形成制度,并对季度情况进行汇总分析。二是建立企业产业转移与长三角合作信息库。信息库主要由上海企业产业转移信息库和长三角产业转移承接地项目合作信息库组成,通过"服务云"的互动功能,定期通过向企业开展网上调研、问卷调查等方式,了解企业向长三角产业转移的意向和其他相关信息,形成信息库;长三角产业转移承接地项目合作信息库则主要包括长三角相关城市、开发区等承接地的经济概况、资源禀赋、环保要求、开发区概况、对产业转移的需求以及优惠政策、人文环境、政府服务等,特别突出上海企业已开展合作的项目信息和进展情况,根据情况实时更新。三是建立企业向长三角产业转移的案例库。通过问卷调查、实地考察,与长三角相关部门信息沟通等方式,及时对成功转移或者开拓的企业案例,以及转移过程中存在的实际问题和解决问题的途径进行分析、汇总和发布。

(二)加强政府的产业引导和出台支持政策

政府主要职能,就是做好宏观管理和社会经济发展规划,上海政府对企业向长三角产业转移最重要的一点就是要在全市层面做好产业规划制定和引导工作。上海政府首先应该认识到企业向长三角产业转移的趋势和特点,并根据上海和长三角产业发展的定位和方向,结合《上海市工业发展"十三五"规划》提出相应的产业转移规划,规划引导上海企业的产业转移;其次,上海企业主管部门可以通过《上海企业信息速递》等信息载体,对政府规划和引导信息进行及时宣传和发布,让全市企业及时定期获得政府对产业转移的规划思路,尽早做好前期相关调查研究工作;再次,上海政府应该研究出台相应的鼓励支持政策,对符合上海产业导向,依照政府规划引导开展产业转移,"两头在沪""两头在沪""总部型"企业给予相关政策扶持,并形成示范效应。

鼓励政策的制定方面,可以有如下考虑:一是加快制定并出台企业产业转移的土地、税收等有关优惠政策,进一步完善企业总部优惠政策。二是鼓励企业以资本运作、品牌、管理输出方式,以多种渠道和方式开展长三角产业转移与合作。三是上海有关部门应帮助转移到长三角的企业及时了解国家、长三角有关省市以及上海市各类融资政策动向,帮助企业获得各类政府资金;像对待上海市企业一样,为转移后的企业提供获得境内外风投、上市融资等辅导,为其获得各方资金支持提供条件。

(三)建立市区两级和各委办局间的联动机制

从横向层面来看,应该发挥横向市级职能委办间的合作联系,整合上海市经济和信息化委、市商务委、市科委、市政府合作交流办、市国资委、市工商联、市政府驻外办事处、各区县、园区招商职能机构等单位的企业服务职能,形成全市层面推进企业向长三角产业转移的服务协调机制,建立联席会议机制,研究确定应该重点服务和支持的行业和企业类型,制定出台相关鼓励扶持政策,统筹全市资源做好企业产业转移的服务工作,不断健全完善工作体制机制,对产业转移中涉及的共性问题进行协调等方面进行定期沟通磋商。

从市区两层来看,上海已基本建成市、区、街镇、园区、楼宇全覆盖的企业服务网络,并且将进一步完善形成"1 + 17 + X + N"("X"指街镇、园区、楼宇中小企业服务分中心或联络点,"N"指社会化服务机构)的组织架构。各区县、园区、楼宇是中小企业的落脚点,一是加强区县企业服务分中心的企业走访调研工作,深入企业,了解企业情况,及时了解产业转移信息;二是信息流转方面,对从各种途径获取的信息进行分类处理,为"服务云"数据库完善信息,以便市级层面及时掌握信息。

(四)进一步发挥社会组织的作用

从已有的基础来看,"1+17+X+N"("X"指街镇、园区、楼宇中小企业服务分中心或联络点,"N"指社会化服务机构),其中的N,2013年已认定市级专业服务机构245家,同时,"上海市中小企业服务互动平台"(中小企业服务云)开通后,245家服务机构全部上线,通过云计算技术、开放性的网络平台,实现了有关中小企业服务渠道的"互联互通、即时响应、资源共享、服务协同",为中小企业提供信息服务、技术创新和质量、创业、人才与培训、投融资、市场开拓、管理咨询、法律服务等8大类"一站式"服务。

可在现有社会中介组织服务的平台上,增加产业转移的服务功能。同时,还可以将市政府驻外办事处、长三角驻沪办事处、商会、行业协会等列入提供服务的政府和社会组织。市政府驻外办事处(目前,武汉办事处负责江浙两省的联系工作)在服务上海企业在长三角发展、协调有关问题中有着自己的优势和重要的牵线搭桥和沟通协调作用;而长三角各级驻沪办也承担着本地政府的招商引资工作,他们对承接地政策熟悉,在协调关系方面有着重要作用;中介组织如商会、行业协会等也在与长三角省市政府、园区谈判的过程中有一定的经验和优势。因此,可以在已有的基础和平台条件下,充分发挥两外办事处和中介组织在上海中小企业向长三角产业转移过程中的服务作用,政府也可对有特别贡献的社会组织给予一定的物质或精神奖励。

(五)及时掌握企业需求

从企业迁移意愿影响因素的分析中可以看出,随着时间的推移和环境的改变,上海企业面临着多种驱动因素,使得他们产生向外迁移的意向,在将意向转换成实际的转移行动过程中,信息的获得非常关键,上海政府可以搭建一个信息平台,使企业获得及时、全面的区域产业发展规划、招商政策信息、存在的问题和解决途径等;让政府及时获得企业向外转移的意向及需求,以便制定有效的服务措施。目前,对企业的信息服务载体主要是2013年开通的上海市企业服务互动平台,可以依托此平台搭建畅通的信息渠道,提供有关产业转移的信息服务。通过服务互动平台,定期向上海企业开展网上调研、问卷调查,了解企业向长三角转移的意向和其他相关信息,形成信息库,还可将成功转移的企业案例,以及转移过程中存在的实际问题和解决问题的途径进行分析、汇总和发布。从问卷调查中可知,企业的转移意向地主要是在长三角内部,企业在实际的转移过程中,信息的获得是至关重要的,对此可在平台中发布长三角各省市的经济产业发展趋势和规划、相关城市承接产业转移的需求等,形成包括长三角相关承接地的经济概况、环保要求、开发区概况、对产业转移需求、优惠政策、人文环境、政府服务等的长三角产业转移承接地信息库。

(六)构建多层次的服务体系

构建多层次的服务体系有助于政府从深度上由上而下加深对企业的服务力度,对有向外转移意愿的企业和想转移到上海的企业,广泛借助各方力量有助于政府从广度上铺开对中小企业的服务面,深度和广度上的结合才能确保企业在迁移过程中无"后顾之忧"。构建多层次的服务体系,包括由政府设立的专门为企业服务的各种服务中心、行业组织及商会设立的企业服务中心、跨行业的专业服务中心、多家企业联营自办的服务中心等。要切实为上海企业转移服务,必须加强与江浙两省间的合作,建立政府和政府间职能机构多层次的服务网络,由职能部门在了解江浙两省与上海产业合作意向的基础上,与承接地相关部门展开沟通,协调和推荐上海企业在产业转移过程中遇到的问题和障碍。通过政府间展开合作机制,形成政府间合作框架协议,通过具有法律意义的战略合作框架协议,明确相关合作机制、确定合作模式、协调机制,降低企业转移的风险,为上海企业向长三角产业转移解除相关顾虑。

七、本章小结

随着经济全球化的不断深入,世界经济根据区域资源禀赋,在产业链、分工链和价值链进行分工和重构。在全球化的背景下,中央政府对上海的定位是改革开放的排头兵,从"四个率先""四个中心"建设到"参与一带一路建设""上海自贸区改革""科创中心"建设等定位,上海的发展必须放在中央对上海发展新的战略定位的总体部署中来思考和谋划。近年来,随着上海经济社会结构变迁,上海良好的商务环境、雄厚的工业基础、便利的交通条件以及优秀人力资源等优势使得"两头在沪",走高端化、集约化等战略成为产业结构调整的重要方向,通过产业低端环节的转出和高端环节的引入成为上海当前乃至未来产业结构调整的政策重点。

上海城市与长三角区域之间的产业转移互动是上海与长三角城市区域产业结构演变与调整的重点内容,如何通过产业"引进来""走出去"的"双向投资"战略成为长三角城市区域政策研究重点。产业转移按照转移主体的性质、转移的内在机理的差别可以分为两类:一类是市场扩张型,为占领外部市场进行的空间移动;另一类是成本节约型,由于外部竞争和内部调整压力围绕成本节约目的而进行的战略性迁移。产业转移按照转移的客体差别分为四种类型:劳动密集型产业、资源密集型产业、资本密集型产业、技术密集型产业转移。长三角城市区域产业转移正呈现多元化、动态化等态势。伴随着上海经济社会结构变迁和创新驱动转型发展的深入,众多企业有向市外特别是向长三角地区拓展转移的意向。

  企业迁移始终是一种企业行为,地方政府所要做的不是设法限制企业的流动,而应该在新一轮城市和政府的竞争中为投资者提供更好的投资环境。政府在市场经济中应起到引导的作用,而不是干预市场机制的运行,上海政府的服务要立足上海产业结构转型升级的目标,为那些符合上海产业规划的行业、具有较好发展基础、实施"两头在沪"型发展战略的企业提供更好的投资环境,为那些不适合上海未来发展规划的企业提供转移所需的服务与支持。但是目前上海市企业对政府政策的满意度不高,因此,政府在改善各项政策方面仍有很大的空间。

第六章 长三角区域工业高级化研究

工业作为国民经济和社会持续发展中的物质基础,是拉动中国经济增长的主导部门,也是中国国际竞争力的集中体现。以"上海为龙头,苏浙为两翼"的江浙沪都市圈,是中国经济、科技、文化最发达的地区之一,也是中国最为重要的工业基地之一。长三角工业的发展演化和工业高级化,在一定意义上是改革开放的中国工业融入全球工业体系的见证和缩影。本章在梳理长三角工业发展演变进程基础上,从工业结构优度、价值链高度两个维度构建工业高级化测度指标体系,并对其进行了计算与测度,然后探讨了江浙沪工业高级化的影响因素,实证分析了各因素对工业高级化的影响。鉴于工业对于江浙沪经济增长的重要性,以及产业低碳化和绿色化趋势明显,本章还探讨了江浙沪工业高级化对环境质量的影响及其环境保护效应,并提出促进江浙沪工业高级化的政策建议。

一、引言

改革开放30余年,中国经济取得的巨大成就被誉为"中国奇迹"。然而在日益严苛的资源环境约束下,中国经济增长的可持续性问题受到日益关注,如何转变要素扩张的粗放式增长成为未来中国经济转型的重要内容,也是中国经济从增长型向效益型转换的关键(吴敬琏,2006;林毅夫等,2007;王小鲁等,2009)。对中国这样一个总体上还处于工业化加速阶段的国家而言,实体经济仍将在很长一段时间里主要由工业部门来支撑,因此,工业可持续增长与经济可持续增长息息相关。换言之,转变经济发展方式首要的就是要转变粗放的工业增长模式。

工业作为国民经济和社会持续发展中的物质基础,是拉动中国经济增长的主导部门,是中国国际竞争力的集中体现。2015年中国工业增加值占到国内生产总值的34.31%,工业对中国经济总量增长有着巨大的贡献。中国工业凭借着低成本生产要素、超大规模的市场、雄厚的产业基础等综合优势,成为承接国际工业转移的"世界工厂",然而其迅猛的发展是以低成本劳动力为优势,以巨额能源消耗和对自然资源的严重破坏为代价。尽管已经在劳动密集型产业领域形成了一定的竞争优势,但是中国工业中高附加值的技术、资本密集型产业比重还不高,尤其是高新技术的工业尤为缺乏。

随着国际分工的进一步细化,以价值链为基础的产品内分工开始占据重要地位。发达国家致力于研发和品牌营销等价值链高端环节,把加工制造环节转移出去;发展中国家则凭借要素禀赋、地理位置等方面的优势,承接加工制造环节的转移。一个国家或区域产业的竞争优势不再仅仅体现在某个特定产业上,还体现在其所占据的全球产业价值链的环节上。中国在参与全球工业生产体系布局调整的过程中,最初就是以低成本优势嵌入全球价值链分工的低端环节,主要从事加工组装与制造任务。虽然中国工业有不少产品产值在全球名列前茅,但是获利空间较少,工业整体经济效益不高,国际竞争力不强。

作为承接国际工业转移的主要区域,江浙沪吸引着大量国际性工业在此集聚。工业已经成为江浙沪经济增长的支柱。2015 年,江浙沪的工业总产值达到52376.23 亿元,在中国工业总产值中的占比达 22.27%,工业总产值占总生产值的比重达 37.92%。自 20 世纪 90 年代开始,江浙沪也逐渐在劳动密集型产业领域形成了较强的比较优势。当前,江浙沪的产业结构逐步从劳动密集型产业占优势转向了资金、技术密集型产业占优势。江浙沪业主要通过代工或贴牌生产的方式形成与跨国公司的合作,长期从事价值链中劳动密集型特征的加工、装配等普通环节的活动。由于自身缺乏产品设计和研发能力,缺乏技术创新优势,缺乏具有自主知识产权的知名品牌,销售渠道严重依赖海外供应商和进口商,因此江浙沪工业获得的利润非常有限。

江浙沪工业的比较优势主要体现在劳动密集型的产业与环节上,在全球价值链中依然处于从属地位,获得的附加值较低。全球价值链的 U 形形状及其导致的价值分配格局决定了江浙沪的工业需要通过转型升级来提升其在国际分工中的地位。同时,传统工业的粗放式经营导致环境和资源状况进一步恶化,加上低成本资源的不可持续性和外部环境的不确定性,江浙沪地区不可能长期完全凭借现有的比较优势参与国际竞争,而必须进行产业转型升级,走新型工业化道路,发展结构优化、技术先进、附加值高的现代产业体系。根据新型工业化对工业发展的要求,工业应该走一条高附加值、高增长、低能耗、低污染的发展道路。鉴于工业对于江浙沪经济增长的重要性,在新一轮国际工业转移背景及新型工业化道路要求下,研究江浙沪工业转型升级及其环保效应意义重大。

在梳理相关理论基础上,本章提出了江浙沪工业高级化的概念,并从工业结构优度、价值链高度两个维度构建工业高级化测度指标体系,对该区域工业的结构优度、价值链高度以及工业高级化指数进行了计算与测度。在对江浙沪工业高级化程度进行测度评价之后,探讨了江浙沪工业高级化的影响因素,以工业高级化指数为因变量,以对外贸易依存度、市场化程度、技术进步、人力资源素质和经济发展阶段为自变量,建立多元线性回归模型实证分析了各因素对工业高级化的影响。接着,研究了江浙沪工业高级化对环境质量的影响,分析江浙沪工业高级化产生的环境保护效应。最后,提出了促进江浙沪工业高级化的政策建议。

二、工业高级化相关研究梳理

国外学者对工业的研究主要集中在创新、环境、资源、竞争力等方面。基于不同国家的相关数据,国外学者对工业进行了深入全面的研究。Hu et al(2005)研究了企业内部研发、国内和国际技术转让以及他们的交互作用对于中国工业生产率的贡献,发现企业内部研发和国外技术引进对于促进中国工业企业的生产率具有显著的影响作用,并且国外技术引进对企业生产率的影响在很大程度上取决于国外技术引进与企业内部研发两者的交互作用。Samuel,Mulenga Bwalya(2006)采用赞比亚企业层面的数据为研究对象分析了FDI的外部性特征,并且探讨了FDI对当地产业内部以及产业之间的溢出效应。研究结果表明,几乎没有证据显示FDI对国内产业存在技术溢出;但另一方面,产业之间通过联结则实现了显著的知识溢出。Daniel Chudnovsky,Andres Lopezb及German Pupato(2006)利用阿根廷1992-2001年的面板数据为研究对象,对其创新投入、产出及其对制造企业生产率的影响等问题进行了研究,研究表明了获取技术所花费的支出对提高新流程以及新产品的市场成功性能够产生积极的影响。Wang C.C(2010)则针对信息和通信技术(ICT)行业,研究了产业集聚与技术创新的关系,他发现信息和通信技术工业的核心技术大多数是通过内部研发(R&D)的活动获得,而不是来源于技术转让或知识外溢;研究结果并未显示空间集聚和经济表现之间存在显著关系。Cheung K.Y(2010)使用1995-2006年间中国出口表现方面的面板数据证实,国内企业的出口对当地企业的创新存在正向溢出效应;外商投资企业在东道国的研发活动对该行业的国内公司的创新具有正向溢出效应;在建立同化能力的基础上,进口技术对提高国内的创新绩效具有正面影响。

将工业发展与资源利用以及环境保护相结合考虑,相关学者进行了一定的研究。Mitsutsugu Hamamoto(2006)实证检验了环境法规的严格性对日本工业的创新活动以及平均资金储备时间的影响,研究结果表明,日本工业污染控制的支出与 R&D 支出成正比,而和企业平均资金储备的时间成反比,说明了严格的环境法规约束使得企业增加了对 R&D 的投资。Cheol‐Woo Park 等(2009)对主要工业国家的节能减排政策、方法以及战略进行了细致的研究,指出了在工业中实现能源高效应用的不同方式及其区分。他们认为,认清传统工业与高能效的工业的能源减排量的差距是非常必要的,提高整个工业部门的能源效率能够带来新的经济增长点。Zeng. S. X(2010)研究了发展中国家的经济绩效与环境绩效之间的关系,指出发展中国家的一些废旧工业产品并没有得到有效的处理;Wang. Y. C 等(2010)对废旧电子设备回收链与相关法律进行了研究,讨论了相关法案对工业产生的重大影响,分析了新近制定的法律和法规在实施中遇到的各种困难,指出越来越多的公司正在寻求在维护当地环境,节约能源与获得利润之间取得平衡。Wang Mao jun 等(2011)将山东省 39 个行业分为三类,并运用岭回归法对工业废水和固体废物排放进行分析,结果显示工业废水和固体废物排放量主要来源于服装、皮革、食品和烟草加工业等行业,这是由于这些行业本身以及相关联的上游产业特点所决定的。Y. T. Lu 等(2012)运用污染物排放的影响分解模型研究了工业 CO_2 排放变化,分析了规模效应、结构效应和技术效应对 CO_2 排放的影响,结果发现产业结构效应较小,这表明优化和调整产业结构对于 CO_2 减排效果不明显,而产业技术的升级和规模经济的发展对污染物减排具有很大的贡献。

国内学术界研究领域主要集中在工业的结构调整与升级、工业结构环境效应等方面。

在工业的结构调整与升级方面。徐建荣、陈圻(2007)构建了引入内、外资要素的生产函数,对中国转型期工业结构调整的绩效进行了研究。他们发现,中国的全要素生产率受到工业结构调整的影响总体得到了提高,其中又以劳动密集型工业最为显著;研究结果同时显示,技术密集型工业的要素产出水平的规模效应正在逐步扩大,但是劳动密集型和资本密集型工业的规模效应小,劳动要素拥有较强的产出弹性。殷醒民(2010)重点研究了 1980－1995 年这一时期中国工业的内部结构变动情况,研究表明,中国的国民经济因为重化工业而加快了发展速度,工业的内部结构正伴随着人均收入的不断提高逐步转向技术更加密集的部门。资本品工业的生产规模与比重也随着中国工业的发展呈现出扩大、上升的趋势。这种改变为中国经济的高速增长奠定了基础。焦少飞等(2010)区别于传统的结构分析框架,利用中国工业的数据从行业技术发展特征方面分析了技术体制对技术创新的影响。其研究结果表明,技术体制不仅影响着企业研发的努力程度,还决定着企业的创新绩效。另外,企业的盈利水平也影响着企业研发努力程度;非创新竞争依旧是中国企业之间竞争的主要形式。孙金花等(2010)分析了中国工业自主创新能力动态演化中的影响因素,并借助 EMID 模型具体剖析了工业自主创新能力的动态演化模式与演化过程。此外,李菲、秦升(2007)指出工业是中国国民经济的支柱性产业,并利用工业增加值与工业国际市场占有率两项指标来反映工业的绝对竞争优势,采用比较优势指数、贸易竞争指数两项指标反映工业的相对竞争优势,对中国工业的国际竞争力进行了综合考察。考虑全球化对工业的影响研究,陈立敏(2010)认为,对于中国这样国内市场庞大并已竞争全球化的国家来说,应同等重视中国制造的内需和外需市场,因为大国国内市场占有率的提高同样显示了产业国际竞争力的提升,它和国际市场份额提高一样,都是产业国际竞争力提升的重要途径。

在工业结构与环境效应方面。刘文新等(2007)从产业演变角度对1980—2003 年产业结构对环境质量的影响进行研究,发现鞍山市的经济发展模式是以资源环境为代价的,长期以来形成的以污染密集型行业为主导产业的产业结构是该区域产业结构的主要特征,这种产业结构使得其环境污染处在较高水平之上,应该对其产业结构进行调整。王菲等(2014)以宁蒙沿黄地带为例,通过计算该地区的工业结构特征偏向指数、产业多样化指数、相似指数等,以分析工业结构的环境污染特征演变以及影响因素,结果发现该地区的工业结构的污染物排放强度呈上升趋势,这是由于重工业的快速发展以及工业结构的单一化发展趋势造成的。戴越(2014)以不平衡发展理论为基础,通过分析中国产业结构优化的资源环境瓶颈,认为中国应优先发展资源利用率高的产业,资源的不平衡配置有利于高端技术产业和新能源的快速发展。

当前,国外学者对工业的研究主要集中在工业发展与创新、环境以及资源等方面,对工业内部不同部门之间结构变动进行研究不多。国内学者研究工业结构高级化的文献较多,主要集中在对产业结构优化内涵的理解、影响产业结构优化的因素与机制。但是在全球价值链分工格局下,工业的产业升级不仅仅包含产业结构的升级,还应该包括工业从产业价值链的低端环节向高端环节的转移攀升。在经济全球化背景与走新型工业化道路要求下,深入探讨江浙沪工业的升级发展及其影响因素等方面的内容,既有利于促进长三角全球现代工业基地建设先进工业基地建设战略目标的实现,又有助于实现长三角工业的绿色可持续发展。

三、长三角区域工业发展态势

（一）工业化阶段发展演变

长三角区域江浙沪三次产业结构及就业结构演进的基本趋势是相同的，从整体上说这符合产业结构演进规律。从产业结构来看，第一和第二产业的比重持续下降；从就业结构来看，第一产业和第二产业就业人数逐渐下降，第三产业就业人数比重上升。表6.3.1显示，江苏和浙江的产业结构正逐渐从"二三一"转变为"三二一"，即逐渐从工业化的中后期阶段转到工业化后期阶段，而上海一直是"三二一"的产值结构，上海已进入后工业化阶段。

表6.3.1 江浙沪历年产业结构及就业结构比重变化

年份	江苏 产业结构	江苏 就业结构	浙江 产业结构	浙江 就业结构	上海 产业结构	上海 就业结构
2006	7.1:56.5:36.4	28.6:38.4:33.0	5.9:54.2:40.0	22.6:45.8:31.6	0.9:47.0:52.1	3.3:34.9:61.8
2007	7.0:55.6:37.4	26.3:39.7:34.0	5.3:54.2:40.6	20.1:46.8:33.2	0.8:44.6:54.6	3.4:33.8:62.9
2008	6.8:54.9:38.4	25.1:40.2:34.7	5.1:53.9:41.0	19.2:47.6:33.2	0.8:43.8:56.0	3.4:40.3:56.3
2009	6.6:53.9:39.6	23.7:41.1:35.2	5.1:51.6:43.4	18.3:48.1:33.6	0.8:39.9:59.4	4.1:39.4:56.6
2010	6.1:55.5:41.8	22.3:42.0:35.7	4.9:51.1:44.0	16.0:49.8:34.2	0.7:42.1:57.3	4.1:39.2:56.7
2011	6.2:51.3:42.8	21.5:42.4:36.1	4.9:50.5:44.7	14.6:50.9:34.5	0.7:41.3:58.1	4.7:40.3:55.0
2012	6.3:50.2:43.5	20.8:42.6:36.5	4.8:48.9:46.3	14.1:51.0:35.0	0.6:38.9:60.5	4.6:39.7:55.7
2013	5.8:48.7:45.5	20.1:42.9:37.0	4.7:47.8:47.5	13.7:50.0:36.3	0.6:36.2:63.2	3.4:40.7:55.9
2014	5.6:47.4:47.0	19.3:43.0:37.7	4.4:47.7:47.9	13.5:49.7:36.8	0.5:34.7:64.8	5.9:37.7:56.4
2015	5.7:45.7:48.6	18.4:43.0:38.6	4.3:46.0:49.8	13.2:48.3:38.5	0.4:31.8:67.8	6.3:37.0:56.8

数据来源：2007-2016年江苏、上海、浙江统计年鉴

霍夫曼系数是国际上常用的考察工业化进程阶段的指标，也是工业结构中最重要的比例关系之一。霍夫曼系数是指轻工业与重工业产值的比例，即消费资料工业与资本资料工业的比值。根据霍夫曼定理，随着工业化的推进，霍夫曼比例是逐渐下降的，反过来说，这个比值越大，说明工业化水平越低；比值越小，工业化水平越高。其中霍夫曼系数为5(±1)为第一阶段、2.5(±1)为第二阶段，1(±0.5)为第三阶段，<1为第四阶段。江浙沪的工业发展符合霍夫曼定理所述的工业内部结构演进规律。江苏工业霍夫曼比例由2006年的0.43下降为2015年的0.38，上海工业霍夫曼比例由0.29下降为0.26，浙江工业霍夫曼比例由0.78下降为0.65。如表6.2.2所示，2015年江浙沪工业霍夫曼比例均小于1，江苏和上

海该比例已经小于0.5。根据霍夫曼定理,江浙沪的工业化水平已达到较高水平,浙江处于工业化第三阶段末期,而江苏和上海已进入工业化第四阶段。综合以上判断,江苏、浙江均处于工业化的后期末阶段,并逐渐进入后工业化时期,上海已经进入后工业化时期。

表6.3.2 江浙沪历年霍夫曼系数变化

年份	江苏	浙江	上海
2006	0.43	0.78	0.29
2007	0.41	0.76	0.28
2008	0.37	0.71	0.28
2009	0.37	0.72	0.28
2010	0.36	0.69	0.27
2011	0.33	0.64	0.26
2012	0.35	0.65	0.28
2013	0.36	0.65	0.27
2014	0.36	0.64	0.26
2015	0.38	0.65	0.26

(二)制造业空间分工演变态势

1. 基于产值比例分析

上海的制造业在长三角16个城市中占据绝对优势,体现在各个门类工业占比最高的行业中上海最多,这与上海本身经济规模庞大、资源优势等因素密不可分(表6.3.3)。但是伴随着经济发展、产业转移以及长三角其他城市的经济增长,上海在各个产业份额的绝对优势不再那么明显。1998年上海仅纺织业产值比例未排第一位,其他所有制造业门类中几乎在江浙沪地区中都排第一位,但到了2013年上海只有13个门类中排名第一。从长三角制造业前三位市场份额的变化发现,上海大部分劳动密集型行业的绝对优势被其他城市所取代,产业空间转移较为显著。而上海的资本密集型和技术密集型的产业,其产值比例依然位于长三角前列。

表 6.3.3 长三角制造业各行业前三位份额变化

行业	1998 年	2005 年	2009 年	2013 年
农副食品加工业	上海、苏州、南通	上海、南通、舟山	南通、苏州、上海	泰州、南通、上海
食品制造业	上海、杭州、苏州	上海、杭州、苏州	上海、苏州、杭州	上海、杭州、苏州
饮料制造业	上海、杭州、绍兴	杭州、上海、苏州	杭州、上海、绍兴	杭州、上海、绍兴
烟草制品业	上海、杭州、宁波	上海、杭州、南京	上海、杭州、南京	上海、杭州、南京
纺织业	绍兴、苏州、无锡	绍兴、苏州、无锡	绍兴、苏州、南通	绍兴、苏州、南通
纺织服装、鞋、帽制造业	上海、宁波、苏州	上海、苏州、南通	苏州、上海、南通	苏州、宁波、上海
皮革、毛皮、羽毛（绒）及其制品业	上海、杭州、嘉兴	嘉兴、杭州、上海	嘉兴、杭州、上海	嘉兴、杭州、扬州
木材加工及木、竹、藤、棕、草制品业	上海、苏州、嘉兴	湖州、上海、镇江	湖州、镇江、上海	湖州、镇江、上海
家具制造业	上海、苏州、南京	上海、苏州、杭州	上海、杭州、湖州	上海、湖州、杭州
造纸及纸制品业	上海、杭州、苏州	苏州、杭州、上海	苏州、杭州、上海	苏州、杭州、上海
印刷业和记录媒介的复制	上海、无锡、苏州	上海、宁波、杭州	上海、苏州、杭州	上海、苏州、无锡
文教体育用品制造业	上海、宁波、苏州	上海、宁波、苏州	宁波、上海、苏州	上海、南通、宁波
石油加工、炼焦及核燃料加工业	上海、南京、宁波	上海、宁波、南京	上海、宁波、南京	上海、宁波、南京
化学原料及化学制品制造业	上海、南京、无锡	上海、南京、苏州	上海、南京、苏州	上海、南京、苏州
医药制造业	上海、杭州、台州	上海、泰州、台州	上海、泰州、台州	上海、泰州、杭州
化学纤维制造业	上海、扬州、无锡	杭州、无锡、绍兴	苏州、杭州、绍兴	苏州、杭州、绍兴
橡胶制品业	上海、杭州、苏州	上海、杭州、苏州	上海、苏州、上海	上海、苏州、杭州
塑料制品业	上海、苏州、无锡	上海、苏州、宁波	上海、苏州、宁波	上海、苏州、杭州
非金属矿物制品业	上海、无锡、苏州	上海、苏州、杭州	上海、苏州、杭州	苏州、无锡、上海
黑色金属冶炼及压延加工业	上海、苏州、无锡	上海、无锡、苏州	苏州、无锡、上海	无锡、苏州、绍兴
有色金属冶炼及压延加工业	上海、无锡、宁波	上海、苏州、宁波	无锡、苏州、上海	上海、无锡、苏州
金属制品业	上海、无锡、苏州	上海、无锡、苏州	上海、苏州、杭州	上海、苏州、杭州
通用设备制造业	上海、无锡、常州	上海、苏州、宁波	上海、苏州、杭州	上海、苏州、无锡

续表

行业	1998 年	2005 年	2009 年	2013 年
专用设备制造业	上海、南京、无锡	上海、苏州、无锡	上海、苏州、常州	上海、南京、杭州
交通运输设备制造业	上海、南京、无锡	上海、杭州、无锡	上海、无锡、杭州	泰州、上海、扬州
电气机械及器材制造业	上海、杭州、苏州	上海、苏州、宁波	上海、苏州、无锡	苏州、上海、无锡
通信设备、计算机及其他电子设备制造业	上海、苏州、南京	上海、苏州、南京	苏州、上海、无锡	苏州、上海、南京
仪器仪表及文化、办公用机械制造业	上海、苏州、杭州	苏州、上海、杭州	苏州、上海、南通	扬州、南通、苏州
工艺品及其他制造业	上海、台州、绍兴	台州、上海、宁波	上海、扬州、台州	扬州、台州、上海

资料来源:根据 16 个城市的相关统计年鉴整理得到

2. 基于城市专业化指数分析

对长三角各城市制造业专业化指数进行实证研究,用以表明各个城市产业的集中程度。根据城市的相对专业化指数可以计算得出城市的相对专业化水平。专业化水平公式如下:

$$k_i = \sum_k |v_i^k - s_i^k| \qquad (6-3-1)$$

其中 k_i 表示城市 i 的专业化指数,v_i^k 表示城市 i 的 k 行业在该城市制造业总产值中的比重,而 s_i^k 表示除 i 城市外的长三角都市圈其他 15 个城市第 k 种行业占 15 个城市制造业总产值的比重。k_i 越高表明城市的专业化水平也越高。

总体来说,长三角都市圈的专业化水平均在不断地加深。1998 - 2005 年长三角都市圈除了杭州和泰州指数出现下降,其余城市都在上升,且在 2005 年达到最高水平。从专业化水平的平均值来看,长三角都市圈城市制造业的专业化程度呈现出先上升至 2005 年达到顶峰而后下降,最近年份的专业化指数又出现上升的趋势。2013 年,上海、苏州、无锡等 10 个城市的专业化指数小于长三角都市圈的地区相对专业化指数平均值。这些城市具有产业结构均衡、制造业发展均衡、城市经济总量较大等特点。嘉兴、绍兴、台州、湖州、舟山等 5 个城市在内的城市专业化指数值大于长三角都市圈平均值。这 6 个城市可以根据特征分为两类:第一类是嘉兴、绍兴等 4 个城市,这些城市的某 1 - 2 个行业的比重比较突出的特点,因此专业化水平较高;第二类是舟山,因为制造业的经济总量较小,因此与其他城市的平均制造业结构差异较大。

表 6.3.4 长三角 16 个城市地区专业化指数变动

城市	1998	2000	2003	2005	2007	2009	2013
上海	0.406	0.446	0.506	0.441	0.441	0.491	0.574
苏州	0.307	0.354	0.49	0.505	0.490	0.590	0.687
无锡	0.340	0.443	0.447	0.456	0.383	0.433	0.495
南京	0.617	0.637	0.505	0.646	0.621	0.471	0.485
杭州	0.413	0.373	0.389	0.373	0.389	0.435	0.488
宁波	0.577	0.647	0.603	0.582	0.468	0.416	0.378
常州	0.421	0.474	0.472	0.498	0.503	0.513	0.666
南通	0.578	0.581	0.618	0.615	0.618	0.554	0.547
扬州	0.572	0.589	0.598	0.634	0.568	0.547	0.614
镇江	0.541	0.652	0.658	0.705	0.674	0.588	0.592
泰州	0.658	0.700	0.651	0.641	0.606	0.632	0.739
嘉兴	0.781	0.822	0.914	0.842	0.78	0.758	0.692
绍兴	0.750	0.795	0.858	0.924	0.852	0.841	0.817
台州	0.757	0.859	0.887	0.968	0.965	0.885	0.805
舟山	1.132	1.166	1.267	1.251	1.324	1.318	1.513
湖州	0.798	0.925	0.897	0.866	0.776	0.717	0.741
平均值	0.603	0.654	0.673	0.684	0.654	0.637	0.677

资料来源:根据 16 个城市的相关统计年鉴整理得到

3. 基于城市间行业分工指数

克鲁格曼分工指数的表达式为:

$$k_{ij} = \sum_{k} |v_i^k - v_j^k| \qquad (6-3-2)$$

其中 k_{ij} 是城市 i 和 j 之间的专业化指数,v_i^k、v_j^k 分别表示城市 i 和 j 的第 k 种行业占该地制造业总产值的比重。为了能说明城市间行业分工的变化趋势,就有必要比较两个相隔较长年份的指数差别,而不是单纯某一年份数值。

根据公式克鲁格曼分工指数公式计算可得 1998—2013 年 16 个城市间的行业分工指数。根据计算结果,可以知道长三角都市圈城市间分工状况如下。

上海、杭州、苏州、南京、无锡和宁波六个城市产值位居前三的行业较多,它们之间的城市专业化指数数值都小于平均值0.871。其中上海与南京之间的分工指数最低,这与南京主要发展方向为交通运输、通信设备等高资本、高技术密集型行业是密不可分的。长三角经济总量较大的几个城市,其制造业的部门也相应地更加全面,这样使得这些城市之间的制造业结构比较相似,所以相应的上海同这几个城市的专业化指数也比较低。苏州、无锡、南京、杭州和宁波五个城市重视通信、电气行业等资本密集、技术密集型行业的发展,是导致城市之间较低分工指数的原因。而苏州和无锡同构性很强,分工指数仅为0.57,原因在于地理区位的接近和主导产业的相似性导致。

上海同苏南城市间专业化分工差异小于同浙北城市。上海和江苏各城市之间的分工指数普遍低于上海与浙江各城市的城市分工指数。主要原因来看,江苏南部的主要城市大部分以电气、化学原料为重点产业,而浙江北部城市中的嘉兴和绍兴则以纺织业作为主导产业,从产业结构来看,上海的产业结构与浙江更具有互补性。江苏省的无锡和常州两城市的行业分工指数在所有城市中同构性最强,两个城市均以黑色金属冶炼及压延加工业为重点产业,且两城市毗邻,因此同构特点明显。而浙江省的嘉兴、绍兴、湖州都以发展纺织业为主,因此分工指数也较低,同构性强。因地理距离相近而导致城市间专业化指数较小的现象,这说明长三角都市圈的分工具有很强的地区集聚。

总体上长三角都市圈的城市间分工指数平均指数值由1998的0.788上升到2013年的0.869。城市间分工指数下降的有45个,不足40%。大部分城市之间的分工指数是呈现出上升的趋势,这说明各城市之间的分工程度随着长三角都市圈一体化进程的推进而在增强,城市之间的专业化分工在不断加深(表6.3.5)。

表 6.3.5　1998—2013 年克鲁格曼分工指数变化值

城市	上海	苏州	无锡	南京	杭州	宁波	常州	南通	扬州	镇江	泰州	嘉兴	绍兴	台州	舟山
苏州	0.20														
无锡	0.24	0.27													
南京	-0.16	0.06	-0.02												
杭州	0.19	0.32	0.20	0.08											
宁波	-0.05	0.06	-0.16	-0.28	-0.05										
常州	0.24	0.32	0.11	-0.06	0.26	0.01									
南通	0.17	0.45	0.10	-0.04	-0.06	-0.05	-0.08								
扬州	0.19	0.21	-0.03	-0.16	-0.04	-0.03	-0.22	-0.30							
镇江	0.16	0.35	0.08	-0.12	0.12	0.01	-0.13	-0.08	-0.33						
泰州	0.10	0.21	-0.01	-0.07	0.14	-0.11	0.19	-0.29	-0.18	0.01					
嘉兴	0.00	0.19	0.10	-0.08	-0.29	-0.04	0.01	0.27	0.02	0.01	-0.08				
绍兴	0.12	0.29	0.21	-0.03	-0.26	-0.06	0.26	0.21	0.06	0.15	0.12	-0.03			
台州	0.23	0.21	0.12	0.09	-0.05	-0.02	0.13	-0.03	0.12	0.18	0.20	0.03	-0.09		
舟山	0.06	0.64	0.53	-0.04	0.32	0.24	0.48	0.60	0.20	0.32	0.09	0.58	0.59	0.15	
湖州	0.07	0.16	-0.11	-0.11	-0.06	-0.05	-0.22	0.06	-0.13	0.16	0.12	0.07	0.12	0.06	0.64

4. 基于空间基尼系数分析

前面三个指数都是以城市基准来说明各个城市之间分工的差异情况。基尼系数则以具体的行业为基准说明一个行业在一个城市群的分散与集聚情况。本研究借鉴文玫(2004)的计算方法：

$$G_i = \frac{1}{2n^2 \overline{S_k}} \sum_{i=1}^{n} \sum_{j=1}^{n} |S_i^k - S_j^k| \qquad (6-3-3)$$

其中 G_i 是区位基尼系数，S_i^k 为 i 城市 k 行业在长三角地区 k 行业总产值所占的份额，S_j^k 为 j 城市 k 行业在长三角地区 k 行业总产值所占的份额，$\overline{S_k}$ 表示长三角 k 行业的平均份额，这里 $\overline{S_k} = \frac{1}{n}$。基尼系数的结果在 0 和 1 之间，其中 0 表示长三角地区每个城市占行业的产值比重都是一样的，1 表示行业的产值全都集中于一个城市。很多学者通过判断具体某个行业的基尼系数的变化情况来研究产业在长三角城市群中的转移情况。据公式(6-3-3)，可得到长三角 16 个城市制造业的区位基尼系数结果，如表 6.3.6。

从中可以得出：长三角制造业整体的集聚水平在下降。1998-2002 和 2003-2013 两个时间段制造业集聚水平均在下降，但平均值均在 0.5 以上，行业集中程度较为显著。其中 2002 年与 2003 年的制造业统计口径发生变化，平均值有较大变化。从总体上来说，长三角都市圈制造业扩散趋势越发显著，2013 年区位基尼系数的平均值相较 2003 年下降了 10.60%。

表 6.3.6　1998-2013 年长三角地区制造业部门各行业基尼系数

行业	1998	2002	2003	2005	2007	2009	2012
农副食品加工业	0.389	0.375	0.407	0.420	0.431	0.433	0.436
食品制造业	0.648	0.686	0.668	0.643	0.643	0.639	0.666
饮料制造业	0.636	0.673	0.679	0.645	0.602	0.572	0.544
烟草制品业	0.837	0.817	0.816	0.821	0.829	0.830	0.791
纺织业	0.454	0.475	0.481	0.486	0.491	0.492	0.567
纺织服装、鞋、帽制造业	0.509	0.446	0.435	0.421	0.419	0.382	0.289
皮革、毛皮、羽毛(绒)及其制品业	0.504	0.546	0.562	0.564	0.551	0.512	0.586
木材加工及木、竹、藤、棕、草制品业	0.663	0.623	0.604	0.524	0.511	0.535	0.454

续表

行业	1998	2002	2003	2005	2007	2009	2012
家具制造业	0.622	0.565	0.552	0.634	0.606	0.568	0.668
造纸及纸制品业	0.542	0.553	0.557	0.566	0.564	0.547	0.522
印刷业和记录媒介的复制	0.693	0.640	0.621	0.607	0.589	0.580	0.580
文教体育用品制造业	0.608	0.611	0.600	0.587	0.561	0.520	0.370
石油加工、炼焦及核燃料加工业	0.745	0.798	0.780	0.777	0.756	0.734	0.633
化学原料及化学制品制造业	0.516	0.486	0.492	0.482	0.443	0.374	0.417
医药制造业	0.539	0.508	0.524	0.486	0.471	0.467	0.429
化学纤维制造业	0.606	0.531	0.534	0.577	0.578	0.629	0.726
橡胶制品业	0.643	0.528	0.581	0.566	0.533	0.527	0.397
塑料制品业	0.492	0.486	0.466	0.477	0.456	0.445	0.364
非金属矿物制品业	0.462	0.449	0.427	0.404	0.369	0.332	0.571
黑色金属冶炼及压延加工业	0.763	0.708	0.682	0.657	0.616	0.595	0.418
有色金属冶炼及压延加工业	0.514	0.502	0.528	0.488	0.479	0.462	0.293
金属制品业	0.534	0.457	0.463	0.475	0.423	0.371	0.432
通用设备制造业	0.514	0.474	0.482	0.473	0.455	0.423	0.517
专用设备制造业	0.529	0.458	0.457	0.493	0.466	0.477	0.663
交通运输设备制造业	0.667	0.643	0.650	0.551	0.514	0.447	0.533
电气机械及器材制造业	0.487	0.457	0.461	0.456	0.433	0.392	0.282
通信设备、计算机及其他电子设备制造业	0.682	0.711	0.730	0.749	0.730	0.736	0.647
仪器仪表及文化、办公用机械制造业	0.693	0.681	0.684	0.657	0.575	0.497	0.441

续表

行业	1998	2002	2003	2005	2007	2009	2012
工艺品及其他制造业	0.502	0.475	0.483	0.509	0.482	0.497	0.685
废弃资源和废旧材料回收加工业	0.748	0.732	0.733	0.682	0.544	0.523	0.680
平均值	0.566	0.546	0.572	0.564	0.544	0.523	0.520

资料来源:1998—2007数据引自于戴梦莹,2013;2009、2013年数据来自长三角各城市统计年鉴。

食品制造业,饮料制造业,烟草制品业,家具制造业,印刷业和记录媒介的复制,文教体育用品制造业,石油加工、炼焦及核燃料加工业,黑色金属冶炼及压延加工业,通信设备、计算机及其他电子设备制造业,仪器仪表及文化、办公用机械制造业等10个行业的行业区位基尼系数基本上大于平均值,且以烟草制品业,石油加工、炼焦及核燃料加工业,通信设备、计算机及其他电子设备制造业的集中程度最为显著,这些行业的特点是资本或者技术密集型产业。其余行业的基尼系数小于0.5,没有表现出很强的集聚性。

制造业各行业的区位基尼系数变化情况不一。长三角16个城市制造业呈现大部分行业扩散,少部分的劳动密集型行业和资本密集型行业呈现集聚的态势。为了能更加清楚表现不同行业的集聚与扩散趋势,对比考察期间内基尼系数的变化,根本系数变化的显著性,将行业的趋势分为三类,如表6.3.7,从中可知呈现扩散趋势的行业有17个,涉及的行业比较广泛,但这类行业的特点多是具有较长的产业链。呈现集聚趋势的行业主要有农副食品加工业,纺织业,皮革、毛皮、羽毛(绒)及其制品业,造纸及纸制品业,化学纤维制造业,通信设备、计算机及其他电子设备制造业、专用设备制造6个行业。这些行业的特点是多为劳动密集型或者资本密集型,集聚能充分发挥其规模效应。集聚与扩散趋势不明显的行业多为居民生产生活必需的工业。

表6.3.7 集聚与扩散趋势行业的分类

呈现扩散趋势的行业	呈现集聚趋势的行业	趋势相对稳定的行业
仪器仪表及文化、办公用机械制造业	化学纤维制造业	家具制造业
黑色金属冶炼及压延加工业	皮革、毛皮、羽毛(绒)及其制品业	食品制造业

续表

呈现扩散趋势的行业	呈现集聚趋势的行业	趋势相对稳定的行业
交通运输设备制造业	农副食品加工业	石油加工、炼焦及核燃料加工业
橡胶制品业	通信设备、计算机及其他电子设备制造业	造纸及纸制品业
塑料制品业	专用设备制造业	烟草制品业
化学原料及化学制品制造业	纺织业	
文教体育用品制造业	非金属矿物制品业	
有色金属冶炼及压延加工业	工艺品及其他制造业	
木材加工及木、竹、藤、棕、草制品业		
电气机械及器材制造业		
纺织服装、鞋、帽制造业		
废弃资源和废旧材料回收加工业		
印刷业和记录媒介的复制		
通用设备制造业		
医药制造业		
金属制品业		
饮料制造业		

资料来源：根据区位基尼系数结果整理得出

长三角都市圈现阶段呈现扩散与集聚并存状态，且扩散趋势占主导地位。交通运输设备制造业、仪器仪表及文化、办公用品机械制造业等技术密集型行业也开始呈现扩散趋势，上海作为中心城市在不断向外转移劳动密集型的行业，大力发展自身先进的制造业，长三角行业分工形势趋于明朗化。

5. 基于区位商分析

虽然区位商计算忽略了城市的经济规模，但是其能反映出一个城市对某个产业的选择。区位商公式如下：

$$LQ_{ij} = \frac{q_{ij}}{q_j} \bigg/ \frac{q_i}{q} \qquad (6-3-4)$$

其中q_{ij}表示j城市i行业的总产值,q_j为j城市制造业总产值;q_i为长三角i行业的总产值,q为长三角制造业总产值。如果指数大于1表示城市的优势产业。根据区位商公式,计算2013年长三角16个城市的区位商,并根据区位商估计结果来分析各地区的优势产业。对上述区位商大于1的城市进行筛选,表征长三角地区各城市的优势产业,筛选出的结果如表6.3.8。从中可以看出,上海在通用设备、计算机其他电子设备制造业、烟草制品业等资本、技术密集型的行业中有明显的集聚特征。农副食品加工业、食品制造业、饮料制造业、纺织业、纺织服装、鞋、帽制造业、皮革、毛皮、羽毛及其制品业等这些传统轻工业型制造业,则以浙江城市为强集聚地区,其特点多为劳动密集型产业。而黑色金属冶炼及压延加工业、化学原料及化学制品制造业、金属制品业、通用设备制造业这些重工业型制造业则集聚在江苏省,大多为资本密集型产业。

表6.3.8 2013年按行业分类区位商大于1的城市

行业	城市
农副食品加工业	镇江、泰州、嘉兴、南通、湖州、舟山、
食品制造业	上海、南京、杭州、嘉兴、湖州
酒、饮料和精制茶制造业	杭州、绍兴、湖州、南京、台州
烟草制品业	上海、杭州、南京、宁波
纺织业	绍兴、湖州、嘉兴、南通、杭州
纺织服装、服饰业	嘉兴、宁波、南通、绍兴、扬州、无锡
皮革、毛皮、羽毛及其制品和制鞋业	嘉兴、台州、扬州、杭州、南通
木材加工和木、竹、藤、棕、草制品业	湖州、镇江、嘉兴、常州、舟山
家具制造业	湖州、嘉兴、台州、杭州、上海、宁波
造纸和纸制品业	镇江、嘉兴、杭州、苏州、宁波
印刷和记录媒介复制业	嘉兴、无锡、苏州、上海、宁波、杭州
文教、工美、体育和娱乐用品制造业	南通、湖州、宁波、绍兴、台州、扬州、杭州、上海
石油加工、炼焦和核燃料加工业	宁波、舟山、南京、上海、泰州

续表

行业	城市
化学原料和化学制品制造业	镇江、南京、常州、南通、扬州、宁波、绍兴、泰州
医药制造业	台州、泰州、绍兴、杭州、南通、南京
化学纤维制造业	绍兴、嘉兴、杭州、苏州、无锡
橡胶和塑料制品业	台州、杭州、嘉兴、绍兴、宁波、上海
非金属矿物制品业	湖州、镇江、嘉兴、杭州、常州、南通、南京、扬州
黑色金属冶炼和压延加工业	常州、无锡、湖州、苏州、南京
有色金属冶炼和压延加工业	无锡、绍兴、宁波、台州、湖州、南京
金属制品业	泰州、南通、无锡、镇江、常州、台州
通用设备制造业	上海、南通、绍兴、杭州、嘉兴
专用设备制造业	上海、常州、台州、扬州、泰州、南通、无锡、绍兴
汽车制造业	上海、南京、台州、杭州、扬州
铁路、船舶、航空航天和其他运输设备制造业	舟山、泰州、扬州、台州、南通、镇江、常州
电气机械和器材制造业	扬州、镇江、常州、湖州、无锡、泰州、南通、宁波
计算机、通信和其他电子设备制造业	苏州、上海、南京
仪器仪表制造业	扬州、镇江、南通、台州、常州、南京、杭州、泰州
其他制造业	台州、扬州、舟山、绍兴、宁波、镇江
废弃资源综合利用业	台州、宁波、苏州、杭州、舟山
金属制品、机械和设备修理业	上海、杭州、舟山

若仅计算某一年的区位商,很难判断该地区的优势是来自于自身产业发展的结果,还是承接外部产业转移的结果。实际上,长三角地区作为一个整体,过去十多年中,长三角区域内部的产业转移对长三角的产业格局重构和产业分工体系有

很大的影响,尤其是上海的产业转移到其他城市,会对当地的产业格局造成一定的变化,因此,还应当计算动态的区位商变化。通过计算历年区位商的变化,能反映出产业转移的背景下,各个城市自身主导产业的变化。长三角都市圈内第二产业各行业呈现如下的集聚、扩散特点。

(1)长三角都市圈多数第二产业行业(主要为资源采掘业、劳动密集型制造业、劳动技术密集型制造业及资本密集型制造业)的集聚程度并不高,且这些行业已在都市圈内呈扩散趋势,空间基尼系数不断下降,其中纺织业、食品加工业的集聚程度稍高,但也呈扩散趋势(食品加工业则呈先集聚后扩散趋势)。

(2)各地级市资源采掘业、劳动密集型制造业、劳动技术密集型制造业、资本密集型制造业各行业的区位商排名相对稳定。且相应行业区位商较高的地级市鲜有为区域中心或次中心城市(食品制造业、仪器仪表及文化、办公机械制造业除外),说明这些行业的扩散情况渐趋稳定。

(3)部分劳动密集型、资本密集型制造业仍主要集中在杭州、南京、上海、宁波等区域中心及次中心城市,这反映出,尽管制造业的集聚与扩散通常由中心城市开始外围地区转移或扩散,但为了防止出现城市产业"空心化",中心城市并非完全、彻底地将劳动密集型产业转移,而是有选择性地进行产业转移。

(4)资本技术密集型制造业所包含的三类行业既有不断扩散(化学原料及制品制造业、有色金属冶炼及压延加工业),也有呈现集聚的行业(黑色金属冶炼及压延加工业),但此处的集聚并非发生在区域中心城市的南京、杭州,而是集聚在常州、湖州、苏州等距离上海较近的城市。因此,资本技术密集型制造业也主要呈现从中心城市向外围区域的转移。

(三)制造业产业集群发展演变

长三角地区围绕区域主导产业,相关产业与机构聚集在一起,形成各具特色的产业块状经济,通过灵活分工及互动,降低交易成本,提高专业化程度,促进创新,共享区域品牌,从而提高了集群内企业及区域整体竞争力,促进区域经济增长,对提升区域经济实力发挥着重大作用。

但是,由于江浙沪各自的产业基础不同,禀赋条件各异,各地区的产业发展呈现出明显的差异性,并形成不同的产业集群。在上海,已经形成了电子信息产品制造业、汽车制造业、石油化工及精细化工制造业、精品钢材制造业、成套设备制造业、生物医药制造业等六大制造业产业集群。浙江的产业集群程度也很高,以产业集群加专业市场形成的区块经济已成为浙江省区域经济发展的一大特色。浙江六市的工业优势主要集中在纺织、电力、电气机械、服装和普通机械等劳动密集型产业上,电子及通信设备制造业等新兴技术与知识密集型行业的比重偏低。全省特色工业广泛分布在110多个行业,在全国、甚至在国际市场上都具有明显的特色优势,这些特色工业的鲜明特点是"小产品、大市场"。浙江中小企业集群都是在市场需求的基础自发形成的,各个集群都生产具有各自特色的产品,产业涉及的范围很广泛。江苏省产业集群已初具规模,涵盖纺织、服装金属制品、建材、电器、轻工等传统产业,以及IT、环保、花木园艺等新兴产业,几乎在各个县市都有分布,带动了地区经济的发展。

表6.3.9 江浙两省部分城市产业集群数量

城市	出现产业集群的主要部门或行业	集群数
杭州	纺织(萧山织造、余杭家纺、萧山印染)、化纤(萧山)、汽配(市区、萧山)、电子通信、家用电器、医药、伞业(富阳)、通信器材(富阳)、笔业(桐庐)、花木(萧山)、旅游(市区)、文教用品、软件、广播电视、会展	15
宁波	纺织(象山针织)、服装(娜州、奉化)、家电(慈溪)、电子信息(余姚)、机械汽配(邦州、余姚)、电气器材(姜山燃气灶具)、金属制品(咸祥金属箱柜)、仪器仪表(横街水表)、电动工具	9
嘉兴	纺织(秀州丝织、海宁经编家纺)、服装(平湖、桐乡羊毛衫)、皮革(海宁)、箱包(平湖)、木制品(嘉善)、建材、设备制造(海盐紧固件)、化纤、光机电(平湖)	9
潮州	纺织(长兴)、服装(织里童装)、建材、竹制品(安吉转椅)	4
绍兴	医药(新昌)、化工(新昌)、纺织(诸暨陶朱贡缎、绍兴、上虞印染)、服装(诸暨枫桥衬衫、诸暨大唐袜业、嵊州领带)、化纤(绍兴)、金属制品(诸暨)、设备制造(新昌轴承、上虞风机)、厨具(嵊州)、伞业(上虞裕厦)、家具(越城)、珍珠	11
舟山	水产品加工、海洋药品、机械、船舶修理、金属制品、电器电机、电子	7
台州	汽摩配件(温岭、玉环)、工艺品(仙居)、塑料(椒江)、纺织(天台产业用布)、鞋业、设备制造(温岭泵类产品、玉环阀门)、医药化工(黄岩)、彩灯(临海)、金属制品(三门铆钉)、精细化工、眼镜、小商品市场(路桥)	12
南京	软件、石油、化工、电子信息、汽车、钢铁制造、石化设备、家电、电子信息、广播电视	10
无锡	纺织、服装、精细化工、医药制造、化纤纺织、陶瓷、建材、环保机械、摩托车、电线电缆、电影音像业	11

续表

城市	出现产业集群的主要部门或行业	集群数
常州	智能仪器、网络通信、软件、纺织(武进)、服装(金坛)、化工、医药制造、通信	8
苏州	纺织(常熟、张家港纺织印染、吴江丝绸)、化纤(太仓瑛径镇)、服装(常熟)、软件、通信电子制造(昆山、吴江)、光电缆、石化、缝纫机、商品交易市	9
南通	家纺(海门)、纺织(如东)、粮油加工、化工、钢丝绳	5
扬州	纺织(仪征)、化纤(仪征)、服装(邗江)、汽车及零部件(仪征)、造船、石油化工(仪征)、机械设备、电子信息、电器、食品、玩具(江阳)、医药制造、冶金(江都)	13
镇江	纺织(丹阳皇塘镇家纺)、眼镜(丹阳)、自行车(句容)、低压电器(扬中)、包装印刷、五金工具	6

资料来源:2013－2015年中国区域经济发展报告[M],社会科学文献出版社,2015年版

四、长三角工业高级化指标体系的构建与测度

(一)工业高级化指标体系的构建

1.工业高级化指标体系

"工业高级化"是指工业向高附加值的产业与高附加值的环节升级的过程。工业高级化由两个维度组成,其一为结构优度,高附加值工业比重越大,工业结构优度越高;其二为价值链高度,价值链高端环节的工业比重越大,工业价值链高度越高。基于此,本章构建了一套由两个主指标、10个子指标构成的工业高级化评价指标体系(表6.4.1)。

表 6.4.1　工业高级化评价指标体系

目标层	序号	一级指标	序号	二级指标
工业高级化指数	A	工业结构优度	A1	劳动密集型产业比重
			A2	资本密集产业比重
			A3	技术密集型产业比重
	B	工业价值链高度	B1	R&D 投入强度
			B2	单位产值专利申请数
			B3	单位产值专利授权数
			B4	新产品销售比重
			B5	单位产值商标注册件数
			B6	单位产值商标累计有效注册数
			B7	单位产值商标申请件数

2. 工业结构优度模型

本文按照劳动力、资本和技术三大生产因素在工业中的密集程度,将工业内部划分为劳动密集、资本密集以及技术密集型工业。劳动密集型工业的特点在于生产要素的比例中,劳动力投入的比重较高,单位劳动占用资金少,技术装备程度较低。资本密集型产业指在生产要素比例中资本投入比重较高的产业,单位劳动占用资金较多,以充足的资金为发展条件。技术密集型产业的主要特征在于投入的劳动与资本两要素中凝结了复杂高端的技术。技术密集型产业发展不仅需要资金,更主要的是需要知识和科学技术,需要大量掌握科学技术的人才。

从发达国家工业结构的转变可以看出部门结构从劳动密集型向技术密集型转变的规律,工业结构调整的主流方向是增加技术密集型部门的投资。工业发展的基本规律是劳动密集型工业的发展形成了对机器设备等重化工业的需求,促成了一国中间产品和资本型工业的建立,随着市场需求上升推动工业产业结构向附加值更高的资本密集和技术密集型产业转变。工业发展的三个阶段分别是劳动密集型产业主导阶段、资本密集型产业主导阶段和技术密集型产业主导阶段。从中国的实际情况来看,技术密集型产业是工业结构升级的方向。本部分内容对劳动密集型、资本密集型、技术密集型产业具体划分参考了王志华(2006)的分类标准,表6.4.2为工业产业类型划分细则。

表 6.4.2 工业产业类型划分细则

划分类型	产业
劳动密集型产业	农副食品加工业、食品工业、纺织业、服装及其他纤维制品工业、皮革、毛皮、羽绒及其制品业、木材加工及竹、藤、棕、草制品业、家具工业、印刷业和记录媒介复制业、文教体育用品工业、橡胶制品业、塑料制品业、非金属矿物制品业、金属制品业、工艺品及其他工业、废弃资源废旧材料回收加工
资本密集型产业	饮料工业、烟草加工业、造纸及纸制品业、石油加工及炼焦业、黑色金属冶炼及压延加工业、化学原料及化学制品工业、有色金属冶炼及压延加工业、化学纤维工业、普通机械工业、专用设备工业、通用设备工业、交通运输设备工业、电气机械及器材工业、采矿业、电力、热力、燃气及水的生产和供应业
技术密集型产业	医药工业、电子及通信设备工业、仪器仪表及文化办公用机械工业

结构优度反映的是产业结构的发展水平和演进的层次,即产业结构优化的程度。在指标方面,本文参考了李东(2012)构建的工业实际结构和典型结构的"距离差"来衡量二者的接近程度,并对不同类型产业接近程度赋予不同的得分,然后得到该地区工业结构高级化综合得分。具体来说,将实际劳动密集产业比重 a(L),资本密集产业比重 a(C),技术密集产业比重 a(I)构造工业实际结构坐标,即(a(L),a(C),a(I))。而劳动密集型工业典型结构坐标为(1,0,0),资本密集型工业典型结构坐标为(0,1,0),技术密集型工业典型结构坐标为(0,0,1)。如果工业实际结构与典型结构的"距离"越大,两者的接近度越低。基于欧氏距离构造了实际结构与典型结构的接近程度,具体以实际结构与劳动密集型典型结构的接近度公式为例。

$$r = 1 - [(a(L)-1)^2 + (a(C)-0)^2 + (a(I)-0)^2]^{0.5}/\sqrt{2} \quad (6-4-1)$$

进一步构造以下工业结构优度模型:

$$E = \beta_1 r_1 + \beta_2 r_2 + \beta_3 r_3 \quad (6-4-2)$$

其中,r_1 表示实际工业结构与劳动密集型结构的接近程度,r_2 表示实际工业结构与资本密集型结构的接近程度,r_3 表示实际工业结构与技术密集型结构的接近程度。工业结构优化的过程就是从劳动密集型向资本密集型再向技术密集型转变的过程。β_1、β_2、β_3 为结构优度得分,且 $\beta_1 < \beta_2 < \beta_3$。如果实际的结构越是接近技术密集型,其结构越优;越接近劳动密集型,其结构越差。

3. 工业价值链高度综合指数

由于江浙沪当前的研发能力和品牌运作能力导致企业只能选择处于全球价值链中的低端环节,企业必须谋求向高附加值的环节攀升,否则容易陷进低端锁定陷阱。全球价值链分为三大环节:第一环节为技术,包括研发、设计等;第二环节是制造,包括零部件加工、装配等;第三环节则为营销,包括销售、批发零售及品牌推广等。"微笑曲线"理论揭示了价值链上的价值分布规律,曲线底部加工组装环节附加值较低,沿曲线向两端移动,上游的研发设计和下游的营销环节附加值最高。因此,本文选择从创新和营销两个方面来评估工业的价值链高度。

价值链的上游环节主要包括产品的设计、研发,价值链的下游环节包括销售、批发零售及品牌推广等活动。基于数据的可获得性,选取 R&D 投入强度、专利申请数、专利授权数、新产品销售比重四个指标表征价值链上游环节,代表工业的研发能力。本研究采用 R&D 投入强度即 R&D 经费投入占 GDP 的比重来衡量 R&D 活动。专利申请数、专利授权数与新产品销售比重则分别体现了工业科技创新产出与技术成果转化方面的能力。选取商标申请件数、商标累计有效注册数、商标注册件数三个指标来表征价值链下游的环节,代表工业品牌意识、品牌运作、市场营销能力。

鉴于江浙沪中存在地区面积差异,本研究将 7 个指标换算成单位产值指标。R&D 投入强度、专利申请数、专利授权数、新产品销售比重四个指标数据以及工业总产值。数据来源于江浙沪 2009 – 2016 年统计年鉴,商标申请件数、商标累计有效注册数、商标注册件数三个指标数据来源于 2008 – 2015 年《中国商标战略年度发展报告》。

对上述七个指标进行无量纲化处理,采用极差标准化法按照公式 $V_{ij} = \frac{X_{ij} - Min(X_{ij})}{Max(X_{ij}) - Min(X_{ij})}$ 消除不同量纲的影响,定义效用值的区域范围为 [0,100],其中 X_{ij} 表示第 j 年第 i 个指标(i 分别为 R&D 投入强度、单位产值专利申请数、单位产值专利授权数、新产品销售比重、单位产值商标注册件数、单位产值商标累计有效注册数、单位产值商标申请件数)的原始值,$Max(X_{ij})$ 表示第 j 年第 i 个指标的最大值,$Min(X_{ij})$ 表示第 j 年第 i 个指标的最小值,在此基础上构建工业价值链高度综合指数:

$$H_j = \sum_{i=1}^{7} w_i V_{ij} \qquad (6-4-3)$$

其中,V_{ij} 为无量纲化处理后的七个工业价值链高度指标,w_i 为第 i 个指标的权重。

4. 工业高级化指数的构建

依据本文对工业高级化的定义,工业高级化由结构优度和价值链高度两个维度构成。将工业高级化记为 IA,则构建工业高级化指数:

$$IA_j = w_E E_j + w_H H_j \qquad (6-4-4)$$

其中,E_j 为工业结构优度,w_E 为其权重;H_j 为工业价值链高度,w_H 为其权重。

对于结构优度与价值链高度的权重设置,参考相关文献,本文将权重分别设定为60%和40%。

本文采用层次分析法(即AHP法)来确定工业价值链高度指标中各二级指标的权重,具体如表6.4.3。

表6.4.3 工业价值链高度指标与权重

指标	R&D投入强度	单位产值专利申请数	单位产值专利授权数	新产品销售比重	单位产值商标注册件数	单位产值商标累计有效注册数	单位产值商标申请件数
权重	0.2	0.1	0.1	0.2	0.1	0.2	0.1

(二)长三角工业高级化测度

1. 工业结构优度测度

上海在2008—2015年8年中的结构优度得分都一直领先于江苏和浙江,说明上海工业的结构最优,但是也发现看到,相对于江苏、浙江工业结构优度的小幅波动、提升,上海工业的结构优度出现下降的趋势。说明随着商务成本等不断上升,上海应该把更多的劳动密集型产业向其他地区转移,集中优势资源致力于发展现代生物医药、通信设备、新材料等高新技术产业领域,形成具有自主创新能力和自主品牌的高科技企业群并成为江浙沪高科技产业的扩散源,推动技术密集型产业的发展应成为上海工业提升国际竞争力的主要途径。

江苏的工业结构优度介于上海与浙江之间,而作为江浙沪工业基地重要成员之一的浙江省,其工业结构优度得分最低。浙江工业结构现状是劳动密集型工业比重过大,高技术产业、资金密集型产业和技术密集型产业发展滞后。2015年浙江劳动密集型工业产值比重达到37.39%,而同期浙江技术密集型工业产值比重则只有8.49%,远远低于上海的21.18%和江苏的17.77%,这说明了浙江工业产业层次低,升级压力较大。由于浙江劳动密集工业与出口经济规模过大,实行的又是低价销售策略,面对国际市场需求萎缩,浙江出口企业面临着产量和价格的双重压力。因此,无论是应对国际金融危机还是保持工业可持续增长,浙江都必须转型发展,通过结构调整、产业升级与技术创新,有重点地选择发展高技术产业与新兴产业,解决工业产品层次偏低、劳动密集型产业规模过大等问题,提高浙江工业产业层次与竞争力。

表 6.4.4 江浙沪工业结构优度得分

	上海	江苏	浙江
2008	79.78138	77.40186	70.47142
2009	79.26345	77.42711	70.20666
2010	78.9746	77.35725	70.38798
2011	78.09155	77.14812	70.36747
2012	77.94167	77.29967	70.44817
2013	77.46662	77.06056	70.46081
2014	77.16246	76.95223	70.58677
2015	77.71611	77.13918	71.04021

2. 工业价值链高度测度

长三角 2008—2015 年江浙沪的工业价值链高度呈现出良好的上升趋势,其中,江苏得分从 2008 年的 0.00 上升至 2015 年的 90.25,上海得分从 2008 年的 0.09 上升至 2015 年的 91.43,浙江得分从 2008 年的 0.48 上升至 2015 年的 97.48,这表明江浙沪工业的研发能力与营销能力在不断提高。在 2009—2012 年江苏一直处于第一的地位,但是在 2012 年后江苏的价值链高度得分的增速明显小于上海和浙江,处于末端位置,而浙江占据了第一的位置,上海一直处于第二。究其原因,浙江的研发投入强度的增长速率处于三个地区的首位,上海处于第二,江苏增速缓慢。而在新产品销售收入占比方面,同样的,浙江的增速最大,上海处于第二,江苏增速缓慢。由于以模仿先进技术为主,缺乏研发方面的探索和投入,江浙沪工业的技术积累缓慢,被动的技术跟随也阻碍了企业创新产品营销渠道的巩固与发展,江浙沪工业想要完成在产业全球价值链上的攀升,必须主要依靠自主创新从自身获得动力。

表 6.4.5　2008－2015 年江浙沪工业价值链高度得分

	上海	江苏	浙江
2008	0.09	0.00	0.48
2009	29.01	29.36	23.44
2010	32.15	38.36	36.94
2011	39.58	49.55	40.16
2012	47.17	69.67	61.81
2013	56.29	68.19	70.39
2014	68.10	70.38	71.01
2015	91.43	90.25	97.48

3. 江浙沪工业高级化测度

长三角工业高级化呈现出良好的上升态势,其中,江苏从 2008 年的 46.44 上升至 2015 年的 82.39,上海从 2008 年的 47.91 上升至 2015 年的 83.20,浙江从 2008 年的 42.48 上升至 2015 年的 81.61,这表明江浙沪工业高级化在不断提高。在 2008－2009 年上海一直处于第一的地位,但是在 2010－2014 年上海的工业高级化得分的增速明显小于江苏和浙江,直到 2015 年才重回第一,而江苏在 2008－2009 年位居第二,在 2010－2014 年都是第一,浙江则基本处于第三的位置。

在价值链高度方面,通过 R&D 经费支出占 GDP 的比重,反映了一个国家或区域对技术创新的重视程度,也是各国和国际组织评价科技实力或竞争力的首选核心指标。江浙沪 R&D 支出从 2006 年的 828.92 亿元上升到 2015 年的 3748.55 亿元,增加 352.22%。江苏 R&D 支出从 2006 年的 346.05 亿元上升到 2015 年的 1801.23 亿元,增加了 420.51%。但是浙江 R&D 支出从 2006 年的 224.03 亿元上升到 2015 年的 1011.18 亿元,增加了 351.36%。上海 R&D 支出从 2006 年的 258.84 亿元上升到 2015 年的 936.14 亿元,增加了 261.67%。从增长率来看,可以发现江苏近年来对 R&D 的支出明显高于上海和浙江,所以导致其后来居上。

表 6.4.6　2008－2015 年江浙沪工业高级化指数

	上海	江苏	浙江
2008	47.91	46.44	42.48
2009	59.16	58.20	51.50
2010	60.24	61.76	57.01

续表

	上海	江苏	浙江
2011	62.69	66.11	58.28
2012	65.63	74.25	66.99
2013	69.00	73.51	70.43
2014	73.54	74.32	70.75
2015	83.20	82.39	81.61

(三)长三角工业高级化的影响因素分析

1. 研究方法与数据选取

工业的转型升级发展是多种因素综合作用的结果,经济增长、国际贸易、人力资源素质、市场化程度、技术进步等因素对江浙沪区域工业高级化都有着十分重要的影响。基于数据可得性,经济增长指标选取人均 GDP;国际贸易指标选择出口外贸依存度变量,用各省市的出口总额与各省市生产总值之比来代表国际贸易对区域工业高级化的影响;人力资源素质指标以教育经费占 GDP 的比重来度量,代表区域的人才水平;市场化程度指标选取非国有固定资产投资占地方全社会固定资产总投资的比重,用来度量区域体制政策的改革与创新;技术进步用 R&D 支出来衡量。数据来源为 2009 - 2016 年浙江、江苏、上海统计年鉴。

本研究选取工业高级化指数(IA)为因变量,以对外贸易依存度、市场化程度、人力资源素质、人均 GDP(PGDP)和 R&D 支出为自变量,建立多元线性回归模型,分析对外贸易(FT)、人力资源素质(HR)、市场化程度(MD)、经济发展阶段和技术进步(TD)对工业高级化的影响。建立线性回归模型:

$$IA = \beta_0 + \beta_1 FT + \beta_2 MD + \beta_3 HR + \beta_4 PGDP + \beta_5 TD \quad (6-4-5)$$

2. 江苏实证结果分析

考虑到变量之间的多重共线问题,本研究采用的策略方法是先进行多重共线性检验,然后采用逐步回归的方法对变量进行筛选,最终得到本部分模型回归结果,受限于篇幅,此处只报告最终采用的模型,即工业高级化的回归方程为:

$$IA = 35.285 + 0.946 HR \quad (6-4-6)$$

HR 对 IA 的作用显著,其系数为 0.946,表示教育经费占 GDP 的比重每上升一个百分点,工业高级化指数将提高 0.946,这说明人才是江苏工业高级化的关键因素。根据前文对工业高级化指数的测度结果,即 2008 年到 2015 年江浙沪的工业高级化指数一直在增长,这说明江浙沪工业的高级化程度在全国处于先进水平。究其原因不难发现,江浙沪的人力资源素质在不断提高。江浙沪教育经费占GDP比重从2006年的1.89%上升到2015年的2.74%。同一时间全国的这一比重仅从0.13%上升到了0.20%。可见长期以来江浙沪的人力资源素质远远高于全国平均水平,江浙沪较为丰富的高素质人力资源促进了该区域工业高级化指数的提高。但是与浙江、上海相比,江苏的人力资源素质显然还有较大的差距,这也正是对于江苏而言只有人力资源对工业高级化指数显著的主要原因,进一步证明了人力资源素质是江苏工业高级化的重要驱动因素。

工业高级化包含工业结构的优化转型与工业价值链高度的攀升。从劳动密集型向资本、技术密集型转型需要大量高素质的劳动者的支撑,从价值链低端的加工环节向价值链高端的研发、营销环节攀升也离不开大量掌握先进知识与技术的创新性人才的引领。可见工业高级化的两个维度都是以科技创新为动力,以高素质的人力资源作为出发点和落脚点。丰富的人力资源和教育资源,可以满足企业知识密集型价值创造活动的特定需要。

随着知识和技术在生产中重要性的增强,高级人力资源的重要性日益凸显。知识资源、高素质人才是产业自主创新能力的基础和源泉,也是工业创造高附加值、保持竞争力的关键。培养大量掌握先进科学技术和工艺技能的专业人才能够增强中国工业的技术水平及产品的科技含量,有助于促进中国工业在国际分工中向价值链的高端攀升。中国已经到了用科技创新引领和支撑产业发展的阶段,要想提升产业附加值,必须立足自主创新,以技术改造促进工业转型升级和发展方式的转变。人才是科技创新的主体与关键要素。中国本身就具备着低成本、高数量的人力资源比较优势,只要进一步注重劳动者素质和能力的提高,加大对劳动者素质的培养投入力度,坚持以高新技术促进工业的发展道路,让人力资源优势得到充分的发挥,依靠科技进步,不断提高个业产业和产品的科技含量,必然能够提高产业的经济效益,实现工业高级化和可持续发展。

3. 浙江实证结果分析

考虑到变量之间的多重共线问题,本研究采用的策略方法是先进行多重共线性检验,然后采用逐步回归的方法对变量进行筛选,最终得到浙江工业高级化的回归方程为:

$$IA = 26.375 + 0.974TD \qquad (6-4-7)$$

TD 对 IA 的作用显著,其系数为 0.974,表示 R&D 支出每上升一个单位,工业高级化指数将提高 0.974。这说明技术进步是浙江工业高级化的关键因素。

4. 上海实证结果分析

考虑到变量之间的多重共线问题,本研究采用的策略方法是先进行多重共线性检验,然后采用逐步回归的方法对变量进行筛选,最终得到上海工业高级化的回归方程为:

$$IA = 23.986 + 0.953TD \qquad (6-4-8)$$

TD 对 IA 的作用显著,其系数为 0.953,表示 R&D 支出每上升一个单位,工业高级化指数将提高 0.953。这说明技术进步是上海工业高级化的关键因素。

根据工业高级化指数的测度结果,2008 年到 2015 年江浙沪工业高级化指数一直在增长,这说明江浙沪工业的高级化程度在全国处于先进水平,究其原因主要是江浙沪的技术进步在不断提高。研究与开发(R&D)经费投入是保证科学技术得以发展的必要条件与基础。与江苏相比,浙江、上海的人力资源素质显然还有较大的差距,进一步证明了技术进步是浙江、上海工业高级化的主要驱动因素。

国际市场历来存在激烈的竞争,在科技不发达时代,一个国家竞争能力的大小主要取决于资源条件,而在当今科技发达的时代,国家或区域的竞争力主要取决于技术水平的高低,技术进步是实现工业高级化的关键所在。面对世界各国争相发展高科技的浪潮和科技实力在国际竞争市场上的强大优势,必须寄希望于技术进步。相比于传统的劳动密集型、资源密集型产业,高新技术产业具有资源利用率高,污染少,附加值高以及国际竞争力强等特点。努力扩大高新技术产业规模,有利于解决中国目前存在的资源环境压力大等严重问题。当前,发展高新技术产业是全球化趋势下各国必然的发展路径,其是通向可持续发展之路的理想道路。

五、江浙沪工业高级化的环保效应

不同的工业结构对生态环境的影响不同,因此工业结构的调整对区域生态环境改善的研究至关重要。环保效应作为工业化对生态环境的作用结果,其研究是认识和估计环境质量现状及变动趋势的重要依据。

(一)江浙沪环境质量变化

江浙沪作为中国经济发展速度最快的区域之一,在大规模的国际资本和民间资本的推动下实现了经济的快速发展,然而在经济高速增长的背后环境质量问题也开始凸显。江浙沪的废水排放量、工业废气排放量和工业固体排放量基本都保持持续增长态势,其中工业废气排放量从 2006 年到 2015 年增长了 98.9%,将近翻了一番。

从江苏的情况来看,近年来江苏的工业废气和工业固体废物排放量上呈现快速上升趋势,而工业废水排放量却呈现明显的下降趋势。具体来看,2006－2015年间,江苏的工业废气排放总量从 2006 年的 24881 亿标立方米增长到 2015 年的 57882 亿标立方米,增加了 2.33 倍;工业固体废弃物生产量从 2006 年的 7195.04 万吨增加到 2015 年的 10701.01 万吨,增加了 1.49 倍;而工业废水排放量从 2006 年的 28.72 亿吨下降到 2015 年的 20.64 亿吨,年均下降 0.81 亿吨。

表 6.5.1　江苏工业"三废"排放情况

年份	工业废气排放量（亿标立方米）	工业废水排放量（亿吨）	工业固体废物产生量（万吨）
2006	24881	28.72	7195.04
2007	23607	26.88	7354.22
2008	26726	25.93	7843.48
2009	27432	26.74	8027.81
2010	31213	26.38	9063.83
2011	48182	24.63	10475.50
2012	48623	23.61	10224.44
2013	49797	22.06	10855.87
2014	59652	20.49	10924.73
2015	57882	20.64	10701.01

数据来源:2007－2016 年江苏统计年鉴

从浙江的情况来看,近年来浙江的"三废"排放都呈现上升趋势,其中工业废气排放量增幅最大,之后依次是工业固体废弃物生产量和工业废水排放量。具体来看,2006 年至 2015 年间,浙江的工业废气排放量从 2006 年的 14702 亿标立方米增加到 2015 年的 26841 亿标立方米,增加了 1.83 倍;工业固体废物生产量从 2006 年的 3096 万吨增加到 2015 年的 4678 万吨,增加了 1.51 倍;增幅较慢的是工业废水排放量,但也增加了 1.31 倍。

表 6.5.2　浙江工业"三废"排放情况

年份	工业废气排放量（亿标立方米）	工业废水排放量（亿吨）	工业固体废物产生量（万吨）
2006	14702	33.07	3096
2007	17467	33.81	3613
2008	17633	35.04	3785
2009	18860	36.50	3910
2010	24435	42.26	4843
2011	24940	42.04	4529
2012	23967	42.10	4542
2013	24565	41.91	4404
2014	26958	41.83	4700
2015	26841	43.38	4678

数据来源：2007—2016年浙江统计年鉴

从上海的情况来看，上海的工业"三废"排放问题也不容乐观。表6.5.3显示，上海工业废气排放量仍然处于上升最快的地位，但是增速相比浙江和江苏低了很多，从2006年到2015年仅上升了35.79%，工业废水方面基本保持稳定状态，维持在22亿吨左右，而工业固体废物呈下降趋势，10年间下降了9.45%。

表 6.5.3　上海工业"三废"排放情况

年份	工业废气排放量（亿标立方米）	工业废水排放量（亿吨）	工业固体废物产生量（万吨）
2006	9428	22.37	2063.19
2007	9591	22.66	2165.40
2008	10436	22.60	2347.35
2009	10059	23.05	2254.59
2010	12969	24.82	2448.36
2011	13692	19.86	2442.20
2012	13361	22.05	2198.81
2013	13344	22.30	2054.49
2014	13007	22.12	1924.79
2015	12802	22.41	1868.07

数据来源：2007—2016年上海统计年鉴

(二)环境质量的影响因素分析

1. 经济发展程度

根据资源环境理论,经济活动需要从环境中获取物质基础,而经济发展过程中会产生环境成本。江浙沪的工业固体废弃物产生量2006年至2011年随人均GDP增长持续上升,但2011年后呈现下降趋势。2006年至2015年江浙沪工业废水排放和人均GDP之间呈较弱的"反S形"关系。随着经济的增长,工业废水排放先是略有下降,随即又上升,经过再次下降后重新上升。江浙沪的工业废气排放量随着经济的增长而不断增加,并有加速增长态势。

2. 产业结构

产业结构主要通过影响所在地区的资源消耗和环境污染的水平和类型,从而引起该地区环境质量的变化。不同产业的排污强度不同,从实际情况来看,第二产业资源能源的消耗与污染物的排放都是最高的。工业生产在消耗大量能源和资源的过程中必然产生一定比例的废弃物。根据国家环保局的估计,中国72%的二氧化硫和75%的烟尘污染来自工业排放,工业污染最高曾达到全国污染总量的70%。

随着工业化进程的加速,江浙沪的产业结构也在发生着变化。2000年以来,经济发展的提速促使江浙两地的第二产业比重急剧增长,浙江的二产比重2000年52.7%上升到2006年最高点的54.2%,至2015年这一比重已经缓慢回落为45.96%。江苏第二产业比重也是在2000年到2006年先上升,达到最高点56.5%,之后也缓慢回落到2015年的45.7%。与此相对应,江苏和浙江的污染物排放均出现明显增长。与浙江、江苏不同,上海第二产业的比重持续下降,2000年至2015年第二产业比重从47.6%下降至31.8%。这一期间上海的主要污染排放较为稳定,并未出现明显上涨。第二产业比重的下降有利于减少环境污染,但是工业内部的轻重工业比例变化尤其是重型化特征却会导致污染物排放增加。

3. 技术进步

根据内生增长理论,技术进步能够提高资源利用效率,促进资源的循环利用,降低资源消耗和环境破坏。经济系统的产出由于技术创新突破增加了,但其原料投入却因新技术的出现而减少,因而技术进步或许能够使经济增长摆脱自然资源的约束。高新技术能使产品的生产装备技术性能提高降低生产排污量,有效控制环境污染。但是自然资源的投入不可能完全被技术取代,技术进步带来的经济增长甚至进一步加剧了对自然资源的破坏,这取决于是否有效利用技术进步为社会谋福利。对于企业而言,采用先进技术可以提高资源利用效率,实现节约资源,降低成本,甚至增强企业竞争力。对于政府而言,应当出台政策大力推广清洁能源,对于采用绿色环保技术的企业实行奖励补贴,激励企业采用、推广低碳技术。

4. 制度因素

由于污染的负外部性,以及采用绿色环保技术高昂的费用,导致环保技术在市场没有竞争性,而在这种市场失灵的情况下,政府的宏观调控很有必要,所以说经济增长过程中的制度因素也具有一定的环境效应。健全的政策体系和法律是体制与制度正常运行的保障,环境政策的实施在很大程度上可以促进产业结构的调整。通过加强对工业项目的环境管理与审查,提高产业准入的环境标准,达到减少环境破坏的目的。引导企业加大环境治理的投入力度也是改善环境的有效手段。监管部门可以依法管制特定产品生产者的生产工艺,在生产过程中控制工业污染排放,限制某些污染物的排放或污染环境的行为。实践证明,政府环保管制力度的提高与管制方式的多样化能够有效抑制环境污染排放加大的势头。政府对重污染企业采取勒令关闭或强行搬迁的措施,能够有效改善环境质量恶化的状况。政府主导的节能计划的制定和实施对于环境保护具有重要作用。

5. 国际贸易因素

国际贸易对环境的影响实际上反映的是专业化分工模式的不同。一旦发达国家执行了严格的环境管制措施,贸易自由化的结果可能会加速污染型产业由发达国家向发展中国家转移的速度。具体来说就是处于快速工业化进程中的国家通过能源消费不断增长出口制成品的生产活动,而发达国家通过制成品的进口减少了对能源的需求,即国际贸易使发展中国家的生产结构更趋于资源密集型,环境压力加重。跨国投资能提高专业化分工程度,以及扩散清洁或绿色生产等环境技术,从而提高环境治理活动中的规模报酬递增效应,所以对环境质量提高可能具有正面作用。

(三)工业高级化对江浙沪地区环境质量影响的实证分析

1. 设定模型及变量选取

根据上述理论分析表明,环境污染受到各因素的综合影响。在因变量环境质量的变量选择中,主要考虑了江浙沪地区的工业废气、废水和固体废弃物的排放数据。由于考虑到近年江浙沪地区酸雨污染严重,也将废气中二氧化硫的排放引入回归模型。具体来说,大气环境质量指标选取工业废气单位 GDP 排放量和工业二氧化硫单位 GDP 排放量,水质指标为工业废水单位 GDP 排放量,废弃物指标为工业固体废弃物单位 GDP 排放量。在自变量的选取时,需要同时考虑对环境质量起决定作用的经济、产业结构、政策、贸易一系列因素。在模型中,以人均

GDP度量经济增长水平,记为PGDP;以第二产业比重(SI)和第三产业比重(TI)代表产业结构变量对环境的影响,以工业高级化指数(IA)衡量工业内部结构对环境影响,选择单位GDP能耗(EI)变量代表技术进步状况,单位GDP能耗越高,污染物排放越高。以环境治理投资占GDP比重代表地方政府环境政策强度(PI)。在国际贸易方面,选用出口贸易依存度(FT)和外商投资固定资产比重(FI)衡量。

数据来源于上海、江苏和浙江相关年份统计年鉴。建立如下线性回归模型:

$$E = \beta_0 + \beta_1 PGDF + \beta_2 SI + \beta_3 TI + \beta_4 IA + \beta_5 EI + \beta_6 PI + \beta_7 EI + \beta_8 FT \quad (6-5-1)$$

其中:E为环境质量指标(包括工业废气、二氧化硫、废水和固体废弃物单位GDP排放)

2. 计量结果分析

结果分析表明,总体上江浙沪经济增长水平、第二、三产业比重、工业高级化指数、单位GDP能耗对区域污染物的排放具有显著影响。加快产业结构调整、增加第三产业比重和降低第二产业比重,提高工业结构高级化程度将有利于环境质量的改善;随着经济发展水平和质量的进一步提高,人均GDP越高的区域部分污染排放量会下降;依靠技术进步提高能源利用效率、降低单位GDP能耗将带来环境质量的明显改善。

分地区来看,浙江经济增长水平(人均GDP)变量在工业废水、废气和固体废弃物排放量模型中显著,且系数均为负,表明随着经济发展带来的人均收入的提高,这三种污染物的排放将减少。而在江苏模型中只出现了一次,上海模型中没有出现说明这两个区域的经济增长已经达到一个相对稳定区域,其结构效应和技术水平影响力开始凸显。在江苏模型中多次引入了第二、三产业占比和工业高级化指数,说明对于江苏来说产业结构和工业结构对其污染排放的影响力更大。而在上海的模型中,可以发现污染物排放基本都与单位GDP能耗呈现显著为正的关系。能耗强度对环境质量指标中的污染物排放有重要的影响,单位GDP能耗的增加将导致污染物排放的加剧。江浙沪地区煤炭、石油在能源消费结构中的高比重是导致大气污染以及固体废弃物排放居高不下的主要原因。提高能源利用效率也是降低能源消费总量和减少单位GDP能耗的有效手段。江浙沪区域的能源效率虽然不断提高并在国内领先,但与发达国家和地区相比仍然有明显的差距。因此,依靠技术进步促进能源提高、降低能耗,对于遏制环境污染具有重要的意义,有利于江浙沪经济与环境的协调发展。

从分析结果可以看出,当前工业高级化因素对江浙沪环境质量存在微弱影响,其减排效应仅仅体现在能够减少工业废气和工业二氧化硫的排放量方面,而对降低其他类型的环境污染物的排放还没有发挥作用,现阶段工业高级化的减排以及环境改善效应并不明显。主要原因在于工业的科技创新和品牌营销还没有成为经济增长的真正驱动力量,江浙沪工业的增长方式尚未实现从"高消耗、高能耗、高污染、低效益"的经济模式向技术进步引领的集约式的转化。

六、本章小结

新型工业化道路要求走一条高附加值、高增长、高效率、低能耗、低污染的发展道路。鉴于工业对江浙沪经济的重要性,在新型工业化道路要求下,研究江浙沪工业的转型升级发展问题不仅必要,而且具有重大的理论意义和实践价值。对江浙沪工业高级化程度的测度结果显示,江浙沪工业的高级化程度正在逐步提升,江浙沪三地区的工业高级化得分交替领先。在价值链高度方面,从R&D经费支出占GDP的比重增长率来看,可以发现江苏近年来对R&D的支出明显高于上海和浙江,所以导致其快速成长。

对江浙沪工业高级化的影响因素的实证研究显示,对于江苏而言,人力资源对工业高级化的作用显著,其系数为0.946,这说明人才是江苏工业高级化的关键因素。对于浙江而言,技术进步对工业高级化的作用显著,其系数为0.974,这说明技术进步是浙江工业高级化的关键因素。对于上海而言,技术进步对工业高级化的作用显著,其系数为0.953,这说明技术进步是上海工业高级化的关键因素。技术进步是江浙沪工业高级化的关键因素。

对工业高级化的环境效应实证分析结果显示,总体上江浙沪经济增长水平、第二、三产业比重、工业高级化指数、单位GDP能耗对区域污染物的排放具有显著影响。加快产业结构调整、增加第三产业比重和降低第二产业比重将有利于环境质量的改善;随着经济发展水平和质量的进一步提高,人均GDP越高的区域部分污染排放量会下降;依靠技术进步提高能源利用效率、降低单位GDP能耗将带来环境质量的明显改善。工业高级化具有减少污染物排放效应,有利于环境质量的提高,但现阶段对降低江浙沪区域污染物排放的影响还较小。说明目前江浙沪工业的科技创新和品牌营销还没有成为经济增长的真正驱动力量,随着科技创新对江浙沪工业引领作用的进一步发挥以及工业增长方式的转变,江浙沪区域工业高级化所产生的减排与环境保护效应将日益显现。

第七章 长三角区域产业协同化研究

产业集聚与产业联动发展一直是区域经济学研究重点课题。服务业发展滞后一直都是制约我国经济发展和产业结构升级的瓶颈。因此,本章从生产服务业集聚的视角,探讨长三角区域生产性服务业的集聚对制造业生产率的提升作用机制和发展策略。首先从产业集中度指数等方法对长三角生产性服务业集聚进行实证研究。其次,采用 DEA 方法测算得出长三角地区制造业生产率的趋势,从相关性角度分析生产服务业集聚对制造业生产率的促进作用,并运用集聚外部性理论阐述了生产性服务业集聚促进制造业生产率的机制,然后运用 2004 至 2013 年度面板数据,通过空间计量模型进行实证研究。在理论解剖和实证分析基础上,提出长三角区域服务业和制造业协同发展的道路策略。

一、引言

生产性服务业发展滞后一直都是制约我国经济发展和产业结构升级的瓶颈。尽管我国近年来生产性服务业发展迅速,但与西方发达国家相比,差距依然十分巨大。生产性服务业占我国 GDP 的比重不足 20%,长三角两省一市 2013 年生产性服务业占生产总值比重也仅 21% 左右,而 OECD 主要成员国比重均超过三分之一(孙晓华,2014)。发达国家制造业的竞争优势,得益于生产性服务业的发展,全球经济竞争的重点正从货物贸易转向服务业贸易,服务业特别是生产性服务已成为全球经济增长最快的部门,它有力地支持了企业跨地区跨国界的生产经营活动,改变了竞争态势(林民书、杨治国,2005)。

当前,世界发达国家的经济由"工业经济"向"服务经济"转变的趋势,为我国制造业突破发展困境,进一步增强研发创新能力、提升品牌优势、实现产业链的精致化与极致化提供了良好的外部条件(金碚,2012)。将非核心业务外包,通过生产性服务增加核心产品的价值,为顾客提供包括"物品、服务、支持、自我服务和知识"在内的一揽子解决方案服务包,不仅成为跨国企业全球市场拓展的基本策略,也将是我国发展以知识、技术投入为主的高端制造业、降低对资源的过度消耗的重要途径,在此背景下,研究生产性服务业的发展对制造业效率提升的影响显得尤为重要。服务业特别是生产性服务业比重提高,是产业结构高级化的标志。我国的工业化高速发展却伴随着服务业的相对滞后,是增长机制呈现粗放特征的表现,也是我国在整个国际产业价值链中处于低端的重要原因。我国服务业发展滞后、效率较低,已经成为制约我国未来经济增长的重要因素。所以,根据生产性服务业的自身特点,大力发展生产性服务业,有助于提升我国制造业大国的产业结构,促进经济的可持续发展。

长三角30多年高速经济增长可以分为三个阶段(安礼伟等,2015):1992年以前,以"市场化"努力为主导的阶段;1992年以后,以上海浦东开发为标志,长三角开始进入加速开放阶段,通过主动融入国际分工体系,建立了世界级的制造业基地。在全球价值链条中,长三角承担了制造环节,处于价值链的最低端。长三角外向型产业在全球价值链中变成了发包与承包、创造与制造、高端与低端、控制与被控制、老板与打工者的关系(刘志彪、张少军,2008);2007年以后,长三角经济增速放缓,进入产业转型升级阶段。金融危机以后,世界经济格局发生深刻调整,全球产业重新布局趋势明显,使得长三角产业发展环境发生了根本性变化。

随着世界发达国家的经济由"工业经济"向"服务经济"转变。顺应全球产业发展的新趋势,美国、欧盟积极实施"再工业化"战略,全球产业布局面临重新"洗牌"。如何抓住全球产业重新布局的新机遇,通过产业转型升级,提升区域经济发展层次和水平,构建长三角经济发展新优势,已经成为长三角区域发展的重大现实课题。当前,基于价值链视角下的制造业发展逐步表现出非核心业务外包,通过生产性服务增加核心产品的价值,为顾客提供包括"物品、服务、支持、自我服务和知识"在内的一揽子解决方案服务包的现象。这不仅成为跨国企业全球市场拓展的基本策略,也将是我国发展以知识、技术投入为主的高端制造业、降低对资源的过度消耗的重要途径。在全球价值链分工体系下,基于产业集群的产业升级或攀登产业链的高峰,必须高度重视作为"高级要素"投入的现代生产者服务业的发展(刘志彪,2008)。

从目前情形看,长三角受国内外环境变化的影响较大,转型升级的压力也较大,但是长三角经济基础较好,在高新技术产业方面具有较好的产业基础,对高端要素的集聚能力较强,同时长三角企业已经初步具备国际化经营的经验和实力,这些都是长三角地区发展生产性服务业的基础。本章以长三角生产性服务业集聚与制造业效率的关联研究为主线,探讨长三角生产性服务业的空间分布特征,以及生产性服务业集聚同制造业效率提升之间的关系和作用机制。

二、区域产业协同相关研究梳理

(一)生产性服务业的定义和分类

二战以来,西方国家服务经济尤其是生产性服务业的快速发展成为了经济学界关注的焦点,国外学者们开始尝试对生产性服务业的内涵做理论上的探讨。最早使用"生产性服务业"(producer service)一词的学者是 Machlup(1962),他认为生产性服务业是知识产出的产业。Coffer(2000)认为,生产性服务业是指在其他产品或服务的生产中作为中间投入的服务行业,主要提供含有大量知识资本和人力资本的服务,是一种以服务形式存在的生产资料。随着经济的发展、产业分工的深入,生产性服务业在生产系统中地位越来越高,李江帆、毕斗斗(2004)把国外学者对生产性服务业的研究归纳为如下几个阶段(表7.2.1):

表7.2.1 生产性服务在先进的生产系统中角色的演变

20世纪50年代至70年代 管理功能("润滑"效果)	20世纪70年代至90年代 促进功能("生产力"效果)	20世纪90年代至今 战略功能("推进器"效果)
财务 总量控制 存货管理 证券交易	管理咨询 市场营销咨询 咨询工程 商业银行 房地产	信息和信息科技 创新和设计 科技合作 全球金融中介 国际性大型项目融资服务

对生产性服务业进行合理地分类是进行生产性服务业实证研究的基础和前提。Howells and Green(1986)指出,生产性服务业应是为其他厂商提供服务的行业,包括银行、保险、金融、广告和市场调研等商务服务以及会计、法律和研发服务等的职业和科学服务等内容。许多政府部门和经济组织也提出了自己的分类范围,如联合国确定的生产性服务业包括运输和仓储,信息和通信,金融和保险活动,房地产,出租和租赁活动,专业和科技活动,行政和支持服务活动,教育等细分行业。OECD 国家在制作投入产出表时,把生产性服务业划分为批发贸易及零售业、交通及仓储业、通信业、金融保险业、房地产及商务服务业。美国经济普查局的生产性服务业统计范围包括批发贸易、运输和仓储、信息、金融保险、不动产和

租赁、专业和科技服务、公司和企业管理、行政保障以及水管理等行业。我国政府在《国民经济和社会发展第十二个五年规划纲要》中将为生产活动提供的研发设计与其他技术服务、货物运输仓储和邮政快递服务、信息服务、金融服务、节能与环保服务、生产性租赁服务、商务服务、人力资源管理与培训服务、批发经纪代理服务、生产性支持服务定义为生产性服务业。虽然不同的组织和学者对生产性服务业的分类有所区别,但大体上包括的主体行业比较一致。

国内的研究通常把交通运输、仓储和邮政业,信息传输、计算机服务和软件业,金融业,租赁和商务服务业,科学研究、技术服务和地质勘查业作为生产性服务业,而这种方法分歧最大的是批发和零售业、房地产业哪一个可以作为生产性服务业。顾乃华等(2006)认为生产性服务业包括狭义生产性服务业包括金融、保险、法律工商服务业、经纪等以及大部分的分配性服务业包括商业、运输、通信、仓储等。杨锐等(2011)根据生产性服务业与制造业的关系将其分为关系嵌入型服务业和结构嵌入型服务业,其中关系嵌入型生产性服务业包括教育服务、商务服务、节能与环保服务、电子商务、生产资料市场等;结构嵌入型生产性服务业包括信息服务、科研技术服务、物流服务、非银行金融服务、制造维修服务、总集成、融资租赁服务等行业。

本书采用国内大多数文献对生产性服务的分类方法,把交通运输、仓储和邮政业,信息传输、计算机服务和软件业,批发和零售业,金融业,租赁和商务服务业,科学研究、技术服务和地质勘查业作为生产性服务业进行研究。

(二) 生产性服务业集聚相关研究

1. 产业集聚理论

集聚的一般定义是指事物旨在获得集聚效应的动机下在空间的集中过程。产业集聚是指在一个特定的领域内,相互关联的企业和机构由于相互间的共性或者互补性在地理位置上集中的现象,同类产业及相关产业在最大化利益目标的驱使之下向特定区域进行集中和聚合。对于产业集聚理论的研究始于杜能提出的农业区位理论,后经韦伯工业区位论、克里斯塔勒中心地理论以及廖什商业区位论等的补充研究和发展,形成空间区位发展理论体系,其中克里斯塔勒的"中心地理论"中认为产业集聚这种经济现象产生的原因在于规模经济,规模经济带来企业利润的提升,产业在地域上的集聚现象就会自然而然的发生。阿索朗的"工业区位理论"认为的产业集聚就是企业充分权衡集聚利益以及集聚所节约的成本之后的结果,产业迁移所消耗的运输成本以及劳动力成本被产业集聚所带来的集聚利益所覆盖,产业集聚现象必然发生。尽管早期区位论对于产业集聚现象的研究存在一定的缺陷,但也为后人进一步研究集聚理论奠定了理论基础。著名的产业集聚理论包括马歇尔(1890)的外部性理论、马克斯韦伯(1909)的集聚经济理论,以及以克鲁格曼(1991)为代表的新经济地理学规模报酬递增理论。

马歇尔是第一个对产业集聚现象开展专题研究的经济学家,通过对产业集聚的内涵、外延以及产业集聚产生的原因等进行系统分析,提出了"内部经济、外部经济"等概念,并将外部规模经济作为产业集聚产生的主要影响因素。他认为产业集聚使得更多的生产要素汇集于集聚区,而随着产业链条的不断延伸,更多的相关产业或不同产业也会随之被吸引至此,从而地区产业规模得以扩大。马歇尔把这种产业集聚现象的形成归因于外部经济,在企业层面的规模报酬不变,社会层面的规模报酬递增的前提下,企业从集聚中获益良多,诸如技术外溢、专业技术劳动市场以及基础设施共享等,而这归功于外部规模经济的存在与产生。基于外部规模经济视角的产业集聚理论认为的产业集聚对于区域经济增长的作用机理表现为产业集聚通过规模经济效应、溢出效应等外部经济效应来作用于区域经济增长。产业集聚是指某个产业在某个特定地理区域内集中、产业资本要素在空间范围内不断汇聚的过程。产业集聚强调同类产业内企业的集中,其特别注重企业空间分布从分散到集聚的空间转变过程。区位集聚论、创新产业集聚论、产业集聚最佳规模论、企业竞争优势与钻石模型等产业集聚理论,有效深化了人们对产业集聚的认知。

新经济地理学派代表克鲁格曼在借鉴张伯伦的垄断竞争思想以及迪克西特——斯特格里茨模型的基础之上,开创性地建立了产业集聚空间分析模型,有效地对产业集聚和区域经济增长关系机理做了解释。克鲁格曼所提出的产业集聚空间模型前提假设条件是农业生产规模报酬不变而工业生产规模报酬递增,结果就是工业生产活动最终形成集聚空间格局形态。现实中产业集聚的形成有路径依赖性,产业集聚一旦形成,就会自我维持下去。通过产业集聚空间分析模型,证明区位非常重要,市场结构对产业区位格局和贸易关系的影响仍然重要,尤其是跨国生产组织中出现大量的中间产品交易和差别产品市场的不断细分,使得市场因素在地区间贸易中扮演越来越重要的角色,实际上市场结构的转变反映了地方专业化的趋势。内部规模和外部规模经济使得集群外企业纷纷携带资源向集聚区靠拢,更进一步强化了路径依赖。而外部规模经济以及路径依赖使得集聚区形成后进入的企业充分享受了由于集聚所产生的外部性。在克鲁格曼看来,产业集聚对区域经济的作用机理是,区域经济增长变现为产值增长,而产值的增长是通过企业数量增多以及企业规模扩张来实现的,企业在数量上以及产业规模上在空间集聚区内大量汇集,带动产业产值增长,从而促进区域经济增长。克鲁格曼结合贸易理论和区位理论,第一次运用数学模型解释产业集聚发生的机制,弥补了马歇尔和韦伯关于产业集聚理论的不足。

2. 生产性服务业集聚的现象研究

不同于为解释工业企业集聚现象而形成了一套完整的产业集聚理论体系,对于生产性服务业集聚问题的研究多沿用区位论以及地理学的视角,以经验研究和实证研究为主来分析生产性服务业的空间分布问题。

Huallachain(1989)分析了美国27个生产性服务业细分行业的集聚影响因素,发现地方化经济较之城市化经济更能支持其集聚的产生。Sebastinao Bruso(1982)、O'Farrell(1995)等还从社会网络、社会资本因素解释了有关国家生产性服务业集聚。Keeble and Bryson(1996)研究发现英国市场调研和管理咨询等行业集聚度最高,其中市场调研从业人员的80%集中在伦敦,管理咨询就业人数的93%集中在伦敦和东南地区。Dekle and Eaton(1999)运用日本工资和地租数据分析了金融服务业集聚程度,结果显示金融服务业的集聚程度要高于制造业。Beyers(1996)对美国20世纪80年代生产性服务业的空间集聚进行了研究,发现大都市区集中了美国90%的生产性服务业,占总就业的83%,除银行业之外,非大都市区的生产性服务业的区位商都低于1。

国内学者开展了生产性服务业集聚的相关研究。黄雯(2006)对我国沿海六省的服务业及内部各行业的专业化水平和区位分布进行了分析,结果显示服务业整体特别是生产性服务业的空间不平衡性在扩大。陈建军(2009)运用新经济地理学理论,采用空间基尼系数,对中国222个地级市及以上城市的生产性服务业集聚进行了研究分析,结果显示2003年至2006年,以交通运输、仓储与邮政业、信息传输、计算机服务与软件业、房地产、租赁与商务服务业及科学研究、技术服务和地质勘查业为代表的生产性服务业集聚程度较高,生产性服务业集聚程度呈现出了提高的态势。李文秀、胡继明(2008)采用空间基尼系数,对我国服务业各行业2000至2005年的集聚程度进行了度量,结果显示科学研究、技术服务、地质勘查、租赁和商业服务、信息传输、计算机服务和软件等知识密集程度较高行业,区域集聚程度较高,特别是租赁与商务服务业的集聚程度更加明显,这说明了我国经济在从"工业经济"向"服务经济"转型的过程中,为制造业服务的生产性服务业集聚程度在增加。

(三)生产性服务业与制造业关系的研究

1. 生产性服务业的功能视角

顾乃华等(2006)对生产性服务业与制造业之间的关系进行了总结,他把这种关系归类为四种,即"需求遵从论""供给主导论""互动论"和"融合论"。赵玉林、徐娟娟(2008)指出生产性服务业发展有利于制造业企业涉足价值链的高端,有利于提升制造业知识技术含量和深化制造业分工。生产性服务业通过提供专业化服务,有利于制造业降低成本,提高效率。江静、刘志彪(2007)研究表明,作为高级要素投入的生产性服务业的发展,是制造业效率提高的重要源泉。朱海燕等(2008)从知识创新视角,对生产性服务业中知识密集型服务业与制造业知识流动产生交互创新进行了研究,认为生产性服务业借助与制造业的前向关联和后向激励形成对制造业的前后向溢出效应。因此,生产性服务业通过知识人才和自身效率提升产生溢出效应进而提高制造业效率。冯泰文(2009)分析了生产性服务业发展提升制造业效率的内部机理,认为交易成本是生产性服务业促进制造业效率提升的中介变量。孙晓华(2014)发现中西部地区生产性服务业的外溢效应低于东部地区;在不同细分行业中,金融业、交通运输仓储及邮政业和科学研究、技术服务和地质勘查业对制造业具有相对较强的正效应,但任意细分行业单独的外溢效应均明显低于生产性服务业的总体作用。

2. 生产性服务业空间分布特征视角

对生产性服务业同制造业关系研究主要从以功能视角开展,探讨二者的互动关系。后受到新经济地理学思维的影响,逐步拓展到从生产性服务空间分工的视角,探究二者的关系。由于生产性服务业产出投入特征,集聚现象一直是学者研究的重点,所以有大量的文献从生产性服务业集聚视角探讨同制造业关系的研究。顾乃华(2011)对我国281个地级市生产性服务业集聚对工业全要素生产率的影响进行了实证分析,结果显示,生产性服务业集聚显著地提升了上海市的工业生产率,同时生产性服务业集聚对工业的这种外溢存在边界效应。宣烨(2012)认为,生产性服务业空间集聚通过竞争效应、专业化效应以及外部性等途径降低制造业的交易成本,进而提高了制造业生产率。王硕、郭晓旭(2012)从产业关联与产业互动角度构建了生产性服务业集聚与制造业集聚的互动机理模型。运用2003—2010年中国省际面板数据,通过区位商指标的测算拟合了生产性服务业集聚与制造业集聚的相关程度,然后通过联立方程模型实证检验了二者的互动效应。吉亚辉、李岩、苏晓晨(2012)利用赫芬达尔指数及EG指数对2003年至2009

年我国生产性服务业与制造业的产业集聚进行了测度,并分析了两大行业之间的集聚相关性,发现生产性服务业与制造业在产业的集聚度上仍然具有相关性,并且从整体上看,其产业集聚有进一步走向均衡化的趋势。李强(2013)指出,我国服务业集聚程度和制造业集聚程度有较高的同步性,这说明生产性服务业集聚的发展主要是为了满足制造业集聚发展的需要同时,制造业集聚也会滋生对生产性服务业的需求,有利于生产性服务业集聚的产生与发展。高峰、刘志彪(2008)提出了产业协同集聚的概念,突出了上中下游产业之间的外部经济,他们指出,制造业与生产性服务业之间的分工协同,有利于两个产业各自的升级与集聚。何骏(2011)分析了长三角地区服务业发展集聚的动因,并对长三角地区服务业在国民经济中的地位、服务业的内部结构和空间集聚状况进行了分析,研究发现长三角地区未来生产性服务业将获得快速发展,这种发展的态势将波及整个长三角地区甚至更大区域。

(四)长三角生产性服务业与制造业关系

对于长三角地区生产性服务和制造业的关系研究往往也是从生产性服务功能视角和空间分工视角,探讨二者关系。代中强(2008)研究发现,狭义长三角地区部分城市制造业和生产者服务业存在单向的因果关系,即制造业和生产者服务业的"互动融合论"并不成立。席艳乐、李芊蕾(2013)对长三角地区的生产性服务业与制造业互动关系的实证研究表明生产性服务业与制造业间存在双向因果关系,但上海、江苏和浙江三个省市生产性服务业与制造业间的互动程度有所不同。杜传忠等(2013)运用系统耦合度模型,通过建立相应的指标体系,具体测度了我国长三角和京津冀两大经济圈制造业与生产性服务业的耦合协调度与区域制造业竞争力水平,研究结果表明两大经济圈制造业与生产性服务业耦合协调度对区域制造业竞争力具有明显提升作用。

高传胜、刘志彪(2005)指出长三角地区之所以能实现国内其他很多地区都难以实现的制造业的大量集聚与良好发展,是因为有上海相对发达的生产者服务业的支撑。王硕(2013)指出,制造业区位与生产性服务业区位的相互影响作用由于城市规模的不同而存在差异,由此决定了不同城市产业发展顺序的差异。吴福象、曹璐(2014)从全球价值链与国内价值链互动关系出发认为长三角城市群的制造业与生产性服务业集聚的空间布局存在耦合悖论,这与该地区过度依赖外需有关,该种模式一定程度上阻碍了生产性服务业集聚。宣烨(2014)对基于生产性服务业的特征,把生产性服务业分为高中低三个层次,对泛长三角38个城市的研究表明生产性服务业层级分工通过专业化分工和空间外溢效应以及比较优势的发挥显著提升了制造业生产效率。

三、长三角生产性服务业集聚特征分析

常见的产业集中度的量化指标有首位度指数、行业集中度指数、区位商、空间基尼系数、赫芬达尔—赫希曼指数、EG指数等,这些指数用于对集聚的评价时,很大程度上取决于实际研究的需要和数据的可得性。基于数据收集和方法实现的现实性,本研究采用首度位指数、空间基尼系数、区位商对长三角地区生产性服务业集聚的特征和趋势进行研究。

（一）基于首位度指数

首位度指数是最简单易行的产业集聚测度指标,它是指某产业产出规模(或就业人数、增加值等指标)最大的前几个地区产出总量占上级区域该产业产出总量的比重。因此,它可以非常直观地反映出某产业集中分布在少数几个地区的情况,反映区域内产业的集中程度。首位度的一般表达式如下:

$$P_n = \sum_{i=1}^{n} x_i / X \qquad (7-3-1)$$

式中 P_n 为首位度指数,在本文中 x_i 表示第 i 位的长三角经济圈中某城市的生产性服务业就业人数,X 表示长三角经济圈生产性服务总的从业人数,为了突出说明中心城市生产性服务业的集聚程度,公式里的 n 设置为4,表示长三角经济圈内生产性服务业从业人数前4位占中的就业的人数的比值。首位度指数的优点主要是计算简便,含义直观明了,对数据要求较少。其缺点主要有两个:一是 n 取值不同会对测度结果产生显著影响;二是地区总数的不同也会对集聚程度的判断产生重大影响。为了充分体现出生产性服务业的集聚特征,本研究还计算了长三角经济圈制造业的首位度指数,便于二者进行对比研究。

从生产性服务业整体指数来看,长三角经济圈的生产性服务业首位度指数基本上呈缓慢上升趋势,从2004年的52.21%提高到2013年的63.75%,说明长三角地区生产性服务业的集聚程度一直保持在较高水平,且呈现波动上升趋势。从生产性服务业细分各分行业来看,信息传输、计算机服务和软件业的首位度指数的增幅最大,从2004年的44.80%增加到2013年的73.03%,并且是2013年度集聚程度最高的行业,表现出高度的集聚特征。生产性服务业中集聚程度最低的行业为金融业,尽管从2004年至2013年首位度指数稳步增加,但始终低于50%。集聚程度呈现持续下降趋势的行业是租赁和商业服务业,自2005年首位度达到71.17%的最高点后,一直呈现下降趋势,但相比其他行业仍然是集聚度相对较高

的行业。集聚程度波动性最大的是零售和批发业,首位度指数在2005年度和2013年度产生了异常值,这可能由于统计年鉴在数据失真导致的。科学研究、技术服务和地质勘查业一直是集聚程度相对较高的行业,虽然在2011—2012年度有所下降,但首位度指数一直保持在65%以上。与生产性服务业相比,制造业的首位度指数均显著低于生产性服务业,2004年至2013年间,制造业的首位度指数在45%左右上下波动,但始终低于50%,表明制造业整体的集聚程度并不高。

为了探讨长三角经济圈生产性服务业空间分布的特征,把每个细分行业指数的前四位列城市整理如表7.3.1。从中可以看出:长三角所有行业的前四位中仅出现了上海、杭州、南京、苏州、宁波和合肥六个城市,行业集聚程度明显。无论是生产性服务业整体还是各细分行业,作为中心城市的上海始终排在第一位。作为次中心城市的南京和杭州,除了金融业从人员占比项南京未能进入前四位,其他情况两个城市下都能排进前四位,而其他进入各行业前四位的也都是较大的区域性次中心城市,这说明长三角经济圈的生产性服务业的产业分工表现出典型的"中心－外围"特征。上海、杭州和南京占长三角经济圈比重稳居前三位,占总体比重大大领先于其他城市,其中上海占长三角经济圈比重达到了36.54%,遥遥领先于第二的杭州,说明作为中心城市的上海表现出长三角区域增长极的特点。

从各个细分行业来看,上海的六个行业占长三角的比重都远远大于其他城市,除了金融业之外的其他五个行业占长三角的比重都超过了30%；杭州和南京在细分行业中在第二名的位置各占一半；合肥是唯一出现在表中非江浙沪的城市,在交通运输、仓储和邮政业,科学研究、技术服务和地质勘查业都排在第四位,这是由于合肥是安徽省会、交通枢纽和中部通往长三角腹地的门户,伴随而来的是交通运输相关产业从业人员的集聚。而作为科教名城的合肥,集聚了大量的高校和科研机构,所以也集聚了大量的科研相关行业从业人员。作为长三角经济圈生产总值第三的苏州,除了交通运输、仓储和邮政业和科学研究、技术服务和地质勘查业,其他行业的首位度指数也都出现在了前四位。民营经济发达的宁波市,在金融业的首位度指数中排在了前四位。

表 7.3.1　2013 年长三角分行业生产性服务业从业人员数前四位城市及占比

行业	前四位城市占长三角经济圈比重(%)							
生产性服务业整体	上海市	36.54	杭州市	10.22	南京市	9.03	苏州市	5.41
交通运输、仓储和邮政业	上海市	40.08	南京市	9.33	杭州市	7.56	合肥市	4.35
信息传输、计算机服务和软件业	上海市	35.43	南京市	19.20	杭州市	12.61	苏州市	5.79
批发和零售业	上海市	16.04	南京市	14.57	杭州市	13.74	苏州市	9.07
金融业	上海市	28.52	杭州市	8.68	宁波市	6.82	苏州市	5.80
租赁和商业服务业	上海市	40.84	杭州市	9.69	苏州市	6.45	南京市	5.74
科学研究、技术服务、和地质勘查业	上海市	38.08	杭州市	15.23	南京市	12.39	合肥市	5.55

数据来源:《2014 年中国城市统计年鉴》

(二)基于空间基尼系数

克鲁格曼(1991)等将洛伦兹曲线和基尼系数用于衡量产业空间分布均衡程度,并构造了空间基尼系数,用来表示一个地区产业的集聚程度。这种方法更多的是从行业的角度出发,衡量某个具体行业在各个地区的集聚程度,计算比较简单直观。本文借鉴文玫(2004)的计算方法:

$$G_i = \frac{1}{2n^2 \overline{S_k}} \sum_{i=1}^{n} \sum_{j=1}^{n} |S_i^k - S_j^k| \quad (7-3-2)$$

其中 G_i 是区位基尼系数,S_i^k 为 i 城市 k 行业在长三角经济圈 k 行业总产值所占的份额,S_j^k 为 j 城市 k 行业在长三角经济圈 k 行业总产值所占的份额,$\overline{S_k}$ 表示长三角经济圈 k 行业的平均份额,这里 $\overline{S_k} = \frac{1}{n}$。基尼系数的结果在 0 和 1 之间,其中 0 表示长三角经济圈每个城市占行业的产值比重都是一样的,1 表示行业的产值全都集中于一个城市。一般认为,空间基尼系数大于 0.4,就说明产业空间分布相当不均衡,产业高度集聚。

从集聚水平来看,包括制造业在内所有行业的空间基尼系数在任何一个年度都大于 0.4,其中,2013 年的空间基尼系数大于生产性服务业整体集聚水平高的有信息传输、计算机服务和软件业,科学院研究、技术服务业和地质勘查业,租赁和商业服务业,交通运输、仓储和邮政业,而金融业等行业的空间基尼系数小于生产服务业整体集聚水平。此外,上海、杭州、南京和苏州等中心及次中心城市的信息传输业的空间基尼系数最大,表明其集聚水平最高,空间基尼系数值最小的是金融业。

从集聚增长趋势来看,表现出明显增长趋势的为信息传输、计算机服务和软件业,金融业,科学院研究、技术服务业和地质勘查业,他们的增长速度都比生产性服务业整体集聚增长率要高。交通运输、仓储和邮政业集聚的增长较为缓慢,基本处于持平状态。租赁和商业服务业是唯一出现明显负增长的行业,在 2007 年达到最高集聚水平后,出现了缓慢的负增长。批发和零售业基尼系数有巨大的波动,出现了几个年度的异常值,这可能同数据失真有关。制造业的集聚变化趋势则没有表现出显著的增长,其基尼系数在 0.5 至 0.55 之间变动。

对比首位度指数的结果我们发现 2004 年到 2013 年间,长三角经济圈生产性服务业各行业空间基尼系数变化趋势与首位度指数基本上是吻合的。略有不同的是制造业同个别生产性服务细分行业在首位度指数和基尼系数之间的大小关系,从 2007 年后制造业的空间基尼系数小于除金融业以外的其他所有生产性服务细分行业数值,整体上来说其集聚程度比生产服务业低。

(三)基于区位商

区位商是衡量某区域某一产业部门的专业化程度的重要指标,又称为专业化率。它的经济意义在于表明一个城市相对区域内其他城市优势的产业,其一般表达式如下:

$$LQ_{ij} = \frac{q_{ij}}{q_j} \bigg/ \frac{q_i}{q} \qquad (7-3-3)$$

其中 q_{ij} 表示 j 城市 i 行业的从业人员数量,q_j 为 j 城市劳动总人口;q_i 为长三角地区 i 行业的从业人员总数,q 为长三角地区劳动人口总数。区位商的数值如果大于 1,表示为本地的优势产业;如果数值大于 2,说明该城市的这个产业属于外向型产业。长三角都市圈 2013 年度各市的分行业的区位商如表 7.3.2。

表 7.3.2 2013 年长三角生产性服务业区位商

	交通运输、仓储和邮政业	信息传输计算机服务和软件业	批发和零售业	金融业	租赁和商业服务业	科学研究技术服务和地质勘查业	生产性服务业
上海市	1.6986	1.1585	2.0288	1.3843	1.407	1.231	1.4609
南京市	1.5014	1.8543	1.3433	0.6732	1.4385	2.0074	1.305
无锡市	0.5758	0.6923	0.7870	0.7202	0.4535	0.7492	0.6142

续表

	交通运输、仓储和邮政业	信息传输计算机服务和软件业	批发和零售业	金融业	租赁和商业服务业	科学研究技术服务和地质勘查业	生产性服务业
徐州市	1.8052	0.7589	0.7121	0.9293	0.2717	0.8897	0.99
常州市	0.9712	0.6929	0.8168	1.0679	0.7521	0.7778	0.8685
苏州市	0.5077	0.7941	0.5312	0.8417	0.2785	0.3556	0.5588
南通市	0.7914	0.6815	0.4511	1.2655	0.5767	0.4083	0.789
连云港市	1.2818	0.9333	0.7642	1.2063	0.6139	0.8981	1.0276
淮安市	0.5882	0.7406	0.5559	0.8806	0.4253	0.3275	0.6131
盐城市	0.6147	0.7838	0.6443	1.2425	0.9959	0.4886	0.8057
扬州市	0.5912	1.1233	0.4831	0.8704	0.5398	0.7301	0.717
镇江市	0.9225	0.4995	0.6249	1.0906	0.4686	1.1269	0.8731
泰州市	0.6809	1.0678	0.8567	1.0789	0.9769	0.6975	0.8771
宿迁市	0.4178	0.9566	0.3860	0.8454	0.0372	0.2063	0.48
杭州市	0.86	2.2437	1.1629	0.829	1.5624	2.0437	1.31
宁波市	0.8597	0.5172	0.6546	1.0134	1.4373	0.6019	0.9215
温州市	0.6846	0.5267	0.4545	1.0585	1.0628	0.5167	0.8215
嘉兴市	0.518	0.4944	0.6137	0.5868	1.4791	0.6709	0.7648
湖州市	0.5174	0.6714	0.676	0.8371	0.6748	0.475	0.6673
绍兴市	0.2797	0.3169	0.3157	0.4775	0.3995	0.2696	0.3543
金华市	0.5654	0.5962	0.4262	0.8359	0.7961	0.2721	0.619
衢州市	0.6247	1.0015	0.6125	1.7493	0.5592	0.7164	0.9317
舟山市	2.1494	0.9784	0.7238	1.0769	2.2574	1.0744	1.6883
台州市	0.4752	0.5289	0.4690	1.1761	0.788	0.5547	0.7391
丽水市	0.6315	1.235	0.8672	1.6302	1.3453	0.8878	1.0434
合肥市	1.125	0.7816	1.0072	0.7702	0.5735	1.7371	1.0119
芜湖市	1.5805	0.4951	0.6555	0.8656	0.1617	1.0421	0.9275
淮南市	0.8475	0.2757	0.5413	0.7282	0.6779	0.5987	0.8418
马鞍山市	0.5338	0.5913	0.5622	1.2987	0.1426	1.3471	0.7541
滁州市	0.9066	1.8824	0.6378	1.156	0.2601	0.9031	0.9079

数据来源：2014年《中国城市统计年鉴》和各市的统计年鉴

从生产性服务业整体的区位商来看，数值大于1的城市主要有上海、南京、杭州、合肥、舟山、连云港、丽水七个城市，说明这些城市的相比其他城市生产性服务业在自身产业占比中更有优势。上海在所有的行业中的区位商都大于1,说明其在生产性服务业上具有很强的专业化水平,突出显示了在长三角城市群作为中心城市对生产性服务业的集聚能力。

从行业细分角度来看,交通运输、仓储和邮政业集聚程度大于1的城市有六个,其中上海、南京、合肥、芜湖、徐州都是工业规模较大的城市,相应的为其服务业的交通运输业也随之集聚,而连云港、舟山则是港口城市,航运占就业的比重较高。上海、杭州、南京、扬州、滁州在信息传输、计算机服务和软件业的区位商都大于1,沪杭宁在信息传输、计算机服务和软件业的高度专业化的得益于人才的集聚和市场大量需求;批发和零售行业区位商数值较高的是上海、杭州、合肥这样的区域性中心城市,批发和零售业不仅仅具有生产服务性,还具有社会分配性有关;金融业的没有表现出很强的集聚性,近一半的城市的区位商的数值都大于1,这同银行业具有满足社会间接融资和保障居民储蓄等社会功能有关;对于租赁和商业服务业的专业化程度,除上海和南京大于1之外,其他大于1的城市都集中在浙北地区;科学研究、技术服务和地质勘查业区位商大于1的城市都集中在具有较多科研院校的城市。

四、生产性服务业集聚促进制造业生产率提升的机制探讨

(一)长三角制造业生产率的测算

本章采用 Fare et. al(1994)提出的 DEA – Malmquist 指数测算长三角经济圈制造业生产率,该方法的表达式如下:

$$m_i(x_{t+1}, y_{t+1}, x_t, y_t) = \left[\frac{d_i^t(x_{t+1}, y_{t+1})}{d_i^t(x_t, y_t)} \times \frac{d_i^{t+1}(x_{t+1}, y_{t+1})}{d_i^{t+1}(x_t, y_t)}\right]^{1/2}$$

$$= \frac{d_i^{t+1}(x_{t+1}, y_{t+1})}{d_i^t(x_t, y_t)} \times \left[\frac{d_i^t(x_t, y_t)}{d_i^{t+1}(x_t, y_t)} \times \frac{d_i^t(x_{t+1}, y_{t+1})}{d_i^{t+1}(x_{t+1}, y_{t+1})}\right]^{1/2}$$

(7-4-1)

上式中,决策单元 $m_i(x_{t+1}, y_{t+1}, x_t, y_t)$ 指数大于1,表示生产率水平提高;等于1,表示生产率没有发生变化;小于1说明生产率水平降低。式中 $\frac{d_i^{t+1}(x_{t+1}, y_{t+1})}{d_i^t(x_t, y_t)}$ 表示为技术效率变化指数,一般用 EFFCH 表示;后一项 $\left[\frac{d_i^t(x_t, y_t)}{d_i^{t+1}(x_t, y_t)} \times \frac{d_i^t(x_{t+1}, y_{t+1})}{d_i^{t+1}(x_{t+1}, y_{t+1})}\right]^{1/2}$ 表示技术指数,用 TECH 表示,并可对技术变化指数进一步分解得到规模效率变化和纯技术效率变化,可将上述 DEA – Malmquist

方法进一步改写为：

$$m_i(x_{t+1},y_{t+1},x_t,y_t) = \left[\frac{d_i^t(x_{t+1},y_{t+1})}{d_i^t(x_t,y_t)} \times \frac{d_i^{t+1}(x_{t+1},y_{t+1})}{d_i^{t+1}(x_t,y_t)}\right]^{1/2}$$

$$= \frac{d_i^t(x_t,y_t)}{d_i^{t+1}(x_{t+1},y_{t+1})} \times \frac{d_i^{t+1}(x_{t+1},y_{t+1}/VRS)}{d_i^t(x_t,y_t/VRS)}$$

$$\times \left[\frac{d_i^t(x_t,y_t)}{d_i^{t+1}(x_t,y_t)} \times \frac{d_i^t(x_{t+1},y_{t+1})}{d_i^{t+1}(x_{t+1},y_{t+1})}\right]^{1/2} \qquad (7-4-2)$$

由上式可以看出，原来的技术效率变化之术被分解为规模效率变化之术和纯技术效率变化。所以，全要素生产率的变化可以归结于三点：规模效率变化、纯技术效率变化和技术进步。变量的选取对 DEA 算法的有效性至关重要，本章选取制造业生产总值作为产出，制造业从业人数作为劳动投入，采用永续盘存法测算的固定资产投入作为资本投入，其中永续盘存法的表达式如下：

$$K_t = I_t + (1-\delta)K_{t-1} \qquad (7-4-3)$$

其中 K_t 表示为固定资产净值，I_t 表示当今固定资产投资额，δ 表示为折旧率，为了便于计算，本文的折旧率设定为 5%。采用 DEAP6.0 运用 2004 年至 2013 年相关数据对长三角的制造业全要素生产率进行计算，发现长三角地区全要素生产率呈现如下变化趋势：从 2004 年至 2013 年，长三角经济圈的制造业全要素生产率持续上升，年平均增长率为 5.5%，仅在两个年度出现了负增长，一是爆发金融危机的 2008 年，另一个是 2013 年。此外，全要素增长率最重要的贡献来自于技术的增长，其贡献率为 5%；技术变化率的贡献为 0.4%，而技术变化率的增长主要来自规模效率的变化。

(二)生产性服务业集聚促进制造业生产率提升的作用机制及假设

前面的文献综述中大量探讨生产性服务业对制造业生产率提升的机制是从生产性服务业功能角度进行分析的，很少有文献从集聚和都市圈的视角探讨生产性服务业对制造业生产率作用机制。本章根据产业集聚相关理论对长三角经济圈生产性服务业集聚影响制造业生产率的机制进行理论分析并提出相关假设。

针对生产性服务业的投入产出特点，本研究沿着外部性理论中的"金融外部性"和"技术外部性"的思路探讨生产性服务业集聚提升制造业生产率的机制。产业集聚理论中的外部性可分为两个方面：金融外部性和技术外部性。金融外部性指的是产业的前后向关联，它通过价格成本降低企业的成本，技术外部性是基于技术外溢和扩散的关联(梁琦,钱雪峰,2006)。本研究认为生产性服务业集聚金融的外部性是指生产性服务的集聚能为制造业企业带来交易成本的降低，技术的外部性是指生产性服务业的集聚能为制造业企业带来专业化的服务和高水平的技术产品;获得这两种外部性的途径是通过生产系服务业集聚产生的竞争效应、产业关联效应、技术溢出效应(图7.4.1)。

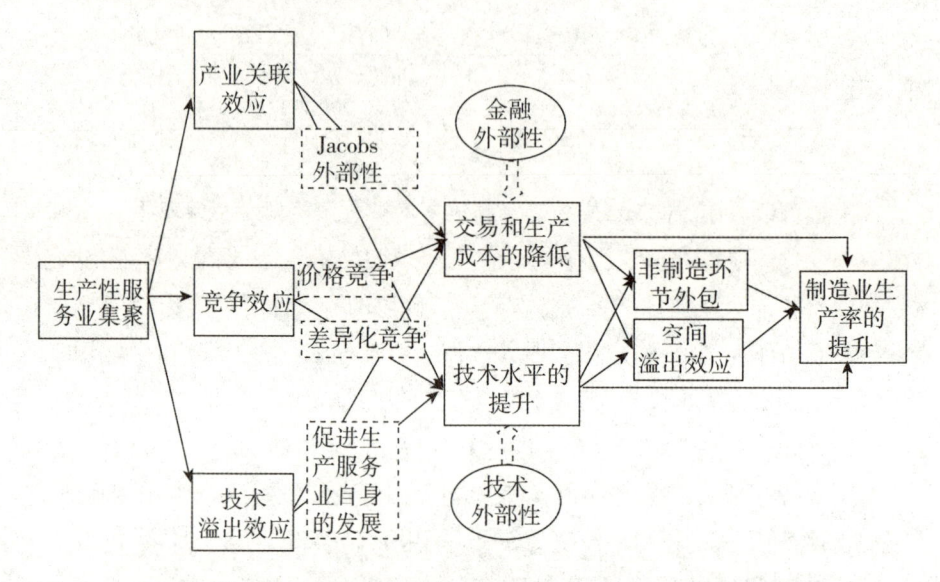

图 7.4.1　生产性服务业集聚对制造业生产率提升的机制示意图

1. 产业关联效应

对外部性探讨中,存在 Marshall(Marshall,1890)外部性和 Jacobs(1969)外部性两种理论。Marshall 外部性认为相同部门的企业集聚有利于规模递增,而 Jacobs 则认为多样化的企业集聚有利于规模递增。这两种理论都是早期针对制造业工业企业集聚的规模报酬递增现象进行解释,本研究认为 Jacobs 外部性理论更能用于解释生产性服务业集聚带来的报酬递增。这是因为从当前产业价值链分工趋势来看,企业更加专注于在价值链的某一环节寻找自身的分工定位,多样化的企业集聚有利于各行业企业的前后关联,实现规模报酬递增。

生产性服务业集聚带来的产业前后关联效应可以从以下两个方面来解释:一方面是生产性服务业各部门之间存在着产业的前后关联,例如发展信息传输、计算机服务和软件行业有融资需求,而金融行业的发展同样需要信息传输、计算机服务和软件行业给予技术支持等等。如果一个城市同时集聚这两种生产性服务业,那么就有利于他们获取更低廉的融资成本和更好的技术支持,进而双方都增强自身的专业化水平。另一方面,生产性服务业同制造业具有产业的前后关联效应。制造业企业对处于价值链两端的生产性服务业具有前向和后向的需求,而不同部门的生产性服务业集聚使得制造业企业不必为获得各种必需的生产性服务而增加搜寻成本。因为生产性服务业的一个特征就是需要人之间的交流,生产性服务行业多属于契约密集型产业,即服务业生产和交易将涉及更为密集、更加复杂的契约安排(汪德华等,2007)。一般而言,供需双方地理距离与它们之间的信任程度负相关。近的地理距离会降低生产性服务企业与制造企业面对面接触的成本,增加接触频率,进而建立更为明确的信任关系,而信任是降低交易成本的有效工具(顾乃华,2011)。在寻求服务业产品过程中,人的运输成本非常高,多部门的生产性服务业集聚于一个地区,减少自然人搜寻服务产品的公关、交通等成本。所以一个区域内的中心城市要发展生产性服务业,就要全面发展生产性服务业的各部门,加强区域内整体的生产性服务业的集聚性,而不是片面地强调只发展某一生产性服务业。所以,从 Jacobs 外部性理论中,我们认为多个行业生产性服务业的集聚能同时为制造业部门提供更好的专业化技能和更廉价的服务成本,进而促进了其生产率的提升。在本章第一部分,我们发现长三角地区整体的生产性服务业集聚和制造业生产率的提升具有的相关性,在一定程度上验证了上述分析,因此我们提出假设:

假设 1:长三角生产性服务业整体的集聚有利于制造业生产率的提升。

2. 竞争效应

生产性服务业空间集聚表现为相关企业空间聚集,而企业之间竞争程度随着聚集程度的提升而提升,进而会产生竞争效应。竞争效应可通过企业的价格竞争带来金融的外部性,为制造业企业提供更低的生产成本;通过企业产品差异化的策略带来技术的外部性,为制造业企业提供专门化的服务和高水平的技术投入。

价格竞争。企业为了追求利润最大化,一个有效竞争策略是降低产品的价格以获取更多的市场需求。对于生产性服务业企业来说,不同的行业企业的价格竞争策略具体案例如:交通运输、仓储和邮政业行业的企业会提供更低廉的配送服务业;信息传输、计算机服务和软件业的企业为制造业提供更加低廉的通信、软件服务;金融机构能为制造业企业提供更低廉的融资成本;商业租赁企业提供更低的租金;科学研究行业为制造业提供更廉价的技术支持等价格策略。内置的服务环节高昂的固定成本和低使用率降低了制造企业的生产效率(黄莉芳等,2011),制造业企业如果可以获得较低的生产成本,那么就能保留更多的资金用于制造业环节。进一步来说,制造业企业可以将产业链中不属于制造业环节彻底剥离,将内置的服务业等环节外包,完全把资金和管理经历用于制造环节,提高制造环节专业化和精细化程度,进而提高企业的生产率。综上,我们可以总结出如下的传导机制:生产性服务业集聚→竞争效应产生→价格竞争策略→服务成本降低→制造业企业更加专注于制造环节→制造业生产率提升。

差异化竞争。企业竞争行为不仅仅有价格的竞争,还存在着产品差异化的竞争。这种差异化表现为两点:一是服务质量的提高,尤其在企业产品特征均质化的情况下,生产性服务业提高服务水平能获得更广阔的市场;二是服务更加专业化以满足制造业的定向需求。集聚加剧了企业之间的竞争,不断激烈的产业化竞争策略,能促进高质量和专业化的技术投入到制造业环节中,进而提高制造业的生产效率。而随着生产性服务业专业化水平的提高,制造业企业也更加愿剥离自身不擅长的非制造环节,将产品价值链的非制造环节剥离,专注于制造环节,提高生产率。所以,我们这种机制可以总结为:生产性服务业集聚→竞争效应产生→差异化竞争策略→技术和专业化服务水平提升→制造业生产率提升。

3. 技术溢出效应

工业企业集聚的技术溢出效应对其生产率提升的作用得到了学者的广泛认可。相比较而言,由于生产性服务业的投入是以人力资本为主、产出则是知识性的商品为主要特征,其集聚的技术溢出效应更强。本研究认为生产性服务业集聚促进制造业生产率提升的机制为:一方面,生产性服务业集聚的技术溢出效应促进了生产服务业本身的发展,促进其自身的生产效率的提升。更重要的是,其集聚的技术溢出效应有利于营造良好的产业综合发展环境,促进制造业和整个地区经济的发展(韩峰等,2014);另一方面,由于生产性服务业的知识性商品特征,往往易于传播、被复制模仿,其使用成本比较低,因此这种技术溢出的速度非常迅速。尤其在长三角地区,制造业分布高度密集,从生产服务业获得的技术能迅速被传播利用到制造业部门,能促进整个经济圈的制造业的发展。

综上,根据上述对生产性服务业集聚带来的"竞争效应"和"技术溢出效应"分析,本文提出假设:

假设2:长三角生产性服务业中各个行业的集聚都促进了本省制造业生产率的提升。

4. 空间溢出效应

生产性服务业往往是信息、技术传播的载体,而通过前面关于"竞争效应""技术溢出效应"和"技术溢出效应"的分析,可知生产性服务业的集聚能为要素的传播提供更低的流通成本和更快速、通畅的传播方式。由于空间溢出效应的存在,如果一个城市制造业生产率得到了提升,那么邻近这个城市的其他地区的制造业生产率也会得到提升。综上所述,生产性服务业的集聚加速了制造业的空间溢出效应。宣烨(2012)的研究发现,生产性服务业空间集聚不仅能够提升本地区制造业效率,且能够通过空间外溢效应提升周边地区制造业效率。盛丰(2014)指出,生产性服务业集聚对制造业升级具有明显的提升作用,这种作用不仅体现在对本地区制造业升级的影响,而且通过空间外溢效应对周边区域制造业升级有明显的促进作用。张振刚等(2014)对珠三角城市圈的研究表明生产性服务业的发展不仅能够显著提升本地区制造业效率,同时能够通过空间溢出效应促进邻接乃至不相邻地区制造业效率的提升。

据上述分析和文献,我们推论作为经济之间联系紧密的长三角地区,各城市的制造业生产率也应当表现出很强的正向空间溢出效应,我们提出假设:

假设3:长三角制造业表现出正的空间溢出效应。

五、长三角生产性服务业对制造业生产率提升实证分析

(一)经典的空间计量模型形式

根据长三角地区各城市之间制造业存在空间溢出的假设,本文采用空间计量模型验证长三角地区生产性服务业集聚对制造业生产率的影响作用。最基本的空间计量模型为空间自回归模型(SAR)和空间误差模型(SEM),空间滞后模型主要侧重在所要解释的一个区域的经济现象直接对其所相邻的区域的经济现象产生影响;空间误差模型则强调由于两个相邻区域具有某些共同或相似的特征,在面临某些其他外在的冲击的时候,其经济现象会表现出一样活相似的波动。面板数据空间滞后模型和空间误差模的基本表达式如下:

空间自回归模型(SAR):

$$Y_{it} = \beta_0 + \sum_{i=1}^{n} \beta_i X_{it} + \rho \sum_{i=1}^{n} W_{ij} Y_{it} + e_{it} \qquad (7-5-1)$$

空间误差模型(SEM):

$$Y_{it} = \mu_i + \sum_{i=1}^{n} \beta_i X_{it} + u_{it}$$

$$u_{it} = \lambda \sum_{i=1}^{n} W u_{it} + \varepsilon_{it} \qquad (7-5-2)$$

(二)空间相关性分析

建立空间计量模型的前提是经济活动存在空间相关性,而全域 Moran 指数可以有效刻画区域整体是否存在空间相关性,全域 Moran 指数的基本表达式如下:

$$I = \frac{\sum_{i=1}^{n}\sum_{j=1}^{n}W_{ij}(Y_i-\bar{Y})(Y_j-\bar{Y})}{S^2\sum_{i=1}^{n}\sum_{j=1}^{n}W_{ij}} \qquad (7-5-3)$$

式中 $S_2 = \frac{1}{n}\sum_{i=1}^{n}(Y_i-\bar{Y})$，$\bar{Y} = \frac{1}{n}\sum_{i=1}^{n}Y_i$，表示第 i 地区的观测值，n 为地区总数。W_{ij} 为空间权重矩阵，考虑到长三角地区地理邻近性，本章依据有无共同边界建立二进制权重矩阵，若 i 城市和 j 城市相邻，则 $W_{ij}=1$，否则 $W_{ij}=0$；同时地区不与自身空间相邻，故矩阵主对角线 $\omega_{11}=\cdots=\omega_{nn}=0$。

根据创建的空间权重矩阵，对长三角地区的制造业全要素生产率(TFP)进行空间相关性检验，即进行 Moran's I 测算。运用 stata 软件，并整理得到 Moran's I 结果，如表 7.5.1。

表 7.5.1　制造业全要素生产率的空间相关性检验结果

年份	2004	2005	2006	2007	2008	2009	2010	2011	2012	2013
Moran's I	0.201* (1.949)	0.254** (2.381)	0.276** (2.526)	0.317*** (2.876)	0.175* (1.829)	0.270** (2.424)	0.306*** (3.188)	0.322*** (2.854)	0.271*** (2.639)	0.272** (2.402)

注：*、**、*** 分别表示在 0.1、0.05、0.01 显著性水平上显著，括号内的数值为 t 值

表 7.5.1 显示，所有年份的全要素生产率的莫兰指数都为正值，且都通过至少 10% 的显著性检验，表明长三角地区制造业全要素生产率存在显著的空间正相关性，可以采用空间计量模型进行分析。

(三) 变量选取

(1) 因变量，因变量为制造业生产率，采用 DEA－Malmquist 方法计算出的制造业全要素生产率(TFP)表征。

(2) 自变量，借鉴盛丰(2014)等的做法，本研究亦采用区位商来衡量产业的集聚程度。

(3) 控制变量，结合已有文献研究和长三角实际经济现象设定如下的控制变量。

制造业集聚因素。Marshall 认为工业企业的集聚能通过中间产品、丰富劳动力市场的共享与知识溢出，降低了运输及工资等成本，从而提高生产率。国内外的 Ottaviano(2006)、范剑勇(2006)等学者的研究直接或间接表明经济、制造业的空间集聚能提升生产率，所以本研究把制造业集聚作为解释生产率提升的重要因素，其替代变量为各城市制造业的区位商。

外资因素:FDI通过跨国公司主体产生的示范效应、关联效应、竞争效应和人员流动效应等溢出渠道提升了本土制造业的技术水平,FDI还通过技术的外溢性促进了制造业生产率的提升(张公嵬,2013)。外商投资在长三角制造业的发展过程中扮演了重要的角色,本研究采用实际外资利用金额表征外资因素。

研发创新因素:科技支出对于技术进步具有重要的意义,技术研发能促进制造业生产率的提升得到学术界的普遍认可。由于数据可得性问题,本文利用政府财政支出中的科技支出作为替代变量。

交通发达因素:便捷的交通促进了制造业的存货周转、仓储成本,促进了企业之间的交流,进而能提升制造业生产率的提升。交通发达因素的替代变量为货运总量。

信息化水平:便利的信息交流促进企业对市场、技术、行业竞争之间的敏感性,同时也能提高企业之间的技术交流,加强技术的溢出效应,能提升制造业生产率的提升。本文信息化水平的替代变量为各个城市的邮电收入。

为了便于厘清变量的关系,将上述因变量、自变量和控制变量,及各自的替代变量的选择并如何验证假设的说明整理如表7.5.2。

表7.5.2 变量及相关说明

分类	变量	变量设置	替代指标	假设说明
因变量	制造业生产率	TFP	制造业全要素生产率	
自变量	生产率服务业集聚	producer	生产率服务业区位商	若系数显著且正则假设1成立
	交通运输、仓储及邮政业集聚	transportation	交通运输、仓储及邮政业区位商	若系数显著且为正则假设2成立
	信息传输、计算机服务和软件业集聚	it	信息传输、计算机服务和软件业区位商	
	批发和零售业集聚	wholesale	批发和零售业区位商	
	金融业集聚	finance	金融业区位商	
	租赁和商业服务业集聚	science	租赁和商业服务业区位商	
	科学研究、技术服务和地质勘查业集聚	lease	科学研究、技术服务和地质勘查业区位商	

续表

分类	变量	变量设置	替代指标	假设说明
控制变量	制造业集聚	manufacturing	生产率服务业区位商	
	外资因素	fdi	工业总产值中外商企业产值占比	
	研发创新因素	tept	财政支出中可以投入占比	
	交通发达因素	freight	货运总量	
	信息化水平	post	邮电收入	
空间向量	空间溢出	SAR 和 SEM 空间系数		若系数显著且为正则假设成立

(四)模型设定

结合前文的机制分析,本研究分别对生产性服务业总体和生产性服务业细分行业设定不同的理论模型。

生产性服务业整体的回归模型(记为 Model1)形式:

空间自回归模型

$$TFP_{it} = \beta_0 + \beta_1 producer_{it} + \beta_2 manufacturing_{it} + \beta_3 fdi_{it} + \beta_4 tept_{it}$$
$$+ \beta_5 freight_{it} + \beta_6 post_{it} + \rho \sum_{i=1}^{n} W_{ij} TFP_{it} + e_{it} \quad (7-5-4)$$

空间误差模型

$$TFP_{it} = \mu_i + \beta_0 + \beta_1 producer_{it} + \beta_2 manufacturing_{it} + \beta_3 fdi_{it} + \beta_4 tept_{it}$$
$$+ \beta_5 freight_{it} + \beta_6 post_{it} + u_{it}$$

$$u_{it} = \lambda \sum_{i=1}^{n} W u_{it} + \varepsilon_{it} \quad (7-5-5)$$

生产性服务业细分行业的回归模型(记为 Model2)形式:

空间滞后模型:

$$TFP_{it} = \beta_0 + \beta_1 tranportation_{it} + \beta_2 it_{it} + \beta_3 wholesale_{it} + \beta_4 finance_{it} + \beta_5 lease_{it}$$
$$+ \beta_6 science_{it} + \beta_7 manufacturing_{it} + \beta_8 fdi_{it} + \beta_9 tept_{it} + \beta_{10} freight_{it}$$
$$+ \beta_{11} post_{it} + \rho \sum_{i=1}^{n} W_{ij} TFP_{it} + e_{it} \quad (7-5-6)$$

空间误差模型:

$$TFP_{it} = \mu_i + \beta_1 tranportation_{it} + \beta_2 it_{it} + \beta_3 wholesale_{it} + \beta_4 finance_{it} + \beta_5 lease_{it}$$
$$+ \beta_6 science_{it} + \beta_7 manufacturing_{it} + \beta_8 fdi_{it} + \beta_9 tept_{it}$$

$$+ \beta_{10} freight_{it} + \beta_{11} post_{it} + u_{it}$$

$$u_{it} = \lambda \sum_{i=1}^{n} W u_{it} + \varepsilon_{it} \qquad (7-5-7)$$

(五)实证结果

本文采用 matlab2010a 对 Model1 和 Model2 进行回归,所用数据均来自各市 2004 年至 2014 年统计年鉴。

1. 生产性服务业整体回归模型的结果分析

根据 matlab2010a 运行结果,我们发现空间误差模型在无固定效应、时间固定效应、地点固定效应和双固定效应四种情况下,可决系数 R2 和极大似然估计值 Likelihood 数值都比空间自回归模型的相应数值大,说明空间误差模型的拟合度更好。此外,空间误差模型的随机效应 Hausman 检验估计值为 -20.7402,且通过显著性检验,表明拒绝原假设,而且随机效应回归结果的可决系数 R2 和极大似然估计值 Likelihood 参数估计值都小于双固定效应模型,表明固定效应模型更合适。所以本文就空间误差模型的时间和地点双固定效应回归结果来说明生产性服务业集聚对制造业生产率的影响,受限于文章篇幅,此处只报告 SEM 的回归结果:

首先,生产性服务业集聚水平(producer)的回归系数为 0.16011,通过 1% 的显著性检验,说明了生产性服务业的集聚对制造业生产率的提升具有促进作用,生产性服务业整体的集聚程度每增加 1%,长三角地区制造业的全要素生产率会提升 0.16%。所以本文的假设 1 成立,即长三角地区生产性服务业整体的集聚通过产业关联效应促进了制造业生产率的提升。

其次,制造业集聚水平(manufacturing)的参数估计值为 0.1315,通过了 1% 显著性检验,表明了制造业的集聚能提升其自身的生产率;外资因素(fdi)也通过了显著性检验,且系数为正值,表明了外商投资对长三角地区制造业生产率提升具有显著的促进作用;科研投入因素(tept)和信息化水平(post)没有通过显著性检验,对此本文的解释为:由于对科研投入的替代指标采用的是政府的科研支出,一方面从实际情况来看,财政的科研支出多投入到高校、科研机构,由于科学研究的应用到实际生产中的周期较长,产学结合程度不高。另一方面,长三角地区大量制造业多从事的是较为低端的组装加工业务,对于技术的需求不高,所以科技投入的增加并没有体现出促进制造业生产率的提升作用。交通因素的系数为负值并且通过了显著性的检验,这与本文的假设相反。实际上,宣烨(2014)的研究也表明交通发达程度对制造业升级起到了一定的阻碍作用。他的解释为交通运输业的发达程度同 FDI 投资成正相关,交通越发达的城市 FDI 也越密集,使得当地的制造业利润下降,进而表现出交通发达程度和制造业生产率的负相关的关系。但本文不认同此观点适用于解释长三角经济圈的这种现象,这是因为前面外资因素的回归结果表明了 FDI 的投入对制造业生产率具有促进作用,FDI 密度越高的城市,制造业的利润率越低在长三角地区这种结论显然是不成立的。本文对于交通发达程度阻碍制造业生产率回归结果的解释为:替代变量货运总量往往同城市的规模正相关,而当前长三角地区经济发展最快的、制造业生产率变化最快的不是上海、苏州、杭州这样制造业产值较高的城市,而是交通运输量相对较小,城市规模较小的城市,所以导致了回归结果中同制造业生产率的变化出现负相关的现象。

空间溢出系数通过了显著性检验,系数为 0.052,说明长三角地区城市之间的制造业存在显著的正向空间溢出效应。从空间滞后模型的经济意义来说,邻近城市的制造业生产率每提高 1%,就能带动周边城市制造业生产率提高 0.052%,所以假设 3 成立。长三角地区表现出显著的空间溢出效应,说明了长三角地区各个城市之间的经济联系紧密,生产性服务业的集聚能促进空间溢出效应,促进城市之间制造业的发展。从政策意义上来说,城市之间良好的经济合作,能促进都市圈内各个城市的发展。

表 7.5.3 基于 SEM 的生产性服务业整体回归模型结果

变量	无固定效应	时间固定效应	地点固定效应	双固定效应	随机效应
intercept	−0.2634 ***				−0.2350 ***
	(−15.2735)				(−12.1995)
producer	0.2258 ***	0.1629 ***	0.2185 ***	0.1601 ***	0.1945 ***
	(7.6754)	(5.6866)	(8.3197)	(6.2854)	(6.7471)
manufacturing	0.1094 ***	0.1112 ***	0.1419 ***	0.1315 ***	0.1115 ***
	(4.3722)	(4.6794)	(6.2468)	(6.1752)	(4.6146)
fdi	0.0743 ***	0.1803 ***	0.0403	0.1423 ***	0.1299 ***
	(2.0402)	(4.7635)	(1.1906)	(4.1408)	(3.5022)
tept	0.0058	−0.0336	0.0199	−0.0254	−0.0121
	(0.1987)	(−0.9301)	(0.7236)	(−0.7677)	(−0.3880)
freight	−0.0223	−0.2105 **	−0.0013	−0.2153 **	−0.0947
	(−0.4007)	(−2.4408)	(−0.0258)	(−2.5758)	(−1.4825)
post	−0.0098	−0.032	−0.0117 **	−0.0056	−0.0053
	(−1.5292)	(−0.4642)	(−2.0398)	(−0.9021)	(−0.8298)

续表

变量	无固定效应	时间固定效应	地点固定效应	双固定效应	随机效应
spat. aut.	0.1640***	0.1729***	0.0160	0.0520***	0.1700***
	(15.3723)	(18.2233)	(0.7520)	(2.6306)	(17.4858)
R2	0.6911	0.7257	0.8718	0.9036	0.8496
Likelihood	395.7940	435.1250	463.3910	508.8634	403.2811
Hausman					-20.7402****

注：*、**、***分别表示在0.1、0.05、0.01显著性水平上显著，括号内的数字为t值

2. 生产性服务业细分行业的回归模型结果分析

根据matlab2010a运行结果，我们发现生产性服务业细分行业的模型中，同样是空间误差模型拟合度比空间滞后模型更好。从固定效应的结果来看，所有空间误差模型的拟决系数和极大似然估计值的结果都好于空间滞后模型。但是不同于前面的是，Model2中，豪斯曼检验并没有拒绝空间误差回归的随机效应，而随机效应下方程的拟合度高达85.42%，极大似然估计值为407，有较好的拟合效果。所以对于Model2，本文采用空间误差模型的随机效应进行解释，受限于文章篇幅，此处只报告SEM的回归结果。

首先，我们可以看到在设置的六个生产性服务业细分行业变量中，仅有四个行业的回归结果显著，他们分别是信息传输与计算机服务和软件业、金融业、租赁和商业服务业、科学研究与技术服务和地质勘查业。这四个行业都通过了显著性检验，且回归系数都为正，表明了其在长三角经济圈，其集聚程度的提高能促进制造业生产率的提升。根据前面的理论分析并结合回归结果，本文可以推论在长三角地区，伴随着集聚水平的提高，信息传输与计算机服务和软件业能为企业提供更高水平和廉价的信息技术、软件服务；金融业的集聚能提供更加专业化的公司理财和更为廉价的融资成本；租赁和商业服务业为制造业提供更优质的咨询服务、更廉价的租赁成本；科学研究与技术服务和地质勘查业则为企业提供带来更高、更专门化技术支持，这些生产成本的降低和专业化能力的提升，促进了企业制造环节的生产率。但是，交通运输、仓储及邮政业，批发和零售业的集聚并没有表现出对制造业生产率提升的作用。之所以出现这种现象有如下的原因可以解释：相比较其他生产性服务业，交通运输与仓储及邮政业、批发和零售业的技术含量更低，行业的进入门槛更低，企业之间提供的更多是相对没有差异化的服务产品，并且在长三角地区有发达便捷的交通网、安全法制化的社会环境，所以行业更加趋于完全竞争。这样就导致这两种行业的集聚中价格竞争非常激烈，几乎任何时

候都能很快达到价格"均衡状态"。所以,这两个行业集聚带为制造业企业带来边际成本的降低就不明显,进而从实证研究中对制造业生产率提升的作用就不是很显著。综上,我们发现假设 2 并不完全成立,在长三角经济圈,并不是所有生产性服务业细分行业的集聚制造业生产率的提升具有促进作用,技术层次相对高端的生产性服务业对制造业生产率的提升更加显著。

对于控制变量的回归结果来说,和 Model1 结果一样的是制造业集聚和外资因素对制造业生产率的提升都有显著正向的促进作用,科研支出、信息化水平等因素没有表现出对制造业生产率提升正向作用的显著性。不同于模型 1 的是,这里交通发达因素没有表现出对制造业生产率提升作用的显著性。

对于空间因素的回归结果的系数为 0.172,通过了显著性水平为 1% 的检验,表明长三角经济圈的空间溢出效应非常显著,邻近城市制造业之间能相互促进对方的发展。同模型 1 一样,再次印证了假设 3 成立。

表 7.5.4 基于 SEM 的生产性服务业细分行业的回归模型结果

变量	无固定效应	时间固定效应	地点固定效应	双固定效应	随机效应
intercept	−0.2648***				−0.2313***
	(−11.8981)				(−9.8064)
tranport	0.0012	−0.0097	−0.0036	−0.0207**	−0.0033
	(0.1209)	(−0.9321)	(−0.4099)	(−2.2479)	(−0.3289)
software	0.0667**	0.0464*	0.0610**	0.0406*	0.0592**
	(2.5314)	(1.8833)	(2.4335)	(1.7991)	(2.3375)
wholesale	0.0113	0.0162	0.0199	0.0189	0.0149
	(0.8022)	(0.9157)	(1.5500)	(1.1858)	(0.9316)
finance	0.1055**	0.0742*	0.1054***	0.0950***	0.0845**
	(2.5502)	(1.9303)	(2.9240)	(2.8866)	(2.1261)
lend	0.0244***	0.0173**	0.0202***	0.0149**	0.0188**
	(2.9301)	(2.2264)	(2.9553)	(2.3679)	(2.3437)
since	0.0270	0.0329*	0.0298*	0.0364**	0.0312*
	(1.4685)	(1.8703)	(1.7578)	(2.2640)	(1.7365)
manufacturing	0.0855***	0.0851***	0.1180***	0.0975***	0.0861***
	(2.7863)	(3.0075)	(4.4209)	(4.0409)	(2.9370)
fdi	0.0478	0.1533***	0.0109	0.1081***	0.1030***
	(1.2787)	(3.9366)	(0.3172)	(3.1017)	(2.7020)

续表

变量	无固定效应	时间固定效应	地点固定效应	双固定效应	随机效应
tept	-0.0010	-0.0433	0.0147	-0.0312	-0.0202
	(-0.0359)	(-1.1984)	(0.5395)	(-0.9519)	(-0.6487)
freight	0.1780	-1.8947**	0.1961	-2.2946***	-0.5758
	(0.2932)	(-2.1429)	(0.3722)	(-2.7612)	(-0.8637)
post	-0.0077	-0.0019	-0.0081	-0.0034	-0.0034
	(-1.2007)	(-0.2709)	(-1.4218)	(-0.5612)	(-0.5332)
spat. aut.	0.1620***	0.1760***	0.015944	0.0410***	0.1719***
	(14.8426)	(19.4176)	(0.7508)	(2.0205)	(18.1667)
R2	0.6888	0.725	0.8759	0.9109	0.8542
Likelihood	400.05936	439.85253	468.14578	519.3579	407.1171
Hausman					-1.3015

注：*、**、***分别表示在0.1、0.05、0.01显著性水平上显著,括号内的数字为t值

六、本章小结

生产服务业作为制造业中间投入品,处于产业链的两端,对提升制造业生产率,促进产业升级具有重要意义。生产服务业具有高人力资本投入和不可储存的产出特征,其空间分布呈现出高集聚性。无论整体生产性服务业还是细分行业都具有较高的集聚水平,并且除商业服务和租赁业、批发和零售业外都有显著逐步上升趋势,长三角生产性服务业呈现出典型的"中心—外围"空间分布特征。长三角地区制造业生产率的具有不断提升趋势,生产服务业集聚对制造业生产率具有促进作用。

长三角生产性服务业集聚促进制造业生产率的机制主要表现为生产率服务业集聚通过竞争效应、产业关联效应、技术外溢性产生了能降低企业的交易、生产成本"金融外部性"和提高技术水平的"技术外部性",同时促进了企业将非制造环节外包,加强了长三角的空间溢出效应,进而提高制造业生产率。长三角生产性服务业整体的集聚能显著促进制造业生产率的提升,产业关联效应明显,表现出了Jacobs外部性。信息传输、计算机服务和软件业,金融业,租赁和商业服务业,科学研究、技术服务、和地质勘查业的集聚对制造业生产率提升的作用显著,而交通运输、仓储和邮政业,批发零售业的集聚并没有提高制造业的生产率。长三角地区有很强的正向空间溢出效应,此外制造业集聚、外资因素能显著促进制

造业生产率的提升。

在长三角地区,大量的制造业处于低端的加工专配业务,而随着人口红利逐渐消失、生产成本逐步增加,长三角地区一方面应通过转型升级具有高技术、附加值更高、生产率更高的制造业。另一方面,也应加大生产性服务业的发展和集聚,提高制造业的生产率,从而在长三角地区形成服务业和制造业协同发展和良性互动。为此,一要破除行政割据,促进生产要素的自由流通,顺应市场客观规律以实现生产性服务业合理的空间分工;二要中心和次中心城市应当全面多样化发展生产性服务业,充分发挥产业关联效应;三要提高先进技术人才的流动性,吸引高技术人才向中心城市集聚;四要加强城市之间经济合作,充分发挥空间溢出效应;五要促进外商投资,重点吸引能带来先进技术和管理经验的外商。

第八章 长三角城市区域产业分工合作研究

区域产业分工合作与联动发展是区域经济理论和实证研究的热点,也一直是中国区域发展战略的中心思想之一。改革开放30多年,随着经济联系紧密度加强和中国行政体制壁垒的弱化,劳动力、资本、技术等生产要素流动加强,根据区域经济社会发展阶段和资源禀赋进行分工合作,中国许多城市区域形成了富有成效的区域分工合作的成功案例。面对新一轮全球科技革命和中国经济发展新常态的趋势和特点,长三角区域内各城市无不在新的经济社会变迁背景下,重新审视自己的战略定位,思考区域同城化、一体化的分工与协作战略具有迫切性。在梳理产业分工与合作研究基础上,本章归纳总结了上海与长三角区域合作发展的理论和实践案例,探讨了未来长三角产业发展与区域协同的基本理念、发展战略、合作方式等政策建议和发展策略。

一、引言

二次世界大战后,在以核能、计算机、新材料为标志的科技革命的推动下,发达国家兴起工业化浪潮,以自然资源为基础、以产业部门间分工为主导的国际分工体系,逐渐发展成为以产业部门内部分工和产品专业化生产为基础,以现代工艺和技术为特征的产业国际化分工生产体系,并加快从物质生产领域的分工向服务业领域的分工发展。随着国际分工的深化和经济全球化的深入,跨国公司以产业资本的国际化为载体,加快了将劳动、资本密集型产业向外输出的进程,以跨国公司为主体的国际分工从传统的地域分工演变为全球性的网络化分工,由此推动了新一轮的全球性产业重组和转移,为后进国家的追赶发展提供了机遇。

近30年来的中国不同地区增长方式呈现出很大的差异。如在浙江,形成了以私营经济和专业市场为特征的发展模式,江苏南部地区则形成了以早期的乡镇企业和开发区为载体的外资发展模式。但探究"深圳模式""温州模式""晋江模式""苏南模式"等中国不同区域具有地方根植性的发展模式,我们还是可以看出在中国相似的经济条件下,不同的增长方式或增长模式其驱动力有着许多共性,即其经济增长既是"自然"演化的结果,还有"政府"有形之手推动的结果,它是"高效市场和强力政府"的双轮驱动下的结果(吴柏均等,2006)。与此同时,根据我们对东部沿海区域经济尤其是长三角区域经济的长期跟踪研究,我们认为,中国东部区域经济快速增长的另一个重要原因,是其主动地融入全球生产网络,承接国际上一次次的产业转移,从而达到区域经济快速发展和产业转型升级。

长三角都市圈的发展期主要在 20 世纪 90 年代,其发展主要得益于几个方面:一是改革开放和市场经济体制建设,以及由此带来的长三角规划的出台和上海浦东的开发开放;二是基础设施特别是高速公路的开通,使得长三角都市圈以城市间交通网络为支撑,真正形成了区域间的合作和协同发展;三是长江三角洲城市经济协调会的成立,协调会在原上海经济区城市经协办的基础上,进而形成了长三角都市圈紧密合作的工作机制,为长三角都市圈的进一步发展打下了基础。

1992 年的邓小平南方谈话,使得中国经济迈入了一个新的发展期,中国全面改革开放和市场经济体制建设走上了历史舞台。1992 年,国家决定开放浦东,以浦东开放为龙头,带动长江三角洲和整个长江流域地区的新飞跃。在此基础上,以上海为中心的长三角都市圈的概念进一步突显,长三角都市圈成为中国对外开放的前沿阵地。在市场和政府的双重推动下,长三角都市圈内部城市的合作更加宽泛,合作方式也逐步向制度创新、整合生产要素方面发展,合作机制也向政府搭台、市场运作方向发展。伴随着城市改革与企业改革的不断深化,长三角都市圈中的苏州、无锡、宁波、杭州等中等城市经济实力开始增强,上海通过和长三角都市圈其他城市的垂直分工被带有竞争性的水平分工逐渐取代。

进入 21 世纪,长三角都市圈的经济出现了迅猛发展的态势,由于公路铁路网络的不断建设,城市之间的合作更为紧密,城市的功能不断增强,合作的加强使得产业体系更加完善。根据中央的规划纲要和城市间自身发展的要求,长三角都市圈出现了一体化发展的局面。在市场方面,得益于国际资本转移,很多跨国公司特别是世界 500 强公司将区域总部设在上海,利用上海的中心城市地位和人才优势降低成本,而把生产加工放在邻近上海的江浙两省,利用低劳动力成本优势降低生产成本,在这一趋势下,上海与长三角都市圈的企业城市的合作交流日益频繁,也推动了区域间的产业发展和产业分工;其次,在政府层面,受到市场力量的驱动,政府方面进行了一系列的政策研究、机制完善、合作联动等,从而大力推进了长三角都市圈一体化发展。

由于国际制造业出现向中国特别是长三角都市圈大规模转移的倾向,都市圈内各城市纷纷出台各种类型的优惠政策,以吸引外资落户发展,这也直接引起激烈的招商引资竞争,各地地方保护主义盛行,政府取代市场进行资源配置的现状屡见不鲜。随着长三角都市圈合作与发展的不断深入,各城市的政府也意识到,加强彼此合作,进行产业有效合理的分工,对都市圈整体发展是有利的。近些年来,长三角都市圈内的经济合作从广度、深度到宽度都上了新的层面,政府、企业、非政府组织方面都开展了多方面的合作和联动发展。区域之间的产业分工和错位发展是推进区域合作的重要基础,因此,有必要深入研究随着长三角区域一体化的深入,长三角区域分工格局新的演化态势和区域协同发展策略。

二、长三角产业分工协作相关研究梳理

(一)产业同构的相关研究

产业同构一直是长三角产业分工研究的一大热点。对于长三角地区产业同构状况的研究,有三种不同意见:第一,长三角内部各地区制造业结构存在严重的雷同。早期很多学者采用三次产业分类或以二次产业内部的大分类层面的数据为依据,对长三角地区的产业结构相似系数进行研究,认为相似系数过高、结构趋同,存在过度竞争(唐立国,2002)。第二,对产业进行细分,这种同构现象没那么严重。靖学青(2004)研究得出,只有苏州与杭州,苏州与无锡,南京与杭州之间存在一定程度的产业结构趋同,而且认为产业结构趋同只存在于长三角地区三次产业结构这样的宏观层次上,而制造业结构这样的中观层次并未明显出现,最多只是出现了一定程度的趋同现象。随着产业的细分和时间的推移,市场力量将促使该地区产业互补推进,产业结构的相似程度趋于下降,而恶性竞争主要表现在由政府控制投资的领域(邱风等,2005)。范剑勇(2004)通过对行业的空间集中程度分析,得出随着长三角内部一体化程度增强,各行业的集中趋势是主流,江浙沪地区的相对专业化水平将上升。也有学者提出江浙沪的产业同构实际上是长三角内部存在着紧密的产业水平分工关系的表象(陈建军,2004),并非只具有消极意义。

第三,长三角地区并不存在产业同构问题,认为长三角同一行业的不同企业选择实行产品差别化战略和创新战略,随着产业的细分,产品各具特色,区际分工水平也较高(陈建军,2006)。李廉水等(2007)从细分的行业和产品差异度来看,各次区域之间的经济互补性越来越强、专业化分工越来越明显,不存在部分学者

所描述的同构现象严重的问题。

(二) 产业分工的相关研究

陈建军(2005)指出长三角区域经济合作应采取政府推动、市场导向、企业主导的模式,其基本的运行理念是不再简单地依靠行政、计划和政府间的协调手段,而是将政府的作用集中在撤除区域行政壁垒,提供区域无差异的公共产品,包括无区域歧视的各种规章、规范、规则等方面,从而创造要素跨区域自由流动的外部环境。同时,在更多的方面充分利用市场机制的作用,将企业推向区域经济一体化的前台,利用企业内地域分工的力量,促进地域间要素的流动与整合,推动地域产业结构的调整和升级,从而达到企业发展、地域发展和经济一体化的多赢目标。邱瑞平等(2005)认为长三角内部工业分工呈不断深化的态势,区域的专业化强度、行业数量不断上升,并呈现区域专业化分工格局。魏后凯(2006)认为长三角区域产业分工的演变大体经历了三个阶段:第一个阶段部门专业化,即各生产部门进行专业化生产的产业间分工;第二个阶段产品专业化,即不同区域发展同一产业部门的产业内分工;第三个阶段为产业链分工,即各个区域按照产业链的不同环节、工序甚至模块进行专业化分工。李清娟(2006)发现长三角的发展正从产业梯度转移模式向产业分工协作模式转变,这就要求构建区域产业互动发展机制。梁琦等(2006)认为地区专业化能促进产业从劳动密集型向资本密集型升级,推动行业的技术进步,长三角地区要想发展成为国际制造业基地,三地就必须在制造业上寻求专业化分工。李廉水(2007)认为长三角地区要发挥地区优势,实行"错位发展",上海要发挥长三角制造业龙头的优势,发展有特色的轻工业和都市产业;苏浙是上海的"两翼",逐步成为上海制造业的生产加工基地、协作配套基地。

洪银兴(2007)提出在长三角一体化和产业分工过程中,上海应主要发展现代服务业,成为长三角制造业国际基地的依托,对于重点发展的高科技制造业也可把生产制造环节有序转移出去。韩坚(2008)认为长三角地区的产业分工应当根据国际产业分工的规律,各城市利用自身的优势条件加以产业抉择,融入以产业链分工为基础的新型产业分工体系。胡艳君(2010)认为要素的差异可以在建立共同市场的过程中得到进一步的解决,产业差异的存在如果是以合理分工、优势互补为基础的,就可以促进区域经济协调发展。李文强等(2011)对上海都市圈进行专业化优势测算,将全部行业分为专业化支柱行业、潜力型行业、竞争型行业和移出型行业,最终根据生态仿生学对上海都市圈产业分工提出构想。王爱民(2011)认为都市圈产业分工的内部因素为企业对规模经济的追求、圈内企业间的关系变化、外部因素为技术变化、国际产业间转移、政策变化等。传统产业向周边城市转移的关键因素是技术革新,而都市圈内各个城市对国际产业分工转移类型的接受关键因素是自身的比较优势。

产业转移是产业空间合理分工与一体化的途径。范剑勇(2004)发现上海通过转移劳动密集型产业并专业化于资本技术密集型、港口型、都市信息型等极少数产业,降低了其在该区域内的总制造业份额。陈建军(2004)认为长三角区域经济一体化的主要动力是要素流动和产业转移,由此引起了长三角空间结构和产业结构的变动,推动了长三角区域经济一体化进程。禚金吉等(2011)通过测算长三角两省一市的区位商变化来说明随着一体化的进展,产业转移导致了各地的主导产业集聚形势发生了变化。

(三)产业合作的相关研究

产业合作根据区域的划分可分为国内以及国际产业分工。在国内产业分工与国际产业分工的基础上,通过消除商品、资本、技术、劳动力等生产要素的流动障碍,在贸易、投资和跨国公司等带动下,推动产业转移,深化产业分工,从而实现国内或国际的产业结构优化和经济增长。

区域间存在产业优势互补和分工合作的现实要求是多种力量共同作用的必然趋势(黄少安,2000):首先是利益驱动。低廉充裕的劳动力资源、广阔的市场需求、雄厚的资金、先进的技术、成熟的管理经验等因素直接或间接作用于产业合作。二是产业结构的互补性。由于各地区经济发展进度和发展方向不同,生产力和竞争力相互交错,这就使通过产业分工合作实现优势互补成为可能。三是投资环境优势。经济高速增长,市场化水平、对外开放程度不断提升,优惠政策竞相出台等,构成了产业合作强大的磁吸效应。四是经济转型的内在需要。产业处于不同的产品生命周期对经济转型的内在需求不同,寻求产业合作是自身产业升级的客观要求和必经之路。五是经济全球化和区域一体化潮流的外部推动。为了应对经济全球化所带来的一些机遇和负面效应,积极开展产业合作能够将生产要素合理分配,降低生产要素成本,提高整体竞争力。

产业合作模式归结于三大类(庄荣良,2009):垂直型、水平型和混合型模式。垂直型是指产业发展水平相差悬殊的国家或区域间的分工合作。表现为初级原料与制成品的垂直联系,或生产过程中由技术密集程度差异引致的分工合作。水平型是指产业发展水平相近的国家和地区间在产品生产的流程上达成分工合作。而混合型则是兼而有之。崔颖(2007)将区域经济合作按发展程度划分为七个阶段:部门一体化、优惠贸易安排、自由贸易区、关税同盟、共同市场、经济联盟、完全经济一体化。在实践中,区域经济合作大体上可以分为三种形式(冯俊,2011):第一种是通过签署区域间的自由贸易协定来进行贸易安排,比如中国与东盟等国签订的自由贸易协定、内地与香港澳门签署的更紧密经贸关系协议等;第二种是通过区域合作经济论坛,这种形式相对而言比较松散,主要有亚太经合组织、东盟等;第三种范围相对比较小,是指在一定区域范围内相邻国家或地区的合作,这类合作的主要形式是改善基础设施建设,比如泛北部湾合作等。

三、长三角区域合作的发展历程

1982年12月22日,国务院决定成立上海经济区,成为"长三角"都市圈概念的最早雏形。1983年3月22日,上海经济区规划办公室正式成立。当时上海经济区的范围是:以上海为中心,包括长三角的苏州、无锡、常州、南通和杭州、嘉兴、湖州、宁波、绍兴等10城市。1983年8月18日,第一次上海经济区规划工作会议在上海召开,参加的有当时国家计委、经委、体改委、科委和中央有关16个部委的负责人及10个城市的负责人。安徽省派了观察员。这次会议确定了上海经济区规划重点:交通、能源、外贸、技术改造和长江口、黄浦江、太湖的综合治理。经济区要支持和促进各市、各企业间的经济联系和合作,要在协调、调整、开发、转移上发挥作用。建立了两省一市的"首脑"会议制度、10市市长联席会议制度,并召开了第一次两省一市"首脑"会议。

1984年12月6日,上海经济区省市长会议在上海召开,安徽省首次作为经济区成员与会。1986年7月10日,上海经济区省市长会议在杭州召开,基本同意《上海经济区发展战略纲要》,通过《上海经济区章程》。此后,江西、福建也先后加入。长三角都市圈的概念进一步扩大到五省一市,即上海、江苏、浙江、安徽、福建、江西。在此期间,沪宁、沪杭甬高速公路的规划建设,即长三角综合运输规划研究开始实施,开始了Z形的横跨江浙沪的高速公路的建设。1988年6月1日,国家计委发出通知,撤销上海经济区规划办公室。"上海经济区"借助当时国家计委的权力设立,涉及各省市的地方利益,这种跨省区的行政协调光靠一个并无足够权威性的机构是难以实现的。但这一机构对打破区内各省市各自为政的局面,促进经济协调、产业合理布局等都起过积极的协调作用。

20世纪90年代初,国家决定开放浦东,长三角都市圈的概念在浦东开发的带动下再次凸显。1992年,党的十四大报告正式提出:以浦东开放为龙头,进一步开放长江沿岸城市,尽快把上海建成国际、金融、贸易中心之一,带动长江三角洲和整个长江流域地区的新飞跃。1992年,邓小平南方谈话拉开了中国全面改革开放和市场经济体制建设的序幕,中国经济迈入了一个新的历史发展阶段。同年6月,国务院召开长江三角洲及沿江地区规划座谈会,具体明确了长江三角洲的规划范围,即以沪宁杭为主体的15城市及其所辖的4个县市。随着贯穿浙江、上海和江苏的高速公路开通,长三角利用外资迅速扩大,特别是进入21世纪以后,长三角利用外资超过了广东。1996年,继"沿海战略"后,国家提出"长江发展战略",重点以浦东开发开放为"龙头",带动长江三角洲及沿江地区的高速发展,成立了15个城市经济协调会。1992年,贯穿江苏、上海、浙江的高速公路开工,大量外资公司在苏南苏州、无锡、昆山等苏南城镇设厂,从根本上改变了长三角几大城市日后的力量格局。另一条由北面金融上海的快速通道——苏通大桥也已进入规划期,这座大桥将贯穿长江口,把苏北的南通与上海相连,使苏北地区更快融入上海经济圈。

1993年,上海正式提出推动长三角大都市圈发展的构想,新的长三角都市圈实行强强联手,由两省一市组成,即江苏、浙江、上海。上海方面认为建立新的长三角都市圈的时机已经成熟:长三角都市圈经过10年的整合、发展,上海与长三角特别是苏南地区,基本形成了一定规模的产业分工:技术和资本密集产业留在上海,劳动密集的产业则到了苏州、昆山等地区。1997年,在原上海经济区城市经协办牵头下,成立了长江三角洲城市经济协调会,长三角都市圈概念第一次被明确提出。长江三角洲城市经济协调会每两年召开一次会议,2003年在南京召开的第四次会议上,浙江台州加入"长三角"城市经济协调会,使"长三角"城市由传统的15个扩展为16个,首次突破长三角地理概念,使之成为真正意义上的都市圈概念。

随着长三角区域内经济规模的增长、产业规模的扩大以及城市化进程的加快,长三角都市圈内产业间、区位间分工整合的客观要求开始明显起来,而经济布局合理与否对整个区域经济增长的弹性也随之特别敏感起来。在这个大背景下,长三角经济一体化过程中的核心城市的功能不完善,辐射作用不强;行政区划分割导致各自为政,区域发展中缺少相应的协调和规划指导;城市产业结构缺乏特色,城市分工不明显,带来了一定程度的重复投资和过度竞争;技术创新能力相对不足和地方保护主义问题也就不断显露出来。

这一时期,作为长三角中心城市的上海,已经有大量的各类联营企业分布在长三角不同规模的城市和乡村,而且也初步建立了以垂直分工为特征的双边协作体系。一方面,随着改革开放的不断深入,吸引外资开始成为长三角都市圈经济发展的一支重要推动力量。在这种情况下,长三角吸引外资成立区域增量发展的重要目标,并在一定程度上取代了横向经济联合的发展功能。另一方面,随着城市改革与企业改革的不断深化,以及农村工业和外资企业的发展,长三角中等城市经济实力开始增强,在技术引进和外资进入的带动下,上海同长三角其他地区的产业垂直分工关系开始出现了被带有竞争关系的水平分工所取代的迹象。

2002年,党的十六大首次提出"促进区域经济协调发展"。要求东部地区加快产业结构升级,发展现代农业,发展高新技术产业和高附加值的加工制造业。要加强东、中、西部经济交流和合作,实现优势互补和共同发展,形成若干具体特色的经济区和经济带。

2003年,浙江、江苏两省高层亲自挂帅频繁出访。当年3月下旬,浙江省党政代表团出访上海、江苏并分别签订了《关于进一步推进经济合作与发展的协议》和《进一步加强经济技术交流与合作的协议》。浙江还提出从基础设施建设、信息化建设、产业分工等7个方面加强长三角都市圈经济合作的设想。随后,江苏省党政代表团访问上海。这次江浙沪一揽子协议中,重点主要落在基础设施建设、产业分工、旅游资源的开发和市场的拓展、生态建设和环境保护以及科技、信息、教育、人才等方面。根据这些协议,3省市的交流与合作机制得到进一步完善。此后的几年中,促进区域协调发展上升为坚持科学发展观和构建社会主义和谐社会的重大内容,长三角、珠三角、京津唐等地区的优化开发和加快发展日益重要,长三角都市圈逐渐成为我国经济最为发达的区域之一。

21世纪以来的几年间,长三角都市圈经济出现了持续迅猛发展的态势,经济总量不断壮大,城市功能不断增强,基础设施不断完善,产业体系不断完备,企业结构不断改善,从而使得长三角都市圈经济发展出现了显著的合作与竞争并存的局面。

2007年是长三角都市圈发展的关键之年。2007年5月15日,时任国务院总理温家宝在上海举行长三角经济社会发展专题座谈会,苏浙沪党政主要领导人、国务院有关部门负责人参加。这是近年来长三角都市圈协作和发展举行的最高规格的座谈会。随后,国家发改委、商务部、交通部等10多个部委组成的调研组先后来到长三角各城市,就落实座谈会精神、协调区域发展的大政策开展密集调研。2007年7月,上海党政代表团到苏浙两省进行访问交流,两省一市高层领导在区域发展问题上寻求和达成一系列的新共识。两个月后的9月下旬,浙江省党政代表团赴上海、江苏。与此同时,两省一市和16个城市各层次、各部门冠以"2007"的协调会、研讨会纷纷召开,长三角都市圈"大通关"建设协作机制建立;"十六枢纽、六廊、五圈"区域交通发展框架拟就,长三角都市圈各城市交通规划加快对接;港口、旅游、信息、科技、市场、现代物流、城市交通等开展了旨在推进长三角一体化的全面合作。而环保创新也成为长三角经济合作的重要内容。长三角都市圈创新体系建设联席会议制度也开始运作,围绕《长三角"十一五"科技发展规划》,推进长三角科技资源共享服务平台建设、重大科技项目的联合攻关、推进区域科技政策对接与资质的互认、推进长三角技术市场交流网络系统建设、加强国际科技合作等多项工作紧锣密鼓地展开。

此后,随着长三角区域规划、长江经济流域经济带等规划相继出台,长三角城市区域经济联系更加紧密(表8.3.1)。2008年,国务院推出了《关于进一步推进长江三角洲地区改革开放和经济社会发展的指导意见》。2010年,国务院正式批准实施长三角都市圈规划。2014年,《国务院关于依托黄金水道推动长江经济带发展的指导意见》及《长江经济带2014—2020年综合立体交通走廊规划》提到沿江五个城市群的发展规划和战略定位,其中首次明确了安徽作为长江三角洲城市群的一部分,参与长三角一体化发展。2016年,国务院批复《长江三角洲城市群发展规划》,提出优化提升长三角城市群。此后,党的十九大等相关系列文件都对长三角区域分工合作作了相关的安排和部署。

表8.3.1 长三角一体化历程中的重大政策

时间	事件主要内容
1982年	"六五"计划就曾正式明确"编制以上海为中心的长江三角洲的经济区规划",并建立"以上海为中心的长江三角洲经济区"。
1984年	国务院成立了上海经济区规划办公室。
1989年	撤销上海经济区规划办公室,长江三角洲第一次整合热潮就此结束。
1992年	上海、无锡、宁波、舟山、苏州、扬州、杭州、绍兴、南京、南通、常州、湖州、嘉兴、镇江14个市经协委(办)发起成立长三角14城市经协委(办)主任联席会,每年召开一次会议,依次在各市举行。
1997年	上述14市政府通过平等协商,自愿组织成立新的协调组织——长江三角洲城市经济协商会。第一次会议在扬州举行,会议提出要把长三角建设成为具有高度竞争力的经济共同体,并接纳泰州市为协调会新成员,成员总数增至15个。
2004年	长江三角洲城市经济协调会第五次会议,"接轨上海、融入长三角"成为区域发展的战略共识;首次建立议事制度,从务虚向务实议事转型。
2008年	《国务院关于进一步推进长江三角洲地区改革开放和经济社会发展的指导意见》发布。

续表

时间	事件主要内容
2010 年	国务院正式批准实施长三角都市圈规划。
2014 年	《国务院关于依托黄金水道推动长江经济带发展的指导意见》及《长江经济带2014—2020 年综合立体交通走廊规划》提到沿江五个城市群的发展规划和战略定位,其中首次明确了安徽作为长江三角洲城市群的一部分,参与长三角一体化发展。
2016 年	国务院批复《长江三角洲城市群发展规划》,提出优化提升长三角城市群。
2017 年	上海、江苏、浙江、安徽联合印发《长三角区域信息化合作"十三五"规划(2016—2020 年)》,提出建设国际一流智慧城市群;《中国共产党第十九次全国代表大会报告》提出以城市群为主体构建大中小城市和小城镇协调发展的城镇格局,推动区域协调发展。

资料来源:洪银兴(2003)、长三角江浙沪发改委网站等整理

四、长三角区域产业合作发展态势

(一)园区合作与共建的发展历程

尽管合作共建园区这一概念出现得较晚,但共建园区这种性质的合作却在20世纪80年代末就已经出现。沿海部分城市,如广州、深圳、上海等地,比国内其他城市先一步参与国际产业国内分工,大批量的劳动密集型加工业向这些地区转移,带动沿海地区的产业园区发展壮大。随着产业规模的进一步扩大,工业园区的发展囿于区域空间、要素流动、资源等方面的制约,不断从大城市周边往距离不远的中小城市寻找新的方向,而这一趋势最终的结果就是相同类型以生产型企业和加工基地为主的园区在周边进行空间集聚。然而这并不是严格意义上的合作共建园区,正式的合作共建园区是苏州工业园的成立。苏州工业园是1994年中国政府与新加坡政府共同建设开发的,拉开了中外经济技术互利共赢合作的序幕。经过20多年的发展,苏州工业园已经成为中新合作和国内产业园区发展的典范,已经发展成为产业发展良好、生态环境优美、人居环境优越的产业新城。

2003年,江苏江阴在靖江设立"江阴开发区靖江园区",开展跨江、跨区域的合作与发展。《关于支持南北挂钩共建苏北开发区政策措施》于2006年由江苏省政府出台,跨区域合作共建产业园区开始加速发展。2008年以后,合作共建园区

这一模式进入加速发展阶段,在上海、江苏、安徽等地作为一种重要的跨区域合作模式被广泛采用,在拉动欠发达区域地方经济的发展中取得突出成效。2010年8月,长三角园区共建合作专题组成立。2010年底,长三角园区共建合作专题推进工作会举行,确定了首批园区盟员成员单位40家。长三角园区共建联盟在推动长三角合作共建园区一直走在全国前列发挥了重要作用。目前,长三角都市圈合作共建园区的发展取得了积极进展,沪苏合作共建园区已经达到8家,江苏仅南北合作共建园区就有37家,浙江省"山海协作工程"启动了首批9个省级山海合作园区的建设。

(二)合作共建园区的发展模式

园区合作共建的模式随着时间的推移一直在不断变化,2000年以前基本上以市场自发共建为主。2000年以后,政府开始在园区共建中发挥主导作用,以行政手段推进合作园区的发展。2010年开始,市场机制开始在园区合作共建中发挥重要作用。

1. 市场自发共建阶段:2000年以前

该阶段主要是先期发展成熟的园区或大型企业受到土地、劳动力成本上升的影响,为保持成本优势向周边中小城市进行跨区域发展,将一些生产关联产品的加工环节进行产业转移,从而形成同类生产企业或加工基地的地理临近或空间聚集。由于这种共建的基础并不坚实,经过一段时间的发展,迁出的企业往往会选择在中小城市落地生根,真正成为当地的企业。这也是欠发达地区招商引资的一种重要形式。因此,从本质上讲,这一趋势只是工业园区或企业根据市场的情况进行生产要素的跨区域自发流动,还不是真正的园区共建,只能属于园区共建的萌芽期。

2. 政府主导共建阶段:2000年至2010年

由于沿海区域经济发展的不断加速,沿海区域与内陆区域的经济发展差距不断拉大,城市间发展不平衡现象日趋严重。即使是在江苏、浙江和广东等发达地区内部也是如此。由于依靠市场力量的产业梯度转移无法快速协调区域的发展,政府采用了利用行政的力量促进合作共建的形式。政府主导的合作共建主要分为两种形式:第一种形式是较高级别的政府为了促进本地区经济的协调发展,特别是加快落后地区发展,以行政手段的方式主导本行政区域内地方政府间开展合作共建,上一级政府和所辖发达地区政府在政策、资金、土地等方面给予合作共建园区支持,由发达地区的成熟园区参与欠发达地区的园区共建,并有计划地转移部分产业。这实际上是一种援建形式,合作双方并没过多地考虑距离、成本、产业等市场因素,由行政力量集中优势的资源进行建设,合作共建园区土地集约利用程度提高、管理规范、成效显著。第二种形式是发展水平较高的园区和周边市县的合作。合作的动力是园区面临土地日益紧张、产业转型升级等困境,而周边县市有加快经济发展的诉求。这种合作模式尽管在很大程度上仍是政府的行为,但在实际操作中已经更多地考虑到市场因素。基于合作的便利和产业配套能力,园区选址一般考虑周边经济基础较好的市县。如上海漕河泾新兴技术开发区多选择在苏南、苏中地区合作共建。这种模式与援建模式设立的共建园区不同,其在投资主体、招商引资、土地开发、税收分配等各个环节都建立了相互协作机制。

3. 政府引导、市场主体参与阶段:2010年至今

与单纯的政府主导发展的共建园区不同,这种方式在跨省级行政区域的合作较多,合作双方通过平等互利的市场机制建立合作开发关系。在合作双方政府的主导下,成立专业的合作共建园区运营管理公司,并引导市场主体来参与投资,共同来对园区进行投入建设并共享利益分成。该阶段的园区共建进入了成熟期,也表现出了成熟期的特征:首先,各园区的产业定位和创新特色凸显。通过不断发展,各城市政府也认识到工业园区要能吸引外资外企,其定位明确特色鲜明至关重要,因为各地都根据发展规划制定了园区的产业和发展定位,随着国家高新技术产业发展战略以及节能减排战略的实施,一些成熟的园区自主创新能力突出,共建园区在承接成熟工业园区的产业转移项目时都能凸显产业特色和节能环保的特点。其次,通过产业园区的不断发展,已经形成了一批成熟的具有发展特色及核心竞争力的园区,而区域内欠发达地区也形成了一批需要不断完善和成熟的工业园区,这些园区通过跨区域的园区共建,不仅能使得欠发达地区的园区借助成熟园区的优势实现跨越式发展,也能满足成熟园区冲破空间地域限制实现园区自身发展的需要。第三,以共赢发展为方向,市场和政府作用明显。各地政府在园区发展过程中认识到,园区发展必须基于市场的需求,以园区和企业为主体,根据其自身需求主动进行对接合作,政府主要起到引导、支持和服务作用,因此原来的由政府单一引导的自上而下的模式向市场机制自下而上促进区域产业协同发展和政府自上而下引导相结合的模式转变。在这一模式的驱使下,各地政府纷纷研究互利共赢的合作模式,通过梳理各方需求,共建园区谈判,寻找合作的合作模式,在此基础上,"飞地"模式、政企合作模式、项目招商模式等等应运而生,并有效地提高了园区共建的效率和成效。

(三)合作共建园区的合作模式

共建园区在发展过程中,需要合作双方根据各自需求,寻找最合适的合作共

建模式。目前,长三角都市圈共建园区的合作模式主要分为四种:股份公司整体开发模式、政园企合作共建模式、产业招商模式和结对援建模式。

1. 股份公司整体开发模式

股份公司整体开发模式主要指合作方(双方或多方),根据一定规则共同成立股份公司按照股本比例进行投资和利益分成。目前,跨省合作共建主要采用这一模式。例如,苏通科技产业园,其开发公司由中新苏州工业园区开发股份有限公司、南通经济技术开发区有限公司和江苏农垦集团有限公司组成,分别占股为51%、39%和10%。这一模式出现相对较晚,但从实际运作来看,由于引入了股份合作制,运作规范,双方积极性都很高,股份占比在园区发展成熟后还可以进行调整,一般会将园区的控股权逐渐交还当地,有利于园区的可持续发展。这种模式一般规划水平高,产业类型齐全,多以"产城一体、功能复合、宜居宜业"为建成目标。

2. 政园企合作共建模式

由迁入地政府、迁出地政府(园区)以及实体企业等,采取"多方合作、分工明确、多元投资"的模式进行共建园区的合作和建设。如南通海门的海宝金属工业园,其是由上海宝钢集团公司和江苏南通的海门市政府通过签订《宝钢海门合作开发协议》共同合作开发。政、园、企合作共建模式在实际操作过程中一般会采用"总部经济、异地生产、统一经营"的方式解决入园企业发展空间问题。这种共建模式下的企业一般都是大企业集团,在该企业入驻以后,围绕这个企业可以发展一系列的配套企业,对于当地形成产业集聚进而发展成为集群具有促进作用。

3. 产业招商模式

商会和行业协会的会员单位多为所在地同行业知名企业,对同行业具有很强的影响力和号召力。通过委托商会、协会协助招商,对入驻合作共建园区的项目,按实际进度予以奖励。例如,宿州市与中国轻工业联合会、中国皮革协会合作共建宿州市中国中部(宿州)鞋业基地,成功引进了百丽鞋业、东艺鞋业、康奈鞋业等国内知名的制鞋企业,探索出了一条中部地区承接转移劳动密集型产业的新模式和成功样板。

4. 结对援建模式

结对援建在江苏比较普遍。例如,江苏省实行南北挂钩共建产业园区的尝试,此外,长三角都市圈还有围绕大企业招商的"园中园"模式,对土地进行托管的"飞地经济"模式,以及以项目合作、交流合作、贸易合作等为重点的合作共建园区。

（四）长三角产业园区共建典型案例

1. 上海园区异地设立分园典型案例

（1）漕河泾（海宁）园区

2009年12月,上海漕河泾新兴技术开发区（海宁分区）,由浙江省海宁市人民政府、上海漕河泾新兴技术开发区和浙江省海宁经济开发区共同开发,其总面积有15平方公里。该园区采用股份管理公司模式,通过成立上海漕河泾新兴技术开发区海宁分区经济发展有限公司来进行园区开发、建设和管理。其产业定位也十分明晰,主要发展新能源、新材料、电子信息、生物医药和装备机械五大产业。海宁分区东距上海120公里,西离杭州60公里,北距苏州90公里,南离宁波150公里,交通便捷。有良好的职业教育和高等教育基础,人力资源丰富,全面执行海宁市对入区企业的优惠政策。

（2）外高桥（启东）产业园

上海外高桥集团成立于1999年。2009年,集团下属公司上海外高桥保税区联合发展有限公司与启东滨海工业园开发有限公司共同成立合资公司,其采用股份合作模式,在已有的开发区中设立以外向型、国际化大公司为主的共建园区。园区由股份公司进行统一管理,经营收益按股本分成,上海、启东各占60%和40%,规划面积5.33平方公里。

启东地处长江入海口,北临吕四港,西接南通港、宁启高速、沿海高速,南连外高桥港区、洋山港;启东市陆域总面积1258平方公里,其中滨海工业园29.66平方公里,相对上海土地成本低;产业园地处新开发的经济开发区,土地资源丰富,人力成本适中;周边上海、南京、苏州等大城市的综合性院校拥有大量高等教育毕业生,启东作为国务院首批批准的沿海开发区旨意,基础教育和技能教育资源丰富。

（3）张江（海门）科技园

上海张江高科技园海门区位于海门开发区滨江工贸区内,紧邻商务城北面,直接接轨上海,打造成科技创新的示范高地。海门属于上海一小时都市圈,在区位方面,具有邻近长江、接壤上海的独特优势。且园区产业定位明确,以生物医药、新材料等为主导方向。

（4）市北高新（南通）科技城

2011年初,5.24平方公里的市北高新（南通）科技城开始建设,项目由上海市北高新（集团）有限公司现金出资和南通国有资产投资控股有限公司现共同出资建设,分别出资90%和10%。上海市北高新集团（南通）有限公司由双方共同成立,公司主要参与规划园区内的配套建设及市政基础设施,最主要的是开展品牌输出管理模式对园区进行经营管理。

(5) 嘉定(建湖)科技园

嘉定(建湖)科技园是上海嘉定工业园区和江苏建湖经济开发区合作共建的科技园区,2009年8月签署正式合作协议,通过合资章程成立合资公司,注册资金5000万元,一起总投资10亿元,收益按股本结构分成。在不到半年的时间里,投入3000多万元,完成一期1080亩规划区域的道路及绿化、量化等配套工程。2008年11月份,江苏盐城出台的《关于推进盐沪开发区合作共建的政策意见》中明确11个重点开发区与盐城相关开发区签订合作共建协议,嘉定(建湖)科技园就是其中之一。嘉定(建湖)科技园不仅获得县政府的支持,还获得了省级政府的肯定。

(6) 昆山浦东软件园

2009年,上海浦东软件园有限责任公司与昆山软件园发展有限公司共同投资组建了昆山浦东软件园有限公司,园区的规划建筑面积70万平方米,总投资约30亿元。园区是一个集技术支撑、软件研发、教育培训、旅游休闲为一体的高科技产业发展基地。园区位于昆山巴城阳澄湖畔,是一个生态产业园区,集产业和科技研发,以及生活居住功能于一体。

表8.4.1 上海园区异地设立分园典型案例

	园区名称	合作双方	所在地	占地面积	管理模式	主导产业
1	漕河泾(海宁)园区	漕河泾园区与海宁市政府	浙江海宁	15平方公里	只设开发公司,坚持公司自主	电子信息、新能源、新材料、生物医药、装备机械
2	外高桥(启东)产业园区	外高桥集团与启东市政府	江苏启东	5.33平方公里(约8000亩)	管办分离,开发公司主导	生产加工业
3	张江(海门)科技园	上海张江园区与海门经济开发区	江苏海门		设管委会	高新科技
4	市北高新(南通)科技城	上海市北高新(集团)有限公司与南通市港闸区人民政府	江苏南通	5.24平方公里		高端制造业、信息技术服务业、新能源产业
5	嘉定(建湖)科技园	嘉定工业园区与江苏建湖经济开发区	江苏建湖	5000亩	管办分离,开发公司主导	照明、石油机械、汽配、五金
6	昆山浦东软件园	上海浦东软件园有限责任公司与昆山软件园发展有限公司	江苏昆山	70万平方米		软件产业及相关配套服务业

2. 上海各区县异地园区典型案例

上海除了从市级层面引导企业和外地成立园区,同时,各区县也根据自己产业发展状况,积极引导企业走出去和长三角其他市县共建园区(表8.4.2)。

(1)杨浦区"一个园区两个基地"杨浦区60平方公里的面积难以满足大量企业新建或扩建生产基地的需要,2009年10月正式开建江苏大丰和海安的上海杨浦工业园。伴随两个园区建设,上海杨浦区的产业布局将形成总部及研发在上海、生产在外地的"总部经济、异地生产、统一经营"的一园两基地布局。合作园区的建设由两地政府相关职能部门共同组成园区管委会负责,园区招商企业主要面向杨浦现有企业,作为独立投资主体,独立承担成本费用,独立生产建设,园区前五年产生的地方税收全部用于园区建设,后按比例分成。

(2)连云港(上海)工业园

2004年7月,上海奉贤区奉城中心镇与灌南县签订了"上海市奉城中心镇与江苏省灌南县友好合作协议",并与2004年9月合作共建"连云港(上海)工业园"。灌南县在灌南经济开发区和连云港(堆沟港)化学工业区内提供6.5平方公里的土地,而奉城镇则为园区成立了运作公司,负责基础投入和设施建设和招商引资。在合作基础上,主要利用灌南的园区用地、用工、用电、用水等资源优势,税收收益采取灌南县和奉城镇对半分成。

表8.4.2 上海各区县异地园区典型案例

	园区名称	合作双方	所在地	占地面积	管理模式	主导产业
1	杨浦区的两个基地园区	杨浦区政府与大丰、海安市政府	江苏大丰海安	大丰:764亩 海安:504亩	只设管委会,管办合一	制造业
2	连云港(上海)工业园区	奉贤区奉城中心镇与江苏省灌南县	江苏灌南	6.5平方公里	管办合一	化学工业

3. 上海大型企业集团、高校异地园区典型案例

大型国有企业和外资企业、民营企业也开始大量走出去,和外地区县共建园区,形成了许多典型案例(表8.4.3)。

(1)大丰上海光明工业园

2008年8月26日,光明食品集团与江苏省大丰市举行共建大丰市经济技术开发区上海光明食品工业园签约仪式,其是以食品工业和现代制造业为主导的工业园区,总体规划面积5万亩。主要规划三个功能板块:食品工业园,规划面积

4500亩,包括综合生产区、原辅材料加工区、高新技术食品生产区、海产深加工区等。现代制造产业园,规划面积7500亩,主要为食品工业配套的机械、包装以及承接上海产业转移的机电、电子等现代制造等产业。

(2)城投(启东)江海产业园

2011年3月,上海城市建设投资开发总公司和江苏启东市人民政府决定在启东市合作共建规划面积32.5平方公里的中国江海产业经济园。园区发展方向为定位打造成上海与江苏合作、面向国际市场的产业基地。

(3)宝钢海宝工业园

宝钢集团公司与江苏海门市政府于2010年5月,签订了《宝钢海门合作开发协议》,落户磁性材料项目、金属钢构项目和精密钢丝项目。海宝工业园占地2.5平方公里,产业定位为钢材延伸工业、循环经济产业、物流产业等。根据协议,双方以组建工作组的方式负责园区的整体开发。海门是南通市下属的一个县级市,是苏中北地区接轨上海的第一桥头堡和苏通大桥的第一门户,特殊的区位交通优势、丰富的江海资源优势、良好的文化教育优势以及同城效应、枢纽效应、洼地效应的"三个效应"优势是宝钢选择海门的主要原因。

(4)山东济阳上海工业园

2008年1月3日,上海晟策实业有限公司和山东济阳县政府签订协议合作共建山东济阳上海工业园,园区定位于吸引上海因举办世博会二外迁的企业或外溢的资金项目到济阳落户,主要吸收机械电子、纺织服装、医药化工、食品饮料等产业。该园区由上海晟策实业有限公司全额投资兴建,总投资1.35亿美元,总体规划占地面积1200亩。

(5)复旦大学海门科技园

2011年4月,上海复旦科技园股份有限公司与海门经济开发区签订协议,总投资约20亿元的复旦科技园(江苏)有限公司正式落户开发区滨江新城区。该项目重点发展新材料、电子信息、生物工程等产业的研发和培训等,并重点引进国家重点实验研究中心,着力打造复旦大学科研、培训、中试和成果转化和推广基地。园区位于开发区滨江新城区圩角河南侧、大生路北侧,总面积1000亩。

表 8.4.3　上海大型企业集团、高校异地园区典型案例

	园区名称	合作双方	所在地	占地面积	管理模式	主导产业
1	大丰上海光明工业园区	上海光明集团与江苏大丰市政府	江苏大丰	5万亩	设管委会	食品深加工、现代制造业
2	城投(启东)江海产业园	上海市城市建设投资开发有限公司与启东市人民政府	江苏启东	32.5平方公里	政企分离,"管委会+开发公司"模式	战略性新兴产业、加工制造业、装备制造业、产生性服务业
3	宝钢海宝工业园	宝钢集团与南通市政府	江苏海门	2.5平方公里		钢材延伸工业、循环经济产业、物流产业
4	山东济阳上海工业园	上海晟策实业有限公司与山东济阳县政府	山东济阳	1200亩	管办分离,公司主导	机械电子、纺织服装、医药化工、食品饮料
5	复旦大学海门科技园	上海复旦科技园股份有限公司与海门经济开发区	江苏海门	1000亩		电子信息、新材料、环保科技、生物工程

五、长三角城市区域产业协调发展思路

(一)加强区域一体化法律法规建设

2010年5月24日,据国家发展和改革委员会介绍,国务院正式批准实施的《长江三角洲地区区域规划》明确了长三角都市圈的战略定位,即亚太地区重要的国际门户、全球重要的现代服务业和先进制造业中心、具有较强国际竞争力的世界级城市群;到2015年,长三角地区率先实现全面建设小康社会的目标;到2020年,力争率先基本实现现代化。区域规划的最大亮点也是最核心之处,是明确了长三角的区域布局。规划提出,按照优化开发区域的总体要求,统筹区域发展空间布局,形成以上海为核心,沿沪宁和沪杭甬线、沿江、沿湾、沿海、沿宁湖杭线、沿湖、沿东陇海线、沿运河、沿温丽金衢线为发展带的"一核九带"空间格局,推动区域协调发展。在此基础上,规划详细阐述了各个城市的产业发展重点,试图破解长三角城市在产业分工与定位上的"同构"困局。

以上政策明确了长三角的区划范围和战略定位,长三角都市圈的一体化发展需要更健全的法制保障。国家统一法制满足不了特定区域发展的需要,长三角经

济的一体化也需要有更优越的环境或平台来建立一种积极促进经济互动、加强紧密合作的法制,一种具有实现协调和安排功能的法制,从而保证长三角进一步克服内耗、优化组合,实现共同发展和繁荣。对长三角经济一体化进程中的重要事项,应通过地方立法和制定规章来加以保障。当然,各省市的地方性法规和规章,应当保持一致。为了保证这种一致性,有关议案可以根据所缔结的行政契约、磋商结果、所沟通的信息或者咨询论证报告来拟定和提出。以中央和地方的职责分工为前提,在国家统一法制的基础上谋求多元法制的协调,不断强化和完善这些机制,充分发挥其功能,是进一步推进长三角经济一体化的必然选择。

(二)营造区域无障碍的法制环境

法制的作用在于使合作具有约束性,从而减少交易成本,对于长三角都市圈而言,所需的法律基础有两个层面,一是国家对区域经济合作的法律法规,二是地方性法律法规的支持。长三角都市圈各城市应该根据中央的法律法规,以制度创新先行,践行相关产业制度,加强各城市间的产业合作与协调。在全国统一的法律和政策体系的指导下,逐步修正和统一各城市的地方性法规和政策,如户籍制度、就业制度、住户制度、教育制度、医疗制度、社会保障制度等,废除与产业一体化有冲突的地区性政策和法规,协调各地既有的经济社会发展战略。长三角各级协调机构可在国务院的统一协调下,研究制定如《长江三角洲地区产业合作条例》《长江三角洲地区产业开发与管理法规》等,营造无障碍的法律法规环境,通过共同的立法和执法来加强长三角都市圈的产业合作。

(三)加强规划的引导作用

当前经济转轨和产业结构调整的重要时期,城市规划的控制与引导作用尤其显得重要。规划引导产业发展和城市建设,有利于统筹安排,促进各方面协调发展,达成一定时期内的经济和社会发展目标。日本东京都市圈的发展过程中,政府的引导作用始终贯穿其中。自东京都市圈成立以来,基本规划和分项规划完备,并随着实际情况做调整,有效避免了发展过程中的很多矛盾和问题。长三角都市圈涉及的地区跨越了行政区划,更需要有系统的规划站在更高的角度从整个长三角都市圈的协调发展出发做出合理安排和布局,为各城市的发展指明方向。从"两省一市"的历次规划可以看到,各地区的长三角定位和产业结构已初步明确,但主导产业发展仍有一定趋同,这说明规划的确能有效引导各地区的合理发展,但各地区的规划从一定程度上局限于本土区域的发展从而导致产业定位的趋同性。未来应从整个长三角都市圈进一步加强规划的引导作用,巩固中心城市的核心地位和带动作用,指导各地区结合自身特点形成产业细分方向上的分工合作。

（四）加强城市间的错位发展和分工协作

长三角都市圈由于各地区在发展基础、资源禀赋、交通条件等要素条件上存在差异，正处于工业化和城镇化的不同发展阶段，近年来城市间的分工趋势愈加凸显。长三角都市圈以上海为中心，向外围的经济势能逐渐降低，核心—外围结构明显。长三角都市圈各城市制造业规模水平及专业化程度存在一定差异，存在相关互补性，为彼此间的产业协同发展提供了良好的基础。未来应进一步发挥各城市的比较优势，实现错位发展，并形成产业链上的合作。长三角都市圈以生产性服务业为代表的第三产业集聚度远高于制造业，未来上海周边城市高层次的需求仍应依托上海，特别是在金融保险服务、交通物流、科技教育等方面，加强与核心城市的对接和联系。长三角都市圈各城市的发展应总体按照产业互补性、空间邻近性等原则，保持上海的中心城市的带动作用，强化各次中心城市在上海与其他子圈层之间进行要素流动的中转枢纽功能，通过组团式协同，形成更为有序的协调分工格局。

（五）以园区为载体探索产业利益共享机制

随着长三角都市圈一体化态势愈加明显，各地区之间的产业转移已有诸多实践。当前典型的产业转移模式有"园区共建"模式和"飞地经济"模式等，未来应继续探索以园区为载体，实现产业转移与承接的利益分享。首先是转移模式的创新。"园区共建"可探索扶持共建、合作共建、托管建设、产业招商和股份合作等多元化模式，比如股份合作模式，运用企业化运作和管理的方式，权责清晰，能较好地实现利益分享；"飞地经济"也应突破当前以政府操作为主的模式，适当引入企业集团组成三方合作团队共同进行飞地开发建设。其次是协调机制的建立。一是要强化中央政府在长三角产业联动中的重要作用，建立地方政府的利益协调机制，设立区域性议事机构，提出并通过具有法律约束力的统一规划和政策，用民主的方式来解决由于地方博弈而带来的整体利益机制无法建立的情况。二是可通过行业协会、商会、长三角城市经济协调会等中介机构参与协商，作为第三方为产业转移各方提供普遍接受、权威及时的解决方案。再次是创新成果的共享。为了提升长三角都市圈整体产业能级，上海等核心城市要利用已有的研发机构和人才优势，逐渐成为长三角都市圈的创新动力源，将当地企业、科研机构所产生的研发成果能在长三角都市圈其他商务成本相对较低的区域实现产业化，各方共享技术创新的效益。

(六)以产业为依托实现区域间联动发展

区域产业联动的模式有:(1)垂直型联动——基于产业链的联动。在供求链中紧密联合所有合作伙伴创造一体化商业链,要素流动和产业转移是主要实现方式。(2)水平型联动——基于创新的联动。以提升区域整体产业能级为目标,开展技术、制度等领域的联动,产业联盟是主要实现方式。因此,未来长三角都市圈各地区应明确自身区域定位,根据不同行业的特点和企业的共性需求探索合适的联动方式,建立高新技术产业的水平分工创新网络,将特定产业的低端环节转移出去,与周边地区形成异地分工。在此过程中,首先要发挥好政府的关键作用:一是继续打破区域之间的行政壁垒,促进产品和要素的自由流动;二是提供区域无差异的公共产品,增加基础设施的可达性;三是引导建立区域性的行业自治组织,通过行业内部协商来形成行业规范、产业标准等。其次,是发挥各地区创新资源、科技中介机构的作用,搭建创新资源共享平台、产学研平台、国际技术交流平台,培育跨区域产学研合作体系,拓展产业转移的空间。再次,是将核心城市的金融功能和创新资源嫁接,培育科技金融市场体系,为长三角都市圈的技术创新提供资金支持,为产业联动发展提供后备支持。

(七)以企业为主体鼓励创新分工合作模式

产业发展的主体是企业,长三角都市圈产业协调发展最终还是要依托企业,因此要推动区域间企业联盟。第一,上海等核心城市要着手培育本土企业和跨国公司的联盟,从而提升城市竞争力加强对外的辐射作用。长三角都市圈是我国高端外资最为集中的区域,为了缩小本土企业与跨国公司在产品和技术上的差异,应鼓励跨地区、跨国别的企业兼并活动和合作,让企业充分吸取跨国公司在科技创新中的溢出效应,加快融入国际研究开发网络系统。第二,各地区应重点培育本土龙头企业的联盟。对于已经具备一定实力,拥有自己研发机构的龙头企业,应引导他们改变过去各自为政、互相竞争的陈旧模式,在特定领域或重点项目攻坚上组建研发战略联盟,提高长三角都市圈企业的整体创新实力。基于制造业在长三角都市圈的专业化差异,可适当进行产业重组和跨区域联盟,形成一批更具规模、立足长三角甚至跨国发展的巨型企业集团。第三,各地区要积极培育中小企业联盟。中小企业是长三角都市圈经济发展的主力,若能有效利用将发挥不可估量的作用。但由于企业规模普遍偏小,若不正确引导,将会导致产品重复开发、产业同构等问题。未来应建立和完善中小企业服务,为中小企业提供科技、投融资、咨询等一系列服务,为中小企业的发展壮大创造环境,从而培育出一批行业"隐形冠军"和特色企业。

在此过程中,依然需要地方政府加强协调合作。首先,要建立统一的产权交易机构,为跨地区产权重组、异地并购、产权交易等活动创造条件。鼓励龙头服务企业以品牌、专利等知识产权为纽带,通过担保资金或允许知识产权作为贷款抵押,跨省市、跨行业进行兼并和重组;支持符合条件的服务业企业,进入资上海市场融资。其次,要建立长三角区域人才自由流动机制:一是专业技术职务任职资格互认;二是通过三方互设分支机构,互为代理的方式,开展异地人才服务;三是以项目合作为主要载体,推进高层次人才智力共享。专业技术人员继续教育资源共享。再次,要建立长三角区域统一的市场准入标准和资格认证政策。建立长三角区域统一的信用指标体系和评价标准,实行统一的市场准入制度,完善统一的商标保护制度。建立区域性统一的资信认证标准。建立区域性安全认证机构,对取得安全认证标志的产品制定流通规范,允许在长三角区域自由流通。

六、长三角城市区域产业合作主体策略

(一)构建长三角政府间多层次行政协调机制

在经济全球化和区域经济一体化的大背景下,面对上海产业结构调整、产业转移加快的趋势以及外省市承接转移的特点,要切实为上海中小企业向长三角产业转移服务,必须加强与江浙两省的合作,真正实现相互联动、协调发展的格局。

经过多年发展,长三角政府间已形成了多层次的合作模式。一是形成了政府间合作协调机制。省市一级有定期的两省一市领导座谈会;地市一级有每年定期的城市协调会;部门间的合作也进入了实质性阶段,人事、旅游、规划等部门间签订了一体化合作的具体协议。同时,各级政府间对优化产业布局、避免恶性竞争、形成错位优势、加强产业集群、提升区域整体综合竞争力都基本达成了共识,从政府资源的角度创造了可行性。二是基础设施正逐步衔接、不断完善。长三角范围内的立体交通网络、快速物流网络、信息交互平台、组合港口群正在快速形成,各种全国性和区域性的要素市场正在加快建设,其发挥的作用正在不断增强。三是企业间合作不断强化,交往日益频繁。由于交流障碍的不断减少,相互间人才、物质、资金、信息等交流日趋频繁,合作范围和空间不断加大加深,往往是"头脑"在上海,身体在江浙,初步形成一定层次的产业分工。

在此基础上,建立政府与政府间,职能机构与职能机构间多层次的服务网络。一是可以建立规划协调机制。建立上海与江浙省市、县产业规划、区域空间规划、园区规划等规划导向协调机制,由市经信委等相关委办按事权协商牵头,国资委、环保局、市政府发展研究中心等部门,以及有关区县政府等单位定期联合地研究相关规划,定期协调和通报各条线推进贯彻落实规划的相关情况。二是针对企业跨区域的产业合作,建立各层次的跨部门、跨区域行政部门联席会议协调机制。通过各层次联席会议机制,明确相关部门工作目标和任务,制定工作计划和推进措施。三是主动与长三角省市政府沟通,为上海企业在长三角的发展创造良好的氛围。由政府职能部门,在了解江浙两省与上海产业合作意向的基础上,可邀请市政府相关委办共同参加,定期与长三角省市相关部门开展沟通磋商,沟通相关情况形成简报内参上报市委市政府领导。四是成立企业产业转移协调委员会。上海市相关职能部门与外省市相应部门、机构共同组成协调委员会,负责协调和推进上海企业在产业转移过程中遇到的问题和障碍。五是建立检查和报告制度。将服务企业向长三角产业转移作为上海发挥龙头带动作用,加强长三角合作的主要工作内容,建立每年定期报告和检查工作制度。

(二)构建政府间合作框架协议

形成长三角政府间合作框架协议,强化政府间合作机制,是降低长三角企业分工合作风险的有力保障。一是可以在省市政府层面,探索由上海市政府产业主管部门及重要的行业协会与当地政府,以意向书、框架协议、工作备忘录等形式,签署相关专项合作协议,以政府行政签约方式,确立省市层面上的战略合作框架,明确未来产业紧密合作示范区统计、税收等共享机制,并规范政府服务和管理行为。二是在区县层面上,在上海市部分区县与各地建立友好城区基础上,进一步签署建立产业园区的政府性框架协议,支持上海企业向长三角承接地集群式转移。三是在行业层面,两地行业协会可签署战略合作协议,相互支持、服务于行业内企业到长三角承接地投资。四是在企业层面,由已经转移的标杆企业牵头,组织相关企业与当地政府或开发区管理机构签署企业自律、承担社会责任和政府规范管理、服务的协议书。通过这些政府间具有法律意义的战略合作框架协议的签署,明确相关合作机制,确定合作模式、协调机制、为上海企业向长三角产业转移解除相关顾虑。

(三)搭建产业园区合作平台

集聚效应是一种常见的经济现象,企业集聚发展,可以享受由于规模经济与范围经济效应带来的成本优势,企业在一定区域内的相互邻近,可以降低运输成本、库存成本、交易成本,使得信息的搜寻与获得更加迅速,由于企业的集聚带来劳动力的集聚,从而减少了劳动力的搜寻成本;可以促进分工与合作,能够更好地发现各个企业的比较优势,从而提高资源的利用效率;企业的组团转移,还能更大程度取得承接地更加优惠的政策。考虑到园区是承接上海企业产业转移最重要的落脚点,可以优先考虑上海品牌园区在长三角建立园区的情况,围绕上海漕河泾、金桥、外高桥、市北工业园区品牌园区的长三角共建园区以及长三角园区共建联盟成员,搭建起长三角产业园区合作平台。定期组织上海企业与品牌园区长三角分园区的相关负责人开展座谈沟通会议,或组织专题考察活动,使上海企业了解上海品牌园区在长三角共建园区的发展状况以及长三角其他园区的产业生态环境,鼓励同行业的企业选择相同或邻近的园区转移,以获得更多的集聚优势。

(四)搭建企业合作的对接推介平台

在推进上海企业向长三角产业转移的过程中,还是应该按照政府引导,市场运作,企业主体,社会参与的方针,政府引导也具有不可替代的作用。上海和长三角省市政府应该搭建起对接合作的推介平台,特别是推介洽谈活动,是链接区域合作和企业服务的积极举措,为企业获得更多信息、创造更多合作机会等都起到重要作用。上海市相关职能部门、有关区县政府、有关行业协会、有向长三角产业转移的企业、长三角重点园区以及有关决策研究部门等可与长三角相关省区的职能部门、园区、决策部门等共同参与,定期组织举行对接会和洽谈推介会,搭建面对面沟通桥梁。一是可围绕大项目、产业链开展对接。为使企业长三角转移形成集团式、集聚式、集群式的新格局,可围绕"走出去"拓展产业发展空间的龙头企业、大项目,定期举行信息发布沟通会议,邀请相关产业链上下游的企业以及长三角承接地政府、园区等共同参加,形成企业组团式集群走出去创造条件。二是组织小型对接洽谈会。根据各个园区、行业的企业向长三角转移的不同需求,不定期地组织个性化的产业跨区域合作洽谈会,有针对性地举行个性化的小型对接会,一方面邀请企业有意向的长三角园区充分推介展示自己的比较优势、优惠政策和发展定位,另一方面可以请上海企业阐述未来的发展战略、投资意愿与布局设想,让长三角的园区更加了解上海企业的发展需求。三是定期举行综合性的大型上海企业赴长三角合作推介洽谈会。邀请有到长三角发展的上海企业,以及长三角地区的政府、园区等共同参加,采用"多对多"形式,通过推介展示各产业园区的比较优势、供需互动、双向开放,为上海企业提供更多的选择,有序引导企业向长三角产业转移发展。四是与专门的职能机构联动。与国家商务部在上海的基地之一——产业转移促进中心(由商务部、上海市商务委和上海市漕河泾新兴技术开发区共建)联动,利用国家商务部、上海市商务委的对外招商、联络渠道以及投资促进平台,双方共同协助组织或承办大型投资促进活动、项目对接洽谈,为企业向长三角产业转移发展创造更好的条件。

（五）建立利益多方共享机制

从上海和长三角两地政府层面来看,要以利益共享,多方共赢为宗旨,确立共同利益基础上的"共赢思维",特别是在园区共建方面,既要考虑上海充分利用"飞地"政策及长三角承接地商务成本相对较低、土地资源丰富、交通条件优越、各方支持认同等方面的优势,为上海企业产业转移提供了空间,也要考虑长三角承接地未来经济社会发展的需求,当地推动经济社会跨越式发展的战略任务,更要从战略高度推动国家有关区域开发战略的需要。从已有的园区合作成功案例来看,利益共享机制完善与否是合作成功与否的重要保证。主要模式有:一是提供优惠政策。如海宝工业园,2010 年 5 月,宝钢与江苏海门市政府正式签订《宝钢海门合作开发协议》,根据协议,入园企业以集团子公司为主,企业直接享受海门政府土地和税收优惠。园区规划由集团统一控制,入园企业根据功能分区,选择合适地块落户园区,地方政府基本不做实质性审批。二是返税支持。如为了调动苏南对苏北援建的积极性,江苏省政府特别规定,对宿迁工业园、苏通科技园等共建园区的新增值税、所得税省、市、县留成部分,全部由省、市、县财政补贴给共建园区,用于滚动发展;省财政对用于园内的基础上设施建设的贷款进行贴息等。为了保证园区健康发展,工业园合作期限内前 10 年产生的所有收益,合作双方都不进行分配,全部用于园内滚动发展,这种在跨省市合作的园区中也非常普遍。三是税收分成。政府之间的园区合作很重要的内容就是税收分成,如"杨浦异地工业园"实行利益共享,协议约定。从政府与企业层面来看,要努力寻求向长三角产业转移的企业、上海政府与长三角承接地等多方共赢、合作开发的利益纽带。要让上海获得企业产业转移带来的结构调整和产业升级的成果;让长三角承接地共享上海产业资本、相对较高的产业技术、品牌园区以及商务网络带来的利好,推动当地经济社会跨越式发展、城镇化加快步伐、当地人民生活水平较快提高;让上海企业享受政府间共赢发展带来的税收优惠、融资支持、人才培训、问题协调等等福利。

七、本章小结

改革开放以来,长三角都市圈的经济出现了迅猛发展的态势,由于公路铁路网络的不断建设,城市之间的合作更为紧密,城市的功能不断增强,合作的加强使得产业体系更加完善。根据中央的规划纲要和城市间自身发展的要求,长三角都市圈出现了一体化发展的局面。上海与长三角都市圈的企业城市的合作交流日益频繁,受到市场力量的驱动,政府方面进行了一系列的政策研究、机制完善、合作联动等,从而大力推进了长三角都市圈一体化发展。近些年来,长三角都市圈内的经济合作从广度、深度到宽度都上了新的层面,政府、企业、非政府组织方面都开展了多方面的合作和联动发展。

合作共建园区是长三角产业合作的一种重要型式。园区合作共建的模式随着时间的推移一直在不断变化,2000年以前基本上以市场自发共建为主。2000年以后,政府开始在园区共建中发挥主导作用,以行政手段推进合作园区的发展。2010年开始,市场机制开始在园区合作共建中发挥重要作用。共建园区在发展过程中,需要合作双方根据各自需求,寻找最合适的合作共建模式。目前,长三角都市圈共建园区的合作模式主要分为四种:股份公司整体开发模式、政园企合作共建模式、产业招商模式和结对援建模式。

未来长三角城市区域产业协调发展,第一,加强区域一体化法律法规建设;第二,营造区域无障碍的法制环境;第三,加强规划的引导作用;第四,加强城市间的错位发展和分工协作;第五,以园区为载体探索产业利益共享机制;第六,以产业为依托实现区域间联动发展;第七,以企业为主体鼓励创新分工合作模式。未来长三角城市区域产业合作策略,第一,构建长三角政府间多层次行政协调机制;第二,构建政府间合作框架协议;第三,搭建长三角产业园区合作平台;第四,搭建企业合作的对接推介平台;第五,建立利益多方共享机制。

参考文献

一、经典著作与中文译著

[1] [美]埃德加·M.胡佛:《区域经济学》,王冀龙译,商务印书馆1990年版。

[2] [圣卢西亚]威廉·阿瑟·刘易斯:《国际经济秩序的演变》,乔依德译,商务印书馆1984年版。

[3] [美]贝恩:《产业组织理论》,经济管理出版社2003年版。

[4] [英]达尔文:《物种起源》,周建人、叶笃庄、方宗熙译,叶笃校,商务印书馆1995年版。

[5] [德]霍夫曼:《工业化的阶段和类型》,中国对外翻译出版公司1980年版。

[6] [美]西蒙·库兹涅茨:《现代经济增长》,戴睿、易诚译,北京经济学院出版社1989年版。

[7] [美]西蒙·库兹涅茨:《各国经济增长的数量方面》,常勋译,商务印书馆1999年版。

[8] [德]马克思:《资本论(第一卷)》,人民出版社2004年版。

[9] [英]马歇尔:《经济学原理》,朱志泰、陈良璧译,商务印书馆1965年版。

[10] [美]迈克尔·波特:《竞争战略》,姚宗明、林国龙译,三联书店1988年版。

[11] [英]威廉·配第:《政治算术》,陈冬野译,商务印书馆1978年版。

[12] [美]钱纳里等:《工业化和经济增长的比较研究》,吴奇等译,上海三联书店1993年版。

[13] [日]山泽逸平:《亚洲太平洋经济论:21世纪APEC行动计划建议》,范

建亭等译,世纪出版集团2001年版。

[14][美]斯蒂格利茨:《政府为什么干预经济——政府在经济中的角色》,郑秉文译,中国物资出版社1998年版。

[15][日]藤田昌久、[美]保罗·克鲁格曼等:《空间经济学——城市、区域与国际贸易》,梁琦译,中国人民大学出版社2005年版。

[16][美]沃西里·里昂惕夫:《投入产出经济学》,崔书香译,商务印书馆1990年版。

[17][奥地利]熊彼特:《经济发展理论》,何畏等译,商务印书馆1990年版。

[18][英]亚当·斯密:《国民财富的性质和原因的研究(上卷)》,郭大力、王亚南译,商务印书馆1972年版。

二、中文著作

[1]陈建军:《区域产业转移与东扩西进战略》,中华书局2002年版。

[2]陈凌:《民营经济与家族企业成长》,经济科学出版社2006年版。

[3]陈锡康:《中国城乡经济投入占用产出分析》,科学出版社1993年版。

[4]崔颖:《上海合作组织区域经济合作——共同发展的新实践》,经济科学出版社2007年版。

[5]《2013-2015年中国区域经济发展报告》,社会科学文献出版社2015年版。

[6]冯俊:《中华人民共和国国情词典》,中国人民大学出版社2011年版。

[7]洪银兴、刘志彪等:《长江三角洲地区经济发展的模式和机制》,清华大学出版社2003年版。

[9]史晋川:《制度变迁与经济发展:温州模式研究》,浙江大出版社2002年版。

[10]世界银行:《1997年世界发展报告:变革世界中的政府》,中国财政经济出版社1997年版。

[11]苏东水:《产业经济学》,高等教育出版社2005年版。

[12]孙久文:《区域经济学教程》,中国人民大学出版社2003年版。

[13]万解秋:《政府推动与经济发展:苏南模式的理论思考》,复旦大学出版社1993年版。

[14]吴敬琏:《中国增长模式抉择》,上海远东出版社2006年版。

[15]吴柏均、钱世超:《政府主导下的区域经济发展》,华东理工大学出版社

2006年版。

[16] 吴柏均、潘春阳等:《中国城镇化的经验与理论研究:长三角地区的发展格局与未来道路》,上海人民出版社2015

[17] 张仁寿、李红:《温州模式研究》,中国社会科学出版社1990年版。

[18] 朱华晟:《浙江产业群——产业网络、成长轨迹与发展动力》,浙江大学出版社2003年版。.

[19] 周振华:《产业结构优化论》,上海人民出版社1992年版。

[20] 周振华、陈向明、黄建富:《世界城市——国际经验与上海发展》,上海社会科学院出版社2004年版。

[21] 张平、刘霞辉:《中国经济增长前沿》,社会科学文献出版社2007年版。

三、中文论文

[1] 安礼伟、张二震:《全球产业重新布局下长三角制造业转型升级的路径》,载《江海学刊》,2015年第3期。

[2] 陈建军:《中国现阶段产业区域转移的实证研究——结合浙江105家企业的问卷调查报告的分析》,载《管理世界》,2002年第6期。

[3] 陈建军:《长江三角洲地区的产业同构及产业定位》,载《中国工业经济》,2004年第2期

[4] 陈建军:《长三角:从点轴发展走向网络发展——兼论杭宁发展带的建设》,载《浙江社会科学》,2005年第4期。

[5] 陈建军、陈国亮、黄洁:《新经济地理学视角下的生产性服务业集聚及其影响因素研究——来自中国222个城市的经验证据》,载《管理世界》,2009年第4期。

[6] 陈立敏:《国际竞争力等于出口竞争力吗?—基于中国工业的对比实证分析》,载《世界经济研究》,2010年第12期。

[7] 陈志建、王铮:《中国地方政府碳减排压力驱动因素的省际差异——基于STIRPAT模型》,载《资源科学》,2012年第4期。

[8] 程瑜、王玉玲、阎敏:《FDI与产业结构升级:西部的实证分析》,载《经济问题》,2012年第7期。

[9] 代中强:《制造业与生产者服务业的互动关系——来自长三角的证据》,载《产业经济研究》,2008年第4期。

[10] 戴梦莹:《中心城市集聚与扩散运行规律的研究》,浙江大学博士学位论

文,2013年。

[11] 戴越:《资源与环境约束下的产业结构优化研究》,载《学术交流》,2014年第2期。

[12] 杜传忠、王鑫、刘忠京:《制造业与生产性服务业耦合协同能提高经济圈竞争力吗?——基于京津冀与长三角两大经济圈的比较》,载《产业经济研究》,2013年第6期。

[13] 范剑勇:《市场一体化、地区专业化与产业集聚趋势——兼谈对地区差距的影响》,载《中国社会科学》,2004年第6期。

[14] 范剑勇:《长三角一体化、地区专业化与制造业空间转移》,载《管理世界》,2004年第11期。

[15] 范剑勇:《产业集聚与地区间劳动生产率差异》,载《经济研究》,2006年第11期。

[16] 冯根福、石军、韩丹:《股票市场、融资模式与产业结构升级——基于中国A股市场的经验证据》,载《当代经济科学》,2009年第3期。

[17] 冯泰文:《生产性服务业的发展对制造业效率的影响——以交易成本和制造成本为中介变量》,载《数量经济技术经济研究》,2009年第3期。

[18] 冯梅:《比较优势动态演化视角下的产业升级研究:内涵、动力和路径》,载《经济问题探索》,2014年第5期。

[19] 符正平、曾素英:《集群产业转移中的转移模式与行动特征——基于社会网络视角的分析》,载《管理世界》,2008年第12期。

[20] 傅强、魏琪:《全球价值链视角下新一轮国际产业转移的动因、特征与启示》,载《经济问题探索》,2013年第10期。

[21] 高传胜、刘志彪:《生产者服务与长三角制造业集聚和发展——理论、实证与潜力分析》,载《上海经济研究》,2005年第8期。

[22] 高峰、刘志彪:《产业协同集聚:长三角经验及对京津唐产业发展战略的启示》,载《河北学刊》,2008年第1期。

[23] 龚铁、顾高相:《技术创新推动下的中国产业结构》,载《科学学研究》,2013年第8期。

[24] 宫再静、梁大鹏:《中国CO_2排放量与产业结构优化的互动关系研究》,载《中国人口·资源与环境》,2015年第2期。

[25] 顾乃华、毕斗斗、任旺兵:《生产性服务业与制造业互动发展:文献综述》,载《经济学家》,2006年第6期。

[26]顾乃华、毕斗斗、任旺兵:《中国转型期生产性服务业发展与制造业竞争力关系研究——基于面板数据的实证分析》,载《中国工业经济》,2006年第9期。

[27]顾乃华、朱卫平:《府际关系、关系产权与经济效率——一个解释我国全要素生产率演进的新视角》,载《中国工业经济》,2011年第2期。

[28]顾乃华:《我国城市生产性服务业集聚对工业的外溢效应及其区域边界——基于HLM模型的实证研究》,载《财贸经济》,2011年第5期。

[29]郭熙保、柯林:《克拉克的经济进步理论述评》,载《经济学动态》,1993年第6期。

[30]郭志仪、郑钢:《境外直接投资与发展中国家产业结构升级研究》,载《宏观经济研究》,2007年第8期。

[31]郭广涛、郭菊娥等:《西部产业结构调整的节能降耗效应测算及其实现策略研究》,载《中国人口·资源与环境》,2008年第4期。

[32]郭运功、汪冬冬、林逢春:《上海市能源利用碳排放足迹研究》,载《中国人口·资源与环境》,2010年第2期。

[33]韩坚:《全球化背景下新型产业分工与城市经济发展研究——兼论长三角区域城市产业发展》,载《城市发展研究》,2008年第6期。

[34]韩峰、王琢卓、阳立高:《生产性服务业集聚、空间技术溢出效应与经济增长》,载《产业经济研究》,2014年第2期。

[35]何骏:《长三角区域服务业发展与集聚研究》,载《上海经济研究》,2011年第8期。

[36]何小钢、张耀辉:《中国工业碳排放影响因素与CKC重组效应——基于STIRPAT模型的分行业动态面板数据实证研究》,载《中国工业经济》,2012年第1期。

[37]何建坤:《CO_2排放峰值分析:中国的减排目标与对策》,载《中国人口·资源与环境》,2013年第12期。

[38]洪银兴:《长江三角洲经济一体化和范围经济》,载《学术月刊》,2007年第9期。

[39]胡艳君:《地区经济差异与协调发展关系探析——以长三角地区为例》,载《现代经济探讨》,2010年第3期。

[40]黄少安:《关于制度变迁的三个假说及其验证》,载《中国社会科学》,2000年第4期。

[41]黄雯、程大中:《我国六省市服务业的区位分布与地区专业化》,载《中国

软科学》,2006年第11期。

[42]黄日福、陈晓红:《FDI与产业结构升级——基于中部地区的理论及实证研究》,载《管理世界》,2007年第3期。

[43]黄莉芳、黄良文、郭玮:《生产性服务业对制造业前向和后向技术溢出效应检验》,载《产业经济研究》,2011年第3期。

[44]黄蕊、王铮、刘昌新:《基于STIRPAT模型的江苏省能源消费碳排放影响因素分析及趋势预测》,载《地理研究》,2016年第4期。

[45]季任钧、钱智:《区域经济联合协作的动力机制研究》,载《山西师范大学学报(自然科学版)》,2001年第1期。

[46]吉亚辉、李岩、苏晓晨:《我国生产性服务业与制造业的相关性研究——基于产业集聚的分析》,载《软科学》,2012年第3期。

[47]贾妮莎、韩永辉、邹建华:《中国双向FDI的产业结构升级效应:理论机制与实证检验》,载《国际贸易问题》,2014年第11期。

[48]江静、刘志彪、于明超:《生产者服务业发展与制造业效率提升:基于地区和行业面板数据的经验分析》,载《世界经济》,2007年第8期。

[49]焦少飞等:《技术体制、研发努力与创新绩效:来自中国工业的证据》,载《中国软科学》,2010年第5期。

[50]金碚:《全球竞争新格局与中国产业发展趋势》,载《中国工业经济》,2012年第5期。

[51]靖学青、陈海泓、王爱国:《长三角产业结构趋同与上海产业发展战略取向》,载《上海经济》,2004年第1期。

[52]李国平、杨开忠:《外商对华直接投资的产业与空间转移特征及其机制研究》,载《地理科学》,2000年第2期。

[53]李江帆、毕斗斗:《国外生产服务业研究述评》,载《外国经济与管理》,2004年第11期。

[54]李清娟:《长三角产业同构向产业分工深化转变研究》,载《上海经济研究》,2006年第4期。

[55]李廉水、袁克珠:《长三角制造业区域一体化研究——基于制造业强省的比较分析》,载《江海学刊》,2007年第1期。

[56]李菲、秦升:《中国工业国际竞争力的显示性指标分析》,载《统计与决策》,2007年第6期。

[57]李伟:《经济体制转型、市场结构变化与技术追赶——基于产业演化理论

[58] 李文秀、胡继明:《中国服务业集聚实证研究及国际比较》,载《武汉大学学报(哲学社会科学版)》,2008 年第 2 期。

[59] 李文强、罗守贵:《基于区域经济一体化的上海都市圈产业分工研究》,载《经济与管理研究》,2011 年第 3 期。

[60] 李健、周慧:《中国碳排放强度与产业结构的关联分析》,载《中国人口·资源与环境》,2012 年第 1 期。

[61] 李平、慕绣如:《波特假说的滞后性和最优环境规制强度分析——基于系统 GMM 及门槛效果的检验》,载《产业经济研究》,2013 年第 4 期。

[62] 李锋、陈太政、辛欣:《旅游产业融合与旅游产业结构演化关系研究——以西安旅游产业为例》,载《旅游学刊》,2013 年第 1 期。

[63] 李强:《基于城市视角下的生产性服务业与制造业双重集聚研究》,载《商业经济与管理》,2013 年第 1 期。

[64] 梁琦、詹亦军:《地方专业化、技术进步和产业升级:来自长三角的证据》,载《经济理论与经济管理》,2006 年第 1 期。

[65] 梁琦、钱学锋:《外部性与集聚:一个文献综述》,载《世界经济》,2007 年第 2 期。

[66] 林民书、杨治国:《调整第三产业结构推动生产性服务业发展》,载《经济学动态》,2005 年第 5 期。

[67] 林毅夫、苏剑:《论我国经济增长方式的转换》,载《管理世界》,2007 年第 11 期。

[68] 林春:《金融发展、技术创新与产业结构调整——基于中国省际面板数据实证分析》,载《经济问题探索》,2016 年第 2 期。

[69] 林春艳、孔凡超:《技术创新、模仿创新及技术引进与产业结构转型升级——基于动态空间 Durbin 模型的研究》,载《宏观经济研究》,2016 年第 5 期。

[70] 刘文新、张平宇、马延吉:《资源型城市产业结构演变的环境效应研究——以鞍山市为例》,载《干旱区资源与环境》,2007 年第 2 期。

[71] 刘志彪:《生产者服务业及其集聚:攀升全球价值链的关键要素与实现机制》,载《中国经济问题》,2008 年第 1 期。

[72] 刘志彪、张少军:《中国地区差距及其纠偏:全球价值链和国内价值链的视角》,载《学术月刊》,2008 年第 5 期。

[73] 刘世锦、王晓明等:《我国产业结构升级面临的风险和对策》,载《经济研

究参考》,2010年第13期。

[74] 刘海云:《我国城乡居民消费结构与产业升级、经济增长》,载《经济问题》,2011年第11期。

[75] 刘慧、王海南:《居民消费结构升级对产业发展的影响研究》,载《经济问题探索》,2015年第2期。

[76] 马海霞:《区域传递的两种空间模式比较分析——兼谈中国当前区域传递空间模式的选择方向》,载《甘肃社会科学》,2001年第2期。

[77] 马珩、李东:《长三角制造业高级化测度及其影响因素分析,载《科学学研究》》,2012年第10期。

[78] 牛鸿蕾、江可申:《产业结构调整的低碳效应测度——基于NSGA-Ⅱ遗传算法》,载《产业经济研究》,2012年第1期。

[79] 牛鸿蕾、江可申:《中国产业结构调整碳排放效应的多目标遗传算法》,载《系统管理学报》,2013年第4期。

[80] 潘冬青、尹忠明:《对外开放条件下产业升级内涵的再认识》,载《管理世界》,2013年第5期。

[81] 丘海雄、徐建牛:《市场转型过程中地方政府角色研究述评》,载《社会学研究》,2004年第4期。

[82] 邱风、张国平、郑恒:《对长三角地区产业结构问题的再认识》,载《中国工业经济》,2005年第4期。

[83] 邱瑞平、杨海水:《长江三角洲工业的地域分工》,载《东岳论丛》,2005年第6期。

[84] 沈能:《环境效率、行业异质性与最优规制强度——中国工业行业面板数据的非线性检验》,载《中国工业经济》,2012年第3期。

[85] 盛丰:《生产性服务业集聚与制造业升级:机制与经验——来自230个城市数据的空间计量分析》,载《产业经济研究》,2014年第2期。

[86] 石俊国、郁培丽、向涛:《破坏性创新技术体制与产业演化》,载《科学学研究》,2016年第7期。

[87] 孙金花、胡健:《工业自主创新能力动态演化过程研究》,载《科学学与科学技术管理》,2010年第7期。

[88] 孙赵勇、任保平:《能源消费影响因素分解方法的比较研究》,载《资源科学》,2013年第1期。

[89] 孙晓华、翟钰、秦川:《生产性服务业带动了制造业发展吗?——基于动

态两部门模型的再检验》,载《产业经济研究》,2014年第1期。

[90]谭介辉:《从被动接收到主动获取——论国际产业转移中我国产业发展战略的转变》,载《世界经济研究》,1998年第6期。

[91]汤希峰、毛海军、李旭宏:《物流配送中心选址的多目标优化模型》,载《东南大学学报(自然科学版)》,2009年第2期。

[92]唐立国:《长江三角洲地区城市产业结构的比较分析》,载《上海经济研究》,2002年第9期。

[93]陶长琪、周璇:《产业融合下的产业结构优化升级效应分析——基于信息产业与制造业耦联的实证研究》,载《产业经济研究》,2015年第3期。

[94]王劭伯、吕勇哉:《多目标动态规划及其在过程优化中的应用》,载《系统工程理论与实践》,1986年第4期。

[95]汪斌、董赟:《从古典到新兴古典经济学的专业化分工理论与当代产业集群的演进》,载《学术月刊》,2005年第2期。

[96]王宏淼:《西方经济增长模式的转变(内部讨论稿)》》,2006年。

[97]王志华、陈圻:《长三角制造业结构高级化与同构的关系分析》,载《工业技术经济》,2006年第1期。

[98]汪德华、张再金、白重恩:《政府规模、法治水平与服务业发展》,载《经济研究》,2007年第6期。

[99]王小鲁、樊纲、刘鹏:《中国经济增长方式转换和增长可持续性》,载《经济研究》,2009年第1期。

[100]王佳菲:《提高劳动者报酬的产业结构升级效应及其现实启示》,载《经济学家》,2010年第7期。

[101]王爱民、罗守贵:《都市圈产业布局的区域分异与协调发展研究》,载《科技进步与对策》,2011年第3期。

[102]王硕、郭晓旭:《垂直关联、产业互动与双重集聚效应研究》,载《财经科学》,2012年第9期。

[103]王战营:《交易费用、网络协同与产业结构优化——兼论政府干预产业集群发展的经济效应》,载《财政研究》,2012年第10期。

[104]王硕:《生产性服务业区位与制造业区位的协同定位效应——基于长三角27个城市的面板数据》,载《上海经济研究》,2013年第3期。

[105]王菲、董锁成等:《宁蒙沿黄地带产业结构的环境污染特征演变分析》,载《资源科学》,2014年第3期。

[106] 魏后凯:《产业转移的发展趋势及其对竞争力的影响》,载《福建论坛(社会经济版)》,2003年第4期。

[107] 魏后凯:《"十一五"时期中国区域政策的调整方向》,载《学习与探索》,2006年第1期。

[108] 魏后凯:《北京主导优势产业链发展战略》,载《北京社会科学》,2007年第3期。

[109] 魏玮:《区际产业转移中企业区位决策实证分析——以食品制造业为例》,载《产业经济研究》,2010年第2期。

[110] 文玫:《中国工业在区域上的重新定位和聚集》,载《经济研究》,2004年第2期。

[111] 吴福象、马健、程志宏:《产业融合对产业结构升级的效应研究——以上海市为例》,载《华东经济管理》,2009年第1期。

[112] 吴义杰:《产业融合理论与产业结构升级——以江苏信息产业转变发展方式为例》,载《江苏社会科学》,2010年第1期。

[113] 吴福象、曹璐:《生产性服务业集聚机制与耦合悖论分析——来自长三角16个核心城市的经验证据》,载《产业经济研究》,2014年第4期。

[114] 席艳乐、李芊蕾:《长三角地区生产性服务业与制造业互动关系的实证研究——基于联立方程模型的GMM方法》,载《宏观经济研究》,2013年第1期。

[115] 徐康宁、赵波、王绮:《长三角城市群:形成、竞争与合作》,载《南京社会科学》,2005年第5期。

[116] 徐建荣、陈圻:《开放经济条件下我国工业结构调整的效率评价——基于面板数据的实证分析》,载《世界经济与政治论坛》,2007年第4期。

[117] 徐德云:《产业结构升级形态决定、测度的一个理论解释及验证》,载《财经研究》,2008年第1期。

[118] 徐洪水:《东部地区产业转移的模式与动因分析》,载《西部金融》,2011年第5期。

[119] 宣烨:《生产性服务业空间集聚与制造业效率提升——基于空间外溢效应的实证研究》,载《财贸经济》,2012年第4期。

[120] 宣烨、余泳泽:《生产性服务业层级分工对制造业效率提升的影响——基于长三角地区38城市的经验分析》,载《产业经济研究》,2014年第3期。

[121] 薛继亮:《技术选择与产业结构转型升级》,载《产业经济研究》,2013年第6期。

[122]杨锐、张洁、芮明杰:《基于主体属性差异的生产性服务网络形成及双重结构》,载《中国工业经济》,2011年第3期。

[123]杨来科、赵捧莲、张云:《中国碳排放量影响因素测算的研究方法比较》,载《华东经济管理》,2012年第5期。

[124]姚德文:《基于制度分析的产业结构升级机理与对策》,载《社会科学》,2011年第3期。

[125]姚志毅、张亚斌:《全球生产网络下对产业结构升级的测度》,载《南开经济研究》,2011年第6期。

[126]殷醒民:《产业发展模式与结构调整的新趋势——来自长江三角洲的实证分析》,载《学习与探索》,2010年第2期。

[127]原毅军、谢荣辉:《环境规制的产业结构调整效应研究——基于中国省际面板数据的实证检验》,载《中国工业经济》,2014年第8期。

[128]原小能、唐成伟:《劳动力成本、交易成本与产业结构升级》,载《浙江大学学报》,2015年第9期。

[129]查婷俊:《基于制度约束视角的产业结构升级研究——以长三角地区为例》,载《武汉大学学报(哲学社会科学版)》,2016年第5期。

[130]张军:《为增长而竞争:中国之谜的一个解读》,载《东岳论丛》,2005年第4期。

[131]张平:《在增长的迷雾中抉择:行难知亦难》,载《经济研究》,2006年第2期。

[132]张艳辉:《上海市创意产业关联效应的实证分析》,载《中国软科学》,2008年第3期。

[133]张红凤、周峰等:《环境保护与经济发展双赢的规制绩效实证分析》,载《经济研究》,2009年第3期。

[134]张友国:《经济发展方式变化对中国碳排放强度的影响》,载《经济研究》,2010年第4期。

[135]张陶新:《中国城市化进程中的城市道路交通碳排放研究》,载《中国人口·资源与环境》,2012年第8期。

[136]张公嵬、陈翔、李赞:《FDI、产业集聚与全要素生产率增长——基于制造业行业的实证分析》,载《科研管理》,2013年第9期。

[137]张振刚、陈志明、胡琪玲:《生产性服务业对制造业效率提升的影响研究》,载《科研管理》,2014年第1期。

[138] 张华、魏晓平:《绿色悖论抑或倒逼减排——环境规制对碳排放影响的双重效应》,载《中国人口·资源与环境》,2014年第9期。

[139] 张毅、张恒奇等:《绿色低碳交通与产业结构的关联分析及能源强度的趋势预测》,载《中国人口·资源与环境》,2014年第3期。

[140] 张云、邓桂丰、李秀珍:《经济新常态下中国产业结构低碳转型与成本测度》,载《上海财经大学学报》,2015年第4期。

[141] 张宏艳、江悦明、冯婷婷:《产业结构调整对北京市碳减排目标的影响》,载《中国人口·资源与环境》,2016年第2期。

[142] 赵张耀、汪斌:《网络型国际产业转移模式研究》,载《中国工业经济》,2005年第10期。

[143] 赵玉林、徐娟娟:《武汉生产性服务业发展与制造业升级》,载《华中农业大学学报(社会科学版)》,2008年第5期。

[144] 赵捧莲、杨来科、闫云凤:《中国碳排放的影响因素及测算:模型比较及文献述评》,载《经济问题探索》,2012年2期。

[145] 郑峥:《基于投入产出法的区域经济优化管理》,载《统计与决策》,2016年第17期。

[146] 中国经济增长与宏观稳定课题组:《干中学、低成本竞争机制和增长路径转变》,载《经济研究》,2004年第4期。

[147] 中国经济增长前沿课题组:《高投资、宏观成本与经济增长的持续性》,载《经济研究》,2005年第10期。

[148] 钟茂初、李梦洁、杜威剑:《环境规制能否倒逼产业结构调整——基于中国省际面板数据的实证检验》,载《中国人口·资源与环境》,2015年第8期。

[149] 周昌林、魏建良:《产业结构水平测度模型与实证分析——以上海、深圳、宁波为例》,载《上海经济研究》,2007年第6期。

[150] 周江洪:《论区际产业转移力构成要素与形成机理》,载《中央财经大学学报》,2009年第2期。

[151] 周子英、段建南等:《基于低碳经济视角的中国能源结构灰色关联度分析》,载《生态经济》,2011年第3期。

[152] 朱海燕、魏江、周泯非:《知识密集型服务业与制造业交互创新机理研究》,载《西安电子科技大学学报(社会科学版)》,2008年第2期。

[153] 朱华友、孟云利、刘海燕:《集群视角下的产业转移的路径、动因及其区域效应》,载《社会科学家》,2008年第7期。

［154］朱勤、彭希哲等:《人口与消费对碳排放影响的分析模型与实证》,载《中国人口·资源与环境,2010 年第 2 期。

［155］朱平辉、袁加军、曾五一:《中国工业环境库兹涅茨曲线分析——基于空间面板模型的经验研究》,载《中国工业经济》,2010 年第 6 期。

［156］朱卫平、陈林:《产业升级的内涵与模式研究——以广东产业升级为例》,载《经济学家》,2011 年第 2 期。

［157］庄荣良:《海峡两岸产业分工合作的动因、模式与经济效应研究》,厦门大学 2009 年博士学位论文。

［158］禚金吉、魏守华、刘小静:《产业同构背景下长三角产业一体化发展研究》,载《现代城市研究》,2011 年第 2 期。

四、外文著作

［1］Bellandi, Marco, *Capacità Innovativa Diffusa e Sistemi Locali D'impresa*, Università Degli Studi, 1987.

［2］Gottardi, G., and Fiorenza Belussi, Eds, *Evolutionary Patterns of Local Industrial Systems: Towards A Cognitive Approach to the Industrial District*, Ashgate Publishing, 2000.

［3］Cantwell, John, and Paz Estrella E, Tolentino, *Technological Accumulation and Third World Multinationals*, University of Reading, Department of Economics, 1990.

［4］Camagni, Roberto, *Innovation Networks: Spatial Perspectives*, Belhaven – Pinter, 1991.

［5］Färe, Rolf, et al, *Productivity Developments in Swedish Hospitals: A Malmquist Output Index Approach. , Data Envelopment Analysis: Theory, Methodology, and Applications*, Springer, Dordrecht, 1994, pp. 253 – 272.

［6］Jacobs, Jane, *The Life of Cities*, Random House, 1969.

［7］Grubel, Herbert G., and M. A. Walker, *Service Industry Growth: Causes and Effects*, Fraser Institute, 1989, pp. 279 – 282.

［8］Kojima, Kiyoshi, *Japanese Direct Foreign Investment: A Model of Multinational Business Operations*, CE Tuttle Company, 1979.

［9］Krugman, Paul R, *Geography and Trade*, MIT press, 1993.

［10］Lall, Sanjaya, and Paul Streeten, *Foreign Investment, Transnationals and Developing Countries*, Springer, 1977.

[11] Machlup, Fritz, *The Production and Distribution of Knowledge in the United States*, Princeton university press, 1962.

[12] Marshall A. , *Principles of Economics: An Introductory Volume*, London: Macmillan, 1890.

[13] Nelson R. R, Winter S. G. , *An Evolutionary Theory of Economic Change*, Belknap Press of Harvard University Press, 1982.

[14] Nonaka I. , Takeuchi H. , *The Knowledge – creating Company: How Japanese Companies Create the Dynamics of Innovation*, Oxford University Press, 1995.

[15] Prebisch R. , *The Economic Development of Latin America and its Principal Problems*, UN, 1949.

[16] Weber A, *Ueber Den Standort der industrien*, Рипол Классик, 1909.

五、外文论文

[1] Akamatsu. Kaname, "Waga Kuni Yomo Kogyohin No Susei", *Shogyo Keizai Ronso*, Vol. 13, 1935, pp. 129 – 212.

[2] Akamatsu, Kaname, "A Historical Pattern of Economic Growth in Developing Countries", *The Developing Economies*, Vol. 1. S1, 1962, pp. 3 – 25.

[3] Ahluwalia, Montek S. , Nicholas G. Carter, and Hollis B. Chenery. "Growth and Poverty in Developing Countries", *Journal of Development Economics*, Vol. 6, No. 3, 1979, pp. 299 – 341.

[4] Ang B. W. , C. K. H, "Decomposition of Aggregate Energy and Gas Emission Intensities for Industry: a Refined Divisia Index method", *The Energy Journal*, 1997, pp. 59 – 73.

[5] Ang B. W. , "Decomposition Analysis for Policymaking in Energy: Which is the Preferred Method", *Energy Policy*, Vol. 32, No. 9, 2004, pp. 1131 – 1139.

[6] Aiginger K. , Mueller D. C. , Weiss C. Objectives, "Topics and Methods in Industrial Organization during the Nineties: Results from a Survey". *International Journal of Industrial Organization*, Vol. 16, No. 6, 1998, pp. 799 – 830.

[7] Balasubramanyam V. N. , "International transfer of technology to India". 1973.

[8] Brusco, Sebastiano, "The Emilian Model: Productive Decentralisation and Social Integration", *Cambridge Journal of Economics*, Vol. 16. No. 2, 1982, pp. 167 – 184.

[9] Boyd G., McDonald J. F., Ross M. and D. R. Hanson., "Separating the Changing Composition of US Manufacturing Production from Energy Efficiency Improvements: a Divisia Index Approach", *The Energy Journal*, Vol. 8, No. 2, 1987, pp. 77 – 96.

[10] Beyers W. B., Lindahl D. P., "Lone Eagles and High Fliers in Rural Producer Services", *Rural Development Perspectives*, No. 3, 1996, pp. 2 – 10.

[11] Belussi, F., and L. Pilotti, "Knowledge creation and collective learning in the Italian LPS", *Miemo*, No. 4, 2001, pp. 63 – 74.

[12] Bin Su, Ang B. W., "Structural Decomposition Analysis Applied to Energy and Emissions: Some Methodological Developments", *Energy Economics*, Vol. 34, No. 1, 2012, pp. 177 – 188.

[13] Bitian Fu, Meng Wu, Yue Che, et al, "The Strategy of A Low – carbon Economy Based on the STIRPAT and SD Models", *Acta Ecologica Sinica*, Vol. 35, No. 4, 2015, pp. 76 – 82.

[14] Coffey, William J., "The Geographies of Producer Services", *Urban Geography*, Vol. 21, No. 2, 2000, pp. 170 – 183.

[15] Hae-CHun Rhee. "A Residual – free Decomposition of the Sources of Carbon Dioxide Emissions: a case of the Korean Industries", *Energy*, Vol. 26, No. 1, 2001, pp. 15 – 30.

[16] Cheung, K. Y., "Spillover Effects of FDI via Exports on Innovation Performance of China's High – technology Industries", *Journal of Contemporary China*, Vol. 19, No. 65, 2010, pp. 541 – 557.

[17] Dietz, Thomas, and Eugene A. Rosa, "Rethinking the Environmental Impacts of Population, Affluence and Technology", *Human Ecology Review*, Vol. 1, No. 2, 1994, pp. 277 – 300.

[18] Dekle R., Eaton J., "Agglomeration and Land Rents: Evidence from the Prefectures", *Journal of Urban Economics*, Vol. 46, No. 2, 1999, pp. 200 – 214.

[19] Deb, Agrawal, Pratap, "AFast Elitist Nondominated Sorting Genetic Algorithm for Multi – objective Optimization: NSGA – II", Proc of the Parallel Problem Solving from Nature Vl Conference, Paris, 2000.

[20] Daniel Chudnovsky, Andres Lopezb, German Pupato, "Innovation and Productivity in Developing Countries: A Study of Argentine Manufacturing Firms Behavior

(1992 – 2001)", *Research Policy*, Vol. 35, No. 2, 2006, pp. 266 – 288.

[21] Ehrlich, Holdren, "Impact of Population Growth", *Science*, Vol3977, No. 171, 1971, pp. 1212 – 1217.

[22] Grossman, Krueger, "Environmental Impacts of a North American Free Trade Agreemen", *National Bureau of Economic Research*, 1991.

[23] Guozhu Mao, Xin Dai, Yuan Wang, et al, "Reducing Carbon Emissions in China: Industrial Structural Upgrade Based on System Dynamics", *Energy Strategy Reviews*, Vol. 2, No. 2, 2013, pp. 199 – 204.

[24] Hamilton W H, "The Institutional Approach to Economic Theory", *The American Economic Review*, Vol. 1, No. 9, 1919, pp. 309 – 318.

[25] Howells J, Green A E, "Location, Technology and Industrial Organisation in UK Services", *Progress in Planning*, No. 26, 1986, pp. 83 – 183.

[26] Huallachain B O, "Industrial – Geography", *Progress in Human Geography*, Vol. 13, No. 2, 1989, pp. 251 – 258.

[27] Hummels, D., Ishii, J. and Yi, K, "The Nature and Growth of Vertical Specialization in World Trade", *Journal of International Economics*, Vol. 54, No. 1, 2001, pp. 75 – 96.

[28] Hu A G Z, Jefferson G H, Jinchang Q, "R&D and Technology Transfer: Firm – level Evidence from Chinese Industry", *Review of Economics and Statistics*, Vol. 87, No. 4, 2005, pp. 780 – 786.

[29] Hamamoto M, "Environmental Regulation and the Productivity of Japanese Manufacturing Industries", *Resource and Energy Economics*, Vol. 28, No. 4, 2006, pp. 299 – 312.

[30] Huanan Li, Hailin Mu, Ming Zhang, et al, "Analysis on Influence Factors of China's CO2 Emissions Based on Path – STIRPAT Model", *Energy Policy*, Vol. 39, No. 11, 2011, pp. 6906 – 6911.

[31] Isabela Butnar, Llop M, "Structural Decomposition Analysis and Input – output Subsystems: Changes in CO2 Emissions of Spanish Service Sectors (2000 – 2005)", *Ecological Economics*, Vol. 70, No. 11, 2011, pp. 2012 – 2019.

[32] Johnson B., Lorenz E., Lundvall B. A., "Why All This Fuss About Codified and Tacit Knowledge?" *Industrial and Corporate Change*, Vol. 11, No. 2, 2002, pp. 245 – 262.

［33］Janis Brizga, Kuishuang Feng, Klaus Hubacek, "Drivers of Greenhouse Gas Emissions in the Baltic States: A Structural Decomposition Analysis", *Ecological Economics*, Vol. 98, 2014, pp. 22 – 28.

［34］Kuznets S. S., "Economic growth of nations", 1971.

［35］Kojima K., "Agreed Specialisation and Cross Direct Investment", *Hitotsubashi Journal of Economics*, 1987, pp. 87 – 105.

［36］Krugman P., "Increasing Returns and Economic Geography", *Journal of Political Economy*, Vol. 99, No. 3, 1991, pp. 483 – 499.

［37］Keeble D., Bryson J., "Small – Firm Creation and Growth, Regional Development and the North—South Divide in Britain", *Environment and Planning A*, Vol. 28, No. 5, 1996, pp. 909 – 934.

［38］Kasahara S. "The Flying Geese Paradigm: A Critical Study of its Application to East Asian Regional Development", 2004.

［39］Lewis W. A., "Economic Development with Unlimited Supplies of Labour", *The Manchester School*, Vol. 22, No. 2, 1954, pp. 139 – 191.

［40］Lewis W. A., "The State of Development Theory", *The American Economic Review*, Vol. 74, No. 1, 1984, pp. 1 – 10.

［41］Liu L., Fan Y., Wu G., et al, "Using LMDI Method to Analyze the Change of China's Industrial CO2 Emissions from Final Fuel use: An Empirical Analysis", *Energy Policy*, Vol. 35, No. 11, 2007, pp. 5892 – 5900.

［42］Liddle, Brantley, "Urban Density and Climate Change: A STIRPAT Analysis Using City – level Data", *Journal of Transport Geography*, Vol. 28, 2013, pp. 22 – 29.

［43］Lin Zeng, Ming Xu, Sai Liang, et al, "Revisiting Drivers of Energy Intensity in China During 1997 – 2007: A Structural Decomposition Analysis", *Energy Policy*, Vol. 67, 2014, pp. 640 – 647.

［44］Lei Chen, Linyu Xu, Qiao Xu, et al, "Optimization of Urban Industrial Structure Under the Low – carbon Goal and the Water Constraints: A Case in Dalian, China", *Journal of Cleaner Production*, Vol. 114, 2016, pp. 323 – 333.

［45］Marshall A., "Principles of Economics: An Introductory Volume", 1927.

［46］Maurizio Cellura, Sonia Longo, Mistretta M, "Application of the Structural Decomposition Analysis to Assess the Indirect Energy Consumption and Air Emission Changes Related to Italian Households Consumption", *Renewable and Sustainable Ener-*

gy Reviews, Vol. 16, No. 2, 2012, pp. 1135 - 1145.

[47] Muhammad S. , Nanthakumar L. , "Ahmed Taneem M, et al. How Urbanization Affects CO2 Emissions in Malaysia? The Application of STIRPAT Model", Renewable and Sustainable Energy Reviews, Vol. 57, 2016, pp. 83 - 93.

[48] Nurkse R. , "Problems of Capital Formation in Developing Countries", New York: Columbia UP, 1953.

[49] Ning, Chang, "Changing Industrial Structure to Reduce Carbon Dioxide Emissions: a Chinese Application", Journal of Cleaner Production, Vol. 103, 2015, pp. 40 - 48.

[50] O'Farrell T. J. , "Murphy C. M. , "Marital Violence Before and After Alcoholism Treatment", Journal of Consulting and Clinical Psychology, Vol. 63, No. 2, 1995, pp. 256.

[51] Ottaviano G. I. P. , Pinelli D. , "Market Potential and Productivity: Evidence From Finnish Regions", Regional Science and Urban Economics, Vol. 36, No. 5, 2006, pp. 636 - 657.

[52] Park C. W. , Kwon K. S. , Kim W. B. , et al, "Energy Consumption Reduction Technology in Manufacturing—A Selective Review of Policies, Standards, and Research", International Journal of Precision Engineering and Manufacturing, Vol. 10, No. 5, 2009, pp. 151 - 173.

[53] Ping Wang, Wanshui Wu, Bangzhu Zhu, et al, "Examining the Impact Factors of Energy - related CO2 Emissions Using the STIRPAT Model in Guangdong Province, China", Applied Energy, Vol. 106, 2013, pp. 65 - 71.

[54] Rosenstein - Rodan P N, "Problems of Industrialisation of Eastern and South - eastern Europe", The Economic Journal, Vol. 53, No. 210/211, 1943, pp. 202 - 211.

[55] Rostow W. W. , "The Stages of Economic Growth (Cambridge, 1960)", RostowStages of Economic Growth, 1960.

[56] Safran, N, "Ha - Imut Ha - Aravi - Yisraeli 1948 - 1967 (The Arab - Israel Confrontation, 1948 - 1967)", 1960, pp. 258 - 259.

[57] Ren S. , Yin H. , Chen X. , "Using LMDI to Analyze the Decoupling of Carbon Dioxide Emissions by China's Manufacturing Industry", Environmental Development, No. 9, 2014, pp. 61 - 75.

[58] Sliverberg G. , G. Dosi and L. Orsenigo, "Innovation, Diversity and Diffu-

sion: A Self - organization Model", *Economic Journal*, Vol. 98, 1988, pp. 1032 - 1054.

[59] Srinivas, Deb, "Multi - Objective Function Optimization Using Nondominated Sorting Genetic Algorithms", *Evolutionary Computation*, Vol. 3, No. 2, 1995, pp. 221 - 248.

[60] Samuel, Mulenga Bwalya, "Foreign Direct Investment and Technology Spillovers: Evidence from Panel Data Analysis of Manufacturing Firms in Zambia", *Journal of Development Economics*, Vol. 81, 2006, pp. 514 - 526.

[61] Shoufu Lin, Dingtao Zhao, Marinova D., "Analysis of the Environmental Impact of China Based on STIRPAT Model", *Environmental Impact Assessment Review*, Vol. 29, No. 6, 2009, pp. 341 - 347.

[62] Shuai Shao, Lili Yang, Chunhui Gan, et al, "Using an Extended LMDI Model to Explore Techno - economic Drivers of Energy - related Industrial CO_2 Emission Changes: A Case Study for Shanghai (China)", *Renewable and Sustainable Energy Reviews*, Vol. 55, 2016, pp. 516 - 536.

[63] Tser - yieth Chen, "The Impact of Mitigating CO_2 Emissions on Taiwan's Economy", *Energy Economics*, Vol. 23, No. 2, 2001, pp. 141 - 151.

[64] Vernon R., "International Investment and International Trade in the Product Cycle", *the Quarterly Journal of Economics*, 1966, pp. 190 - 207.

[65] Wells L. T., "Third World Multinationals: The Rise of Foreign Investments from Developing Countries", *MIT Press Books*, Vol. 1, 1983,

[66] Wang Y. C., Peng W. C., Tseng Y. C., "Energy - balanced Dispatch of Mobile Sensors in A Hybrid Wireless Sensor Network", *IEEE Transactions on Parallel and Distributed Systems*, Vol. 21, No. 12, 2010, pp. 1836 - 1850.

[67] Wang Maojun, Xu Jie, Yang Xuechun, Wen Jin, "The Research on the Relationship Between Industrial Development and Environmental Pollutant Emission", *Energy Procedia*, Vol. 5, 2011, pp. 555 - 561.

[68] Wang W. W., Zhang M., Zhou M., "Using LMDI Method to Analyze Transport Sector CO_2 Emissions in China", *Energy*, Vol. 36, No. 10, 2011, pp. 5909 - 5915.

[69] Xu J., Fleiter T., Eichhammer W., et al, "Energy Consumption and CO_2 Emissions in China's Cement Industry: A Perspective from LMDI Decomposition Analysis", *Energy Policy*, Vol. 50, 2012, pp. 821 - 832.

[70] Xiaoyan Zhou, Jie Zhang, Li J., "Industrial Structural Transformation and

Carbon Dioxide Emissions in China", *Energy Policy*, Vol. 57, 2013, pp. 43 – 51.

[71] Xin Tian, Miao Chang, Feng Shi, et al, "How Does Industrial Structure Change Impact Carbon Dioxide Emissions? A Comparative Analysis Focusing on Nine Provincial Regions in China", *Environmental Science & Policy*, Vol. 37, 2014, pp. 243 – 254.

[72] Ying Fan, Lan – Cui Liu, Gang Wu, et al, "Analyzing Impact Factors of CO2 Emissions Using the STIRPAT Model", *Environmental Impact Assessment Review*, Vol. 26, No. 4, 2006, pp. 377 – 395.

[73] Y. T. Lu, S. Z. Wu, J. H. Zhu, J. L. Jia, "Analysis on Effect Decomposition of Industrial CO2 Emission", *Procedia Environmental Sciences*, Vol. 13, 2012, pp. 2197 – 2209.

[74] Yafei Wang, Hongyan Zhao, Liying Li, et al, "Carbon Dioxide Emission Drivers for a Typical Metropolis Using Input – output Structural Decomposition Analysis", *Energy Policy*, Vol. 58, 2013, pp. 312 – 318.

[75] Yongbin Zhu, Yajuan Shi, Wang Z. , "How Much CO2 Emissions Will be Reduced Through Industrial Structure Change if China Focuses on Domestic Rather Than International Welfare?", *Energy*, Vol. 72, 2014, pp. 168 – 179.

[76] Yabo Zhao, Shaojian Wang, Zhou C. , "Understanding the Relation Between Urbanization and the Eco – environment in China's Yangtze River Delta Using an Improved EKC Model and Coupling Analysis", *Science of The Total Environment*, Vol. 571, 2016, pp. 862 – 875.

[77] Zhao M. , Tan L. , Zhang W. , et al, "Decomposing the Influencing Factors of Industrial Carbon Emissions in Shanghai Using the LMDI Method", *Energy*, Vol. 35, No. 6, 2010, pp. 2505 – 2510.

[78] Zeng, S. X. , "Impact of Cleaner Production on Business Performance", *Journal of Cleaner Production*, Vol. 18, No. 10 – 11, 2010, pp. 975 – 983.

[79] Zhang Xiaoqing, Jianlan R, "The Relationship between Carbon Dioxide Emissions and Industrial Structure Adjustment for Shandong Province", *Energy Procedia*, Vol. 5 2011, pp. 1121 – 1125.

[80] Zhi – Fu Mi, Su – Yan Pan, Hao Yu, et al, "Potential Impacts of Industrial Structure on Energy Consumption and CO2 Emission: A Case Study of Beijing", *Journal of Cleaner Production*, Vol. 103, 2015, pp. 455 – 462.

后　记

改革开放近40年来,中国经济的快速发展和结构转型,中国产业发展呈现快速演化态势,已从最初的以劳动密集型产业开始向劳动密集型、资本密集型、技术密集型和知识密集型多层次、宽领域的产业发展格局演进。产业发展演化对于促进中国经济结构转型与发展方式转变正起着越来越重要的作用。1978年以来,中国国际化、市场化导向的经济社会体制改革和对外开放创造了中国经济增长的奇迹。一直以来,依靠土地、劳动力、环境等各种低廉的要素换取了中国出口产品的国际竞争优势,投资驱动和出口驱动成为中国经济增长的重要引擎。

但近年国际经济形势与国内经济状况都发生了深刻变化,提升中国产业结构,改变中国传统的能源消耗高、要素投入高的传统工业化模式成为中国经济面临的重要问题。2008年次贷危机之后,全世界进入世界经济格局失衡带来的后果,迫切需要经济和产业格局进行调整与再平衡。国际市场竞争加剧、贸易保护主义抬头、非洲和东南亚低成本优势显现,使得中国原本的低成本优势形成的"世界车间、世界工厂"的发展模式难以为继。当前,逆全球化的思潮使得国际经济社会变化的不确定性因素在增强。

从国内经济状况来看,经济和社会矛盾也日益凸显。受限于中国投资效益在下降,中国经济发展模式正从投资驱动向消费驱动转型;同时,由于国际贸易保护加重,中国也正从出口导向型发展模式向内需驱动型发展模式转变。但消费,特别是居民消费持续不振,居民消费率(居民最终消费占GDP的比例)从21世纪初以来持续降低;另一方面,收入差距持续扩大,无论是全国区域间、城乡间、行业间等收入差距都呈现出扩大趋势。此外,中国经济已从高速增长进入次高速增长的新常态,经济增速的回落带来了就业压力增大、政府和企业债务显现等问题,经济增长下滑也使得中国经济转型步伐受到影响。

随着中国经济社会发展条件变迁,中国现在需要积极寻求建设制造强国的环境和机制,需要建立以全球价值链视角下的产业和区域发展体系。尽管中国产业发展演化进程面临许多矛盾和困难,尤其是国内经济社会变迁带来的转型压力,但这并不意味着中国的产业转型升级优化可以完全脱离世界产业发展演化的一般规律和自身经济社会发展阶段。因此,总结和归纳世界各国城市区域产业发展过程中的成功经验和失败教训,并根据中国城市区域产业发展阶段和经济社会基础条件变迁,选择合适的产业发展道路和配套制度,对于解决当前中国的一系列产业转型难题具有非常重要的现实意义。

我们想强调的是,进一步推进产业转型升级和发展演化或许是促进中国经济结构战略性调整、破解上述一系列难题的有效方案。其中产业升级化、低碳化、转移化、分工化和协同化等策略和路径选择是推动中国产业发展的重要策略。

第一,产业升级化有利于产业结构转型升级。长期以来,中国的产业结构调整十分缓慢,第二产业占 GDP 比重长期稳定在 50% 左右,第二产业一直是拉动中国经济的引擎。随着中国劳动力、土地、环境等各种成本上升,中国在中低端制造业低成本优势和产品国际竞争力日益弱化的情况下,从全球价值链视角,提升产业和产品的附加值,发展先进制造业和现代服务业是中国产业发展面临的必然选择。中国产业在产品、工艺、价值链等各个环节的升级更新无疑将有利于中国产业结构转型升级。

第二,产业低碳化有利于经济低碳绿色发展。长期以来,中国实现资源环境低成本战略,促进了经济社会的快速发展。但经过30多年的快速发展,中国环境问题开始日益凸显,粮食安全、环境污染等问题困扰着中国进一步持续健康发展。如何破解经济发展中的环境库兹涅兹倒 U 形曲线的高点污染问题,一直是学术界关注的焦点。如果我们能够探究产业低碳化的机制与规律,通过产业发展策略选择,使得产业从高碳产业向低碳产业转移,产品从高碳环节向低碳环节跃迁,这对中国实现绿色经济,实现生态文明具有重要意义。

第三,产业转移化有利于要素空间优化配置。产业转移是产业结构动态调整的一种响应行为。长期以来,受行政体制和区域壁垒影响,中国劳动力、资本、技术等各种要素,无法在统一的市场环境中流动,从而制约了要素在空间上的优化配置。随着中国国际化、市场化发展环境的深入,在政府积极推动和市场主动参与的双轮驱动下,中国产业转移开始加快。破除制度壁垒,让产业在区域之间自由转移,是市场行为主体企业在全球和全国空间尺度上寻找资源优化配置最为重要的一种策略。

第四,产业协同化有利于产业联动发展。当前产业之间的关联性越来越强,城市区域产业之间的协同发展有利于带动区域之间的分工协作。三次产业之间如何联动发展,尤其是现代服务业与先进制造业之间的联动发展从而形成协同效应变得越来越重要。通过生产性服务业的集聚带动制造业生产率的提升是促进中国长三角等城市区域制造业基地转型升级的关键策略之一。因此,应积极鼓励生产性服务业和制造业,尤其是先进制造业的协同发展,推动制造业现代化、智能化和绿色化转型升级。

第五,区域分工合作化有利于区域社会福利最大化。区域之间按照市场规律进行分工协作,可以使得不同地区之间资源要素优化配置和社会福利最大化。事实上,在中国随着改革开放的深入,区域之间的行政壁垒正在不断弱化,寻找区域之间的分工合作正成为当前区域政策研究热点。在城市区域内部,随着交通、网络等基础设施的一体化、同城化等效应的凸显,各个地方政府都在思考如何通过产业的分工与协作达到利益共享和双赢格局。

当前,随着技术进步,国际产业开始沿着产业高级化、低碳化、智能化等方面发展。伴随着全球产业分工的凸显,产业转型升级、产业结构调整与产业区际转移成为经济社会结构变迁的一种常态。鉴于产业发展对于中国经济结构转型的重大意义,以及中国产业发展当前面临的许多困境,因而科学选择中国产业发展的前进道路已经成为推动中国经济进一步改革和发展的核心环节之一。中国的产业发展道路既需要"自上而下"产业政策的顶层设计,也需要"自下而上"地方政府和企业因地制宜地制定相关政策推动中国产业向高端化、低碳化等高级形态发展演化。

产业发展演化是经济学古老而年轻的命题,国内外同行作出了卓有成效的研究,本书借鉴了许多同行的学术观点和研究方法,对相关问题进行了粗浅的研究和探索,许多观点都很不成熟,期待学术界同行批评指正。这本书更多的是众人研究成果的集成,许多同志参与了相关内容的写作,其中陈之怡参加了第一章的写作,濮丽娟、叶荣参与了第二章的写作,叶小同参加了第三章的写作,曹东参加了第四章的写作,章守颖参加了第五章的写作,韩惠民、陈家宜、陶李婷参加了第七章的写作,杨昊参加了第八章的写作,黎文勇对全书的文字、格式、参考文献等内容做了统一的规范和整理。另外,在研究过程中,吴柏均教授、钱世超教授、鲍曙明教授、沈晗耀教授等给予了许多有益的建议,在此一并致谢。